日本が世界の植民地を解放した

諸橋茂一

はじめに

戦後間もない頃「日本が悪い事をした」という話を聞いた覚えは無い

戦後七十一年、終戦時に小学一年生だった方は、今年（平成二十八年）、七十七歳に、当時、中学一年生だった方は八十三歳になられます。当時、高校一年生だった方は今年、八十六歳になられます。戦時中、戦地で戦われた方々の多くはもう既に鬼籍に入っておられます。戦時中、戦地で戦われた実体験者の方で未だ御存命の方は非常に少数になっておられます。

私は昭和二十三年生まれ。今年（平成二十八年）、六十八歳となります。私が小学生や中学生だった頃は、今の様に、所謂自虐的な考え方を持った日本人は殆どいなかったのではないかと思います。

昭和二十年代から三十年代、戦争が終わって未だそんなに経過していない頃、今では想像も出来ないくらいに、非常に貧しい生活でした。特に私の小学生時代、白い御飯を腹一杯食べる事が出来ない日が多くありました。小学生時代はいつもひもじい思いをしていたものです。そのため、私は、中学一年生から三年生まで、毎週、土曜日の午後と日曜日は、福井県で未だ一つしかなかったゴルフ場（芦原ゴルフクラブ）でキャディーのアルバイトをしました（その頃、私は、石川県と福井県の県境に近い、加賀市塩屋町に住んでいました）。

戦争の爪痕も全国的に未だ大きく残っていたであろう、その当時、今の様に、「日本が悪かった。日本は侵略戦争をした悪い国だった。」などという考えを聞いた覚えがありません。

当時は、我が国が戦争に負けた後、六年八カ月に亘って占領されていたという自覚も、子供だった私には未だなく、また、その占領期間中、ＧＨＱ（連合国軍総司令部）によって、様々な日本（人）弱体化政策が遂行されたという事も全く知りませんでしたが、当時の日本人は、大人も子供も、「日本が悪い事をした」という意識は殆ど無かったのではないかと思います。戦争に関しての思いが何かあったとすれば、それはただ「日本が戦争に敗けた」という認識だけであったと思います。

戦後の日本人は長期間に亘って真実の歴史を教えられていない

それでは、「我が国が侵略戦争をした」という言い方を初めて聞いたのは一体いつだったのだろうか？　平成五（一九九三）年八月、細川護熙が首相になって早々に、「先の大戦は侵略戦争であったと認識しております。」と発言した時だったと思います。しかも、その時の細川首相の発言に対しては、非常に強い違和感と抵抗感を覚えたものです。

しかし、平成七（一九九五）年の中京大学法学部の学生意識調査結果によれば、何と、五五・六％の学生が「（先の大戦は）全面的に侵略戦争だった」と考えていたということです。今、国民全体にアンケートを取った場合でも、おそらく同じ様な結果が出てくるのかも知れません。

一体何故、その様な状況になってしまったのでしょうか？　それは、前述の、GHQによる様々な「日本（人）弱体化政策」並びに、戦後長期間続いた、日教組による非常に間違った教育と、多くのマスメディアによる非常に間違った報道が大きく影響していると思われます。

それらに加えて、前記「細川護熙首相（当時）発言」と、平成五（一九九三）年八月四日に発表された、河野洋平官房長官（当時）による所謂「河野談話」、並びに平成七（一九九五）年八月十五日に発表された所謂「村山談話」が、更に、多くの日本人に対して、非常に間違った考え方や非常に間違った歴史観を植え付けたのではないかと思われます。

日本(人)に対して、「先の大戦は日本が悪かったのである」と思わせるために、様々な日本(人)弱体化政策を講じた人物は、GHQ（連合国軍総司令部）のマッカーサー総司令官でした。そのマッカーサーが昭和二十六（一九五一）年五月三日、米国の上院、軍事外交合同委員会において、「……従って、日本が戦争に入って行ったその多くは（日本の）自衛のためだったのです。」と証言しました。日本を悪者にしようとして、あらゆる手段を講じたマッカーサーがその様に言っているにも拘わらず、何故多くの日本人は、日本が悪かったと思い込んでいるのでしょうか？　それは、（前述のとおり）GHQの日本（人）弱体化政策と、日教組や多くのマスメディアの責任も非常に大なるものがありますが、もっと大きな問題は、戦後、長期間に亘って、我々日本人が真実の歴史を教えられてこなかったことにあると思います。

日本は「世界の植民地解放」という偉大な貢献を果たしている

我が国は何故「支那事変（これが正しい呼称です。＝日中戦争）」を戦ったのか？　何故戦わざるを得なくなったのか？」、同様に、我が国は何故「大東亜戦争（これが正しい呼称です。＝太平洋戦争）を戦ったのか？　戦わざるを得なかったのか？」「我が国は大東亜戦争をどう戦ったのか？」「大東亜戦争、何故我が国は敗けたのか？」「大東亜戦争の歴史的、世界史的意義」、それらの事を殆ど教えられていません。その事が非常に大きな問題であると言わざるを得ません。

普通の国であれば、その国の歴史の中で少しくらい悪い事があったとしても、「我が国は良い国であるし、過去も良い国であった」と教えるのが極く普通でしょう。

処が、我が国では戦後長期間に亘って、全く逆の教育や全く逆のマスコミ報道を続けてきたのです。誠に残念ながら、日本人は真実の歴史を教えられていません。その一方で、所謂「南京大虐殺」や「慰安婦の強制連行、性奴隷」などという真っ赤な嘘を教えられてきたのですから、多くの日本人が非常に間違った考えを持つ様になってしまっているのも無理のない面もあります。

その様な状況を何としてでも大きく変えなくてはいけません。そのためには、真実の歴史教育を含めて、何としてでも我が国の教育を正常化させなくてはなりません。併せて、我が国のマスメディアの報道を何としてでも正常化しなくてはいけません。

真実の歴史を知ればわかりますが、実は我が国ほど素晴らしい国は世界にありません。また、**我が国は直接、間接に「世界の植民地解放」という、人類史上最大と言っても良いほどの実に偉大な貢献を果たしたのです。**

ちなみに、大東亜戦争開戦時においては、世界の独立国家は約六〇カ国（一九四五年時点における国連加盟国は五一カ国）でした。処が、現在は、国連加盟国だけでも一九三カ国となっています（我が国が承認している国は、一九六カ国）。そのうちの一四〇カ国余りの国々は、我が国が、甚大な犠牲を払って大東亜戦争を戦った結果、直接、間接に次から次へと独立を果たすことが出来たのです。

欧米による植民地支配が、四〇〇数十年間続きました。その間、**日本以外に、欧米に立ち向かって戦うだけの力を持つ有色人種の国は無かったのです。**欧米の植民地主義、植民地支配が続いていた間に、多くの国々、多くの被抑圧民族が独立を目指して宗主国相手に戦いを挑み蜂起しました。しかし、何れの国においても、いつもいとも簡単に宗主国に制圧されてしまったのです。ですから、長期間に亘り、世界の全ての被植民地国並びにそれらの国々の民族は、「白人に逆らっても絶対に無理だ」と思い込んでいたのです。

処が、**日本は、日露戦争の大勝利に加えて、大東亜戦争開戦以来、瞬く間に、香港、マレーシア、シンガポール、インドネシア、フィリピンから、それらの宗主国であった、イギリス、オランダ、米国を追い出してしまったのです。**マレーシアやインドネシアでは、其々の国民が、日本軍の快進撃を見て、感動しました。そして、日本軍は「神の軍隊」に見えた様です。

しかし、誠に残念ながら、我が国は大敗北を喫しました。

処が、**我が国は甚大な犠牲を払いはしましたが、長期間続いた欧米の植民地支配に終止符を打ったのです。**そして、**有色人種の国で、その様な事が出来る力があったのは我が国だけだったのです。**

我が国が大東亜戦争を戦っていなかったならば、今でも世界の植民地は依然として植民地のままだったでしょう。そして、その後も数百年に亘って欧米の植民地主義、植民地支配は続いていた可能性が大であると思います。

多くの父祖の方々の「死」を決して無にしてはならない

大東亜戦争における我が国の戦死者は約二三〇万人、民間犠牲者は約八〇万人、計約三一〇万人もの方々が戦死または犠牲となられた様です。我が国を護る為に、死を覚悟して戦われて「戦死」された方々と、国際法に大きく違反して虐殺された民間人の方々の「犠牲」とは明確に分けて考えなくてはいけないと思います。

我が国は戦後（特に昭和六十一年以後）、長期間に亘って、多くの先人の方々の「死」を全く無にしてきたと言わざるを得ません。多くの父祖の方々の「死」を決して無にしてはいけません。

その様な強い思いで、私は平成十九年に、「村山談話」並びに「河野談話」の正当性を問うて、それぞれ、村山富市元首相並びに河野洋平元官房長官を相手取り、弁護士を全く使わずに、本人訴訟として、両名を東京地裁に提訴すると共に、東京地検に告発しました。

村山富市元首相とは最高裁まで争いました。同元首相は何と六人もの弁護士を立ててきましたが、「村山談話」の正当性は全く説明出来ませんでした。また、河野洋平元官房長官（当時は衆議院議長）も、私の厳しい内容証明（配達証明郵便）に対して、全く回答する事も反論する事も出来ませんでした。自らが発表した内容に関して、その正当性を全く説明出来ない。その様に好い加減なことはないと思います。

幸いにというか、未だ、お二人共に御健在の様です。裁判等では、誠に残念ながら、私の主張は認められませんでしたが、提訴から九年（十年目）、未だお二人共に御健在の間に、改めて、「村山談話」並びに「河野談話」の正当性を世に問いたい。その様な思いで、この本を上梓することにしました。もしも、お二人が何か反論出来る部分があるならば、未だお元気な間に堂々と反論して頂きたいと思います。しかし、多分、出来ないでしょう。もしも、反論出来るものならば、小生が両名を提訴、告発していた時に出来ていたはずですから……。

それぞれの「談話」を発表した本人が、正面からその正当性を追求されて、全く反論出来ない、その様に好い加減なものを、現在の内閣に至るまで「踏襲」し続けている事は実に馬鹿げたこと、実に愚かなことと言わざるを得ません。それらの両談話が、我々の父祖の方々の名誉と誇りをどれだけ貶め続けているか計り知れません。同時に、それらの両談話が、我が国の国益を大きく損ない続けているだけではなく、我が国の名誉と誇りをどれだけ大きく貶め続けているか計り知れません。

早く、しっかりした歴史観としっかりした国家観並びに強い使命感と「覚悟」のある政治家が出てきて、それらの両談話を、何としてでも、政府として白紙撤回して頂きたいと強く念じ続けております。

我が国日本を真の独立国家にするために戦い続ける

ＧＨＱによって押し付けられた、欠陥だらけの現憲法を未だ改正する事が出来ないことや、北朝鮮に拉致された多くの同胞をいつまで経っても取り返す事が出来ないことなどを含めて、誠に残念ながら、今の我が国は真の独立国家の体を成していないと言わざるを得ません。

我が国が真の独立国家としての形を取り戻す為の一里塚は、

①「村山談話」並びに「河野談話」の白紙撤廃。

②自主憲法制定。

③毎年、節目の日々に、首相の靖国参拝。

④北朝鮮に拉致された方々を全員取り戻す。

⑤竹島並びに北方四島を取り戻す。

⑥尖閣に自衛隊の常駐。

です。

以上が堂々と出来て初めて我が国は真の独立国家と呼ぶことが出来るでしょう。もちろん、それらと共に、「自主独立自衛の国家体制」を構築しなくてはならないのは当然のことです。

今の安倍首相は、田中角栄元首相の次の首相（福田赳夫）以後の首相の中では最も良い首相だとは思いますが、誠に残念ながら、昨年（平成二十七年）八月十四日の所謂「安倍談話」並びに、昨年（平成二十七年）十二月二十八日の「日韓合意」を見ても、中国や韓国並びに米国に対して腰が引けていると言わざるを得ません。誠に残念ながら、安倍首相では「村山談話」と「河野談話」を白紙撤廃する事は出来ない様です。「良いとこの坊ちゃんのひ弱さ」を感じざるを得ません。

しかし、我が国が真の独立国家となることを諦めるわけにはいきません。そんな思いをもって本書をまとめました。

村山富市元首相並びに河野洋平元官房長官に対して、それぞれ、提訴並びに告発したことに関する事を記述すると共に、「近代史の真実」に関して、私がこれまでに纏めていた複数のリポートの掲載も含めて、本題である**「日本が世界の植民地を解放した」**ことに繋がる事を順次述べたいと思います。

（※「村山富市元首相」並びに「河野洋平元官房長官」に対する「質問書」及び、両名に対する訴状並びに「告発状」等の内容は、それぞれ関連性が高いため、重複する処が多い事を御理解下さい。

また、近代史に関する複数のリポートの中でも、重複する処が有る事を御容赦下さい。以下に掲載するリポートの中で、事後に、数字等が若干変更になったもの、並びに事後に、正しい数字や誤字等が確認出来たものについては、この本の中では若干訂正してあります。）

平成二十八年五月六日

諸橋茂一

—目　次—

日本が世界の植民地を解放した

目次

追記

村山富市元首相に対する裁判

Ⅰ．村山富市元首相に対する質問書

平成十九年三月二十一日、私は次の「質問書」を内容証明（配達証明付き郵便）で村山富市元首相に、送りました。（提出文書は横書き）

質問書

財団法人　女性の為のアジア平和国民基金
理事長　村山　富市　殿

平成十九年三月二十一日

石川の教育を考える県民の会
会長　諸橋茂一

貴殿は、首相時代、元北朝鮮国籍の反日日本人土井たか子（当時　衆議院議長、旧北朝鮮名李高順）と組み、平成七年六月九日、「本日は本会議なし、各議員は選挙区に帰られたし」との通知を衆議院内に回し、卑怯にも、その通知を信じて多くの議員が各選挙区に帰った隙を狙って、午後八時前、本会議開会のベルを鳴らさせて、議員総数五〇九人の内、二六五人の議員が欠席する異常な状況の下で、何と僅か二三〇人の賛成で、「歴史を教訓に平和への決意を新たにする決議案」なる謝罪決議を強行したが、あまりにも汚いやり方であった為に、何の権威もなかった。そこで、同年八月十五日、貴殿は、(近代史に関してあまりにも無知なるが故かと推察されるが)「……我が国は過去の一時期、国策を誤り……侵略戦争と植民地支配によって……とりわけアジア諸国の人々に対して多大の(国語的には「な」とすべき)損害と苦痛を与えました。心からのお詫びの気持ちを表明致します。……」という一方的な「(所謂)村山(謝罪)談話」を発表した。その事が、その後の我が国の名誉と誇りを大きく傷付けたのみならず、我が国の国益を大きく損なってきていることは正に許すべからざることである。貴殿の成した事は正に国賊行為であります。

そのことのみならず、貴殿は、首相退任後、「財団法人　女性の為のアジア平和国民基金」(所謂アジア女性基金)の理事長に納まり、韓国、台湾、フィリピンを中心として、「慰安婦をしていたと称する女性達」計二八五人に対して、(勘違いして善意で寄付をした人達の基金等)五億六、五〇〇万円を不当にばらまいた様であるが、もっと酷いのは、その「アジア女性基金」なるものを十二年間運営するために、人件費等で何と約五十億円(平成二十八年の報道によれば、約四十八億円となっている。)もの巨額の国費を無駄遣いしたことである。そもそも(当時は合法であった)「売春」をして破格の収入を得ていた「(元)慰安婦」の人達に対して、「お見舞い金」

なるものを与える必要性は全くないにも拘わらず、それらの人達に対して多額のお金を与えた事自体が、正に偽善国賊行為そのものであるが、その為の組織を十二年間運営する為に、上記の様に多額の国費を無駄遣いしたことは、国費の濫用であり、全く言語道断である。下記各質問事項について、平成十九年三月二十八日迄に（必着）御回答を頂きたい。

もしも、御回答無き場合、若しくは御回答が不充分な場合は法的手段に訴えます。御承知おき下さい。万が一、郵送で期日迄に間に合わない様であれば、取り敢えず、ファックスにて、送付して頂きたい。

記

1.「アジア女性基金」が「(元) 慰安婦」の人達に多額のお金を支払う様になった根拠は、「(所謂) 河野談話」にあると承知しております。その「河野談話」に関してお答え下さい。

① 「(同) 河野談話」には、「慰安所の設置、管理及び慰安婦の移送については、旧日本軍が直接あるいは間接にこれに関与した」とあるが、その証拠を示されたい。

② 「慰安婦の募集については、軍の要請を受けた業者が主としてこれに当たった……」とあるが、軍が「業者」に対して、その様な要請をした証拠を示されたい。

③ 「その場合 (慰安婦を募集した際) も、甘言、強圧など本人達の意思に反して集められた事例が数多くあり、更に、官憲等が直接これに荷担したこともあったことが明らかとなっ

た」とあるが、「……官憲等が直接これに荷担した証拠」を示されたい。

2．

① 上記のとおり、貴殿が、我が国の名誉と誇りを大きく傷付け、国益を大きく損ねて、平成七年八月十五日に、「他の国々には全く非が無く、我が国だけが一方的に悪かったとする、非常に歪んだ、当時の社会党の自虐史観からくる、（所謂）村山（謝罪）談話」を出したその根拠を明確に説明して頂きたい。

② 貴殿が発表した「（所謂）村山談話」によると、我が国が一方的に悪かったと言う歪んだ歴史観となっているが、それならば、

イ．米国が戦時国際法「ハーグ陸戦法規」に大きく違反して、我が国に二つの原爆を落とし、全国の主要都市に焼夷弾を落として、数十万人を超える我が国の民間人を殺戮、虐殺、殺傷した事を貴殿は国際法上、合法とするのですか？

ロ．我が国がロシアに勝利した翌年、一九〇六年（一九〇七年説もある。）、米国は、我が国を仮想敵国とした「オレンジ・プラン」を策定し、その後幾度も見直しを繰り返していました。
その事について貴殿はどう思われますか？

ハ．開戦前、米国、イギリス、中国、オランダが結託して我が国に対して、（所謂）ＡＢＣＤラインによる経済封鎖を続けました。

ニ. 貴殿は其れらの事を正当なものであったと考えるのですか？
米国では、日本を追い詰める為に、一九二四（大正十三）年、日系米人迫害法であった「排日移民法」を策定し、日系米人に対して徹底的な迫害を続けました。

ホ. 貴殿はその事についてどの様に思われますか？
米国は、昭和十六年七月二十五日、我が国の在米資産を一方的に凍結し、その後、イギリス並びにオランダもそれに追従しました。

ヘ. 貴殿はその事についてどの様に思われますか？
米国は、昭和十六年八月一日、我が国を経済的に立ち行かなくする目的で、我が国に対して、「石油の全面禁輸」を実施し、その後、イギリス並びにオランダも我が国に対して同様の制裁をしました。

ト. その事について、貴殿はどの様に思われますか？
昭和十六年八月九日～十二日、米国のルーズベルト大統領（当時）と英国のチャーチル首相（当時）は、「大西洋洋上会談」を行い、我が国を追い詰め、我が国に第一撃を撃たせる為の相談をしました。そして、その後ほぼそのシナリオ通りに、あらゆる手段を行使して我が国を追い詰めました。

チ. 貴殿はその事についてどう思われますか？
米国は、昭和十六年八月、日本と戦っていた蒋介石・国民党軍と「航空戦力援軍協定」を結び、中国に多数のパイロットと共に戦闘機（一〇〇機規模）を送り込み、我が日本軍を攻撃しました。ちなみに、その飛行隊は、「フライング・タイガース」（中国名は「飛虎隊」）と呼ばれており、フライング・タイガースが日本軍に対して、最初の攻撃をしたのは、（我が国が真珠湾を攻撃する約一カ月半前）昭和十六年十月二十日だったということです。

貴殿はその事についてどの様に思われますか？

リ．（所謂）「東京裁判」において、ただ一人国際判事の資格を持っていたパール博士をして、「この様なものを突き付けられたならば、ルクセンブルクの様な弱小国であっても矛を持って立ち上がったであろう」と言わしめた（最後通牒・所謂）「ハル・ノート」（昭和十六年十一月二十六日）をあなたは素敵で正当なものであったと思うのですか？

ヌ．しかも、その「ハル・ノート」は、今やソ連のコミンテルンのスパイであったということが明らかとなっている「ハリー・ホワイト」が米国と日本を戦わせる目的で作成したものであるということが明らかとなっています。

その事について貴殿はどう思いますか？

ル．前項の「ハル・ノート」を我が国に突き付けた翌日、米国のルーズベルト大統領（当時）は、米国太平洋艦隊に対して、日本に対する攻撃命令を出していました。貴殿はその事についてどの様に思われますか？

ヲ．我が国が、真珠湾攻撃をした昭和十六年十二月八日（米国時間七日）は、米国では日曜日、つまり休日でした。しかし、同日、日本海軍が攻撃してくる事を知っていた米国中枢部は、同日、真珠湾にいた太平洋艦隊に対して、全軍外出禁止令を出して、日本海軍の来襲に備えさせました。その時、米国中枢部は出来るだけ多くの米国太平洋艦隊隊員の死傷者を出すために、敢えて、米国太平洋艦隊のキンネル提督には、日本海軍の「真珠湾攻撃」を知らせなかったのです。

貴殿はその事についてどの様に思われますか？

ワ．米国は、一七七六年に英国から独立した当時、東部十三州からなる小さな国でした。処が、その後、周りの国々を侵略しながら、現在五十の州で構成される大きな国となっています。しかも、メキシコを追い詰めて、メキシコの広大な領土を取り上げた、一八三六年の「リメンバー・アラモ」、スペインの広大な植民地を取り上げた、一八九八年の「リメンバー・メイン号」等、米国は数々の謀略を行使すると共に、多数の先住民（インディアン）を殺戮しながら領土を拡大してきました。戦前の旧ソ連やイギリス並びにオランダやフランスも全く同様です。（極く普通の理解力があれば）侵略というのは、米国や旧ソ連の様な国々を言うのではないですか？

（しかし、彼の国々の中で、「…我が国は過去に、他国を侵略して誠に申し訳ございませんでした。」と発表した国は一つもない。)

カ．貴殿はその様な点についてどの様に思われますか？

我が国はその様な侵略国と戦い、アジアやアフリカの多くの国々を直接、間接に開放したのですよ。ちなみに、戦前の世界における独立国家は、約六十カ国、現在は、約二〇〇カ国となっております。我が国が多大な犠牲を払って「大東亜戦争」を戦っていなかったならば、未だ多くの国々は欧米の植民地のままであった可能性が極めて高いですよ。

その様な点について貴殿はどの様に思われますか？

ヨ．ちなみに、戦後十年が経過した一九五五年、インドネシアのバンドンにおいて、第一回目の「アジア・アフリカ会議（バンドン会議）」が開催された際、我が国の代表として参加していた加瀬俊一代表に対して、アジア・アフリカの代表の人達から、「私の国が独立出来たのは日本のお蔭です。本当に有難うございました」と握手責めにあったとのことです。

その様な事実に対して貴殿はどの様に思われますか？

タ．昭和二十年八月十五日、日本が戦争に負けた後、インドネシアでは、約一、〇〇〇名の元日本軍人が、ベトナムでは約八〇〇名の元日本軍人が、それぞれの国に残って各国の独立戦争を戦い、その独立戦争で、インドネシアにおいては、約七〇〇名の元日本軍人が戦死しています。小生は、四年前と昨年、二度インドネシアに行き、インドネシアの独立戦争に参戦された元日本軍人三名（宮原栄治氏、藤山英雄氏、田中幸年氏）の方々とお会いして、「何故、戦後日本へ帰られずに、インドネシアの独立戦争に身を投ぜられたのか」を直接伺ってきました。すると、全員の方々が、「我々は、インドネシアをオランダから解放する為に戦っていた。しかし、志半ばで我が国が負けてしまった為に、インドネシアは再びオランダの植民地となってしまう様な状況になった。我々（日本軍人として）は、その様な中でインドネシアを見捨てて日本に帰る訳にはいかない、と思い、この地に残ってインドネシアの青年達と共にオランダ軍相手に（緒戦においては、イギリス軍とオランダ軍相手に）四年半戦い続けてインドネシアの独立を勝ち得たのだ」と言っておられました。この様な**インドネシアやベトナムの独立戦争は、正に「大東亜戦争」の縮図です。**

レ．この様な現実について貴殿はどの様に思われますか？

その**インドネシアの独立記念日は、**（日本のお蔭で独立出来たという思いも籠めて）戦後我が国では使わなくなってしまった皇紀で表記され、「**皇紀2605年8月17日**」となっています。

貴殿はこの様な現実をどの様に思われますか？

ソ．インドネシアの独立戦争に参戦された元日本軍人の方々は、その功績により、インドネシア政府より、（最高位の勲章）「ナラリア勲章」や「ゲリラ勲章」を受けておられます。しかも、その方々が亡くなると、棺にインドネシア国旗が掛けられて国軍儀仗隊に担がれ、礼砲が撃たれて、国軍葬として執り行われ、非常に丁重に埋葬されています。

この様な現実に対して貴殿はどの様に思われますか？

戦後、一九五八年にインドネシアの初代大統領・スカルノが初来日された際、スカルノ大統領は、インドネシア独立戦争に参戦した元日本軍人の中でも、特に大きな功績を挙げて戦死、病没された二人の元日本軍人（アブドルラフマン市来《いちき》龍夫氏とアレフ吉住留五郎氏）の顕彰碑を東京、芝の青松寺へ建碑されたということです。そして、二人の元日本軍人に対して感謝の誠を捧げたということです。（今でも、インドネシアの大使が日本に赴任されると、必ず青松寺に行き、お参りされるそうです。）

貴殿はその様な現実に対してどの様に思われますか？

大東亜戦争中、日本軍が約八、〇〇〇人のインドの青年達と共にインドの独立の為にイギリス軍相手にインパール大作戦を戦い、非常に大きな犠牲を出しました。その後、イギリスは、日本軍と一緒に戦ったインドの青年達を（東京裁判の様に）「裁判もどき」にかけて処刑しようとしました。日本人は、東京裁判が行われている時も、七名の方々が処刑された時も、静かにそれを見ていた訳ですが、インドでは全く違いました。「インドの独立の為に戦ったインドの青年達を処刑するとは何事だ！」とインド各地で暴動が起こり、それがインド全土に広がり、さすがのイギリスも手がつけられなくなって、昭和二十二（一九四七）年にやむなくインドの独立を認めたという現実があります。

貴殿はその様な事についてどの様に思われますか？

ナ．衆知のとおり、旧ソ連は国際法に大きく違反して、我が国と締結していた「日ソ中立条約」を一方的に破棄して、旧満州や南樺太並びに千島列島及び北方四島に不法に侵略し、多数の我が国民間人を殺戮し、凌辱や掠奪の限りを尽くしました。しかも、千島列島や北方四島に侵略してきたのは、我が国がポツダム宣言を受け入れ、降伏した後の事です。旧ソ連がやった事は全く言語道断です。

貴殿は、その様な事実についてどの様に思われますか？

ラ．衆知のとおり、旧ソ連は、戦後、国際法に大きく違反して、我が国の軍人約五十六万人（六十万人、或いは、一〇〇万人という説も有る）をシベリアへ強制連行し、食事もまともに与えずに、酷寒の地で強制労働させて、約五六、〇〇〇人（六〇、〇〇〇人、或いは、一〇万人という説も有る）の日本人を死に追いやりました。旧ソ連のやった事は全く言語道断です。

貴殿はその様な事実についてどの様に思われますか？

ム．衆知のとおり、旧ソ連（現ロシア）は、国際法を大きく踏みにじって、北方四島を不法に占領し続けています。全く言語道断です。
その様な事実について貴殿はどの様に思われますか？

ウ．一九三二年の（世界共産党統括組織）コミンテルン世界大会に参加して、その時に、「日本の天皇制を解体して、日本に社会主義国家を建設しろ！」という所謂「三二年テーゼ」を受けて帰ってきた人達が日本共産党や旧日本社会党（現社民党）の中心となったということは衆知のとおりです。全く言語道断です。
貴殿はその様な事実についてどの様に思われますか？

ヰ．貴殿が党首を務めていた旧社会党の有力支持母体の一つである「日教組」は、戦後、「教師は労働者である」（だから）「教師がストライキをして何故悪い」などと、それまで聖職と言われて尊敬の対象となっていた自らの立場を貶め、我が国の戦後教育を大きく歪め続けてきました。全く言語道断です。
貴殿はその様な事実に対してどの様に思われますか？

ノ．支那事変勃発の最も大きな要因となったのは、昭和十二年七月二十九日の「通州事件」です。その概要を説明して頂きたい。

3．以上の様な歴史経過をしっかりと勉強すれば、貴殿が抜き打ち的に発表した「（所謂）村山談話」なる様な、実に馬鹿げた、一方的自虐史観は出てくるはずがありません。

貴殿はあまりにも近代史について不勉強極まりないのか？　それともあまりにも幼稚過ぎるのか？　或いは、確信犯的に我が国並びに父祖の方々を貶める事に生き甲斐を感じておられるのか？　何れにしても貴殿の思考は相当歪んでいると言わざるを得ません。

4. （所謂）「村山談話」は全く言語道断です。貴殿に日本人の心が少しでも残っているのであれば、日本人としての名誉と誇りというものを理解する気持ちが些かでも残っているのであれば、貴殿に日本人としての血が些かでも残っているのであれば、貴殿こそ深く反省して、（所謂）「村山談話」を白紙撤回すべきでしょう。**このまま貴殿が生涯を終えるならば、貴殿こそ、我が国の歴史上最大の国賊、正に最大のA級戦犯として汚名を後世に残す事は間違いありません。**

5. 日本人弱体化政策「3R5D3S政策」並びに「ウォー・ギルト・インフォメーション・プログラム」を根幹政策として、国際法に大きく違反して、「（所謂）東京裁判」を強行させ、我が国にGHQ制憲法並びに旧教育基本法を押し付け、「教育勅語」を廃止させ、マスコミを徹底検閲すると共に、我が国国民に一方的な自虐意識を植え付ける為の占領統治政策を阻害する恐れのある、七、七六九種類の書籍を強制的に没収させ、焼却処分させた事を含めて、**我が国を一方的に悪者にしようとしたマッカーサーが、昭和二十五年十月十五日、ウェーキ島において、米国のトルーマン大統領（当時）に対して、「東京裁判は誤りだった」と言い、翌、昭和二十六年五月三日には、米国上院の軍事外交合同委員会において、「日**

本が戦ったその多くは日本の安全保障（自衛）の為であった」と明言しています。つまり、日本を一方的に悪者にしようとして全力を尽くした、敵の総大将・マッカーサーが、「そうではなかった」と言明しているのです。

その事実について貴殿はどの様に思いますか？

6．貴殿よりも遙かに優れた見識と優れた歴史観を持たれた、世界各国の多くの指導的立場の方々が、「日本が多大な犠牲を払って大東亜戦争を戦ってくれたお蔭で、自分達の国々が独立出来たのみならず、長期間続いた、欧米による植民地主義（植民地支配）に終止符を打つ事が出来た」と言っておられます。貴殿はその様な歴史観を持っておられる（おられた）方々よりもしっかりした歴史観を持っていると大きな勘違いをしておられるのではないですか？　貴方のそれは非常に歪んだ歴史観です。

以上

II、村山富市元首相に対する訴状

村山富市元首相に対して、前記の様な内容証明、配達証明付き郵便を送りましたが、指定期日までに、全く回答が無かったために、私は、同年三月二十九日、村山富市元首相を東京地裁に提訴しました。その内容は次のとおりです。

何故、同年三月二十九日に村山富市元首相を提訴したかと言えば、同月末で、所謂「アジア女性基金」が解散することを同年三月初めに知ったからです。同基金が解散してしまうと、「アジア女性基金」理事長としての、村山富市に対する責任を問う事は出来なくなると考えたからです。以下、村山富市元首相に対する訴状を掲載致します。

訴　状（提出文書は横書き）

平成19年3月29日

東京地方裁判所　御中

原　告　　諸橋　茂一

当事者の表示　　別紙当事者目録記載のとおり

請求の範囲　　別紙記載のとおり

請求の原因　　別紙記載のとおり

事件名　　濫用国金国庫返納事件

貼用印紙　　１３、０００円

郵　券　　円

附属書類

資格証明書　1通

参考資料　甲1〜甲21

当事者目録

原告　諸橋　茂一

被告　財団法人　女性のためのアジア平和国民基金
理事長　村山　富市

請求の趣旨

既報（甲1・産経新聞・平成19年2月6日付け他）のとおり、「女性のためのアジア平和国民基金」（以下、アジア女性基金または同女性基金とする）は、平成7年12月8日、総理府及び外務省共管の財団法人として設立（現在の所管は外務省）、以来、計285人の元慰安婦達に対して、5億6、500万円を支払ったとのことであるが、それだけのお金を配る為の、同基金の人件費や事務所経費として、毎年3億～5億円、合計すると、50億円前後の国費を投入したという。同基金の設立根拠は、（後述のとおり）平成5年8月4日の（所謂）「河野談話」にあるが、その河野談話の根拠は早い時期に崩れてしまっていた。にも拘わらず、それだけの巨額の国家予算を、慰安婦と称する人達に支払う為の組織の運営に使用したことは、国費の濫用以外なにものでもなく、全く言語道断である。

1．同基金の村山理事長は、上記濫用した国費約50億円の内、１６０万円を本年4月末日迄に国庫に返納しなさい。なお、国庫への返納が、指定期日よりも遅れた場合は、年5分の金利分も含めて国庫に返納しなさい。

2．また、同女性基金が、全く根拠の無い（所謂）「河野談話」を前提にして、２８５人の慰安婦と（称する）女性達に対して、充分な検証もせずに、全く不必要な謝罪の意味も籠めて、全く不当なお金を支払い続けた事は、原告にとって、日本人としての名誉と誇りを大きく傷つけられた。その精神的苦痛は多大なものがあり、耐え難いものがある。よって、被告は原告に対して10万円の精神的苦痛に対する慰謝料を本年4月末日迄に支払え。

3．合わせて、被告は本裁判にかかる一切の費用を支払え。

以上

請求の原因

既報のとおり、米国の下院に、マイク・ホンダ議員他6名の共同提案によって「対日非難決議」（慰安婦決議121号）が提出され、5月には同決議案が可決されるかも知れない状況となっている。彼等が、同法案を提出した大きな根拠としているものの一つに、（所謂）「河野談話」がある。

（前述のとおり）アジア女性基金は、平成7年12月8日、総理府及び外務省の共管の財団法人として設立以来、その組織の運営費として約50億円の国費を使用したということである（甲1・以上　2行・平成19年2月6日付け産経新聞）。同基金の設立理由の最も大きな根拠は、同基金のホームページの「沿革」にも掲載されているとおり、平成5年8月4日に、河野洋平官房長官（当時）が発表した（所謂）河野談話（甲1・以下、河野談話とする）にある。

しかも、同基金は、元慰安婦（と称する女性達）の認定作業は相手政府に丸投げ、送金は銀行がやるから、関係省庁や市民団体からの「天下り」職員は、時折開くシンポジウムのお膳立てか、作文コンクールでお茶を濁してきた、という（同上）。その河野談話なるものの骨子は、「…慰安所の設置、管理および慰安婦の移送は旧日本軍が直接間接に関与した。…甘言、強圧など本人達の意志に反して集められた事例が多くあり、官憲等が直接加担したこともあった」という内容のものである。しかし、「その談話の根拠は元慰安婦（と称する）女性達（16人）からの一方的な聞き取り調査だけで、その後の同9年3月の参院予算委員会で、**平林博内閣外政審議**

室長（当時）は、「個々の証言を裏付ける調査は行っていない」と答弁している。

河野洋平氏自身も同年、自民党の「日本の前途と歴史教育を考える会」の会合で、「強制的に連行されたものかについては、文書、書類では（証拠は）無かった。」と述べている。

また、同河野談話作成に関わった石原信雄官房副長官（当時）によると、「当時、韓国側は談話に慰安婦募集の強制性を盛り込むよう執拗に働きかける一方、『個人補償は求めない』と非公式に打診していた…日本側は、『強制性を認めれば、韓国側も矛を収めるのではないか』との期待を抱き、強制性を認めることを談話発表前に、韓国側に伝えた」という。（甲2・以上、14行、平成19年3月1日付産経新聞）

そもそも慰安婦の仕事は当時合法であり、「慰安婦とは即ち売春婦」であった。「女衒（ぜげん）」という、慰安婦を集める事を仕事としていた立場の男が慰安婦を募集して戦地に連れて行き、兵隊さんの相手をさせたのであり、当時「慰安婦の仕事は、（日本軍曹の月給が30円の時代に）1ヶ月約750円という破格の収入があった為に、（決してその様な仕事を好んでした訳ではないかも知れないが、非常に貧しい時代だったこともあり、）自分の為、或いは親兄弟の為にその様な仕事をしたのである。

……朝鮮人慰安婦は、全て志願者か親に売られた者ばかりである。……（甲3・以上、1行、修理固成通信第293号）

「（お金に）真面目な人は家を新築した人も（多く）いた。…」（甲4　同第216号）

しかも、同基金から「お見舞い金」をもらった285人の元慰安婦（と称する）女性達の中で、「強制連行された」という人は1人もいなかったということである。（甲1）

安倍首相は、去る3月1日、同問題に関して、「当初、定義されていた強制性を裏付けるものはなかった（それを証明する証言や裏付けるものは無かった）のは事実ではないかと思います。」（甲5・同年3月4日付北国新聞他）と述べている。

また、「史実を世界に発信する会」（加瀬英明代表）が平成19年2月16日付にて発表した、「アメリカ下院議員マイク・ホンダ（慰安婦決議案121号提出者）に対する抗議の手紙」（公開質問書（甲6）によれば、「米軍の公式記録、UNITEFD STATES OFFISE OF WAR INFORMATION及びComposite Report on three Korean Civilians List no. 78, dated 28 March 1945, "Special Question on Koreans" には、「『慰安婦』とは売春婦に過ぎない。」「月平均で1、500円の総収入を上げ、（債務者の）マスターに750円を返還する（筆者注：日本軍曹の月給は30円、従ってその25倍稼いでいた。）」「太平洋の戦場で会った朝鮮人慰安婦は全て志願か、両親に売られた者ばかりである。」と記載されている、とある。

また、同公開質問書によれば、「『二度と問題にしないはずの』韓国政府は執拗に日本批判を続けています。韓国の教科書にも登場し、世界に誤った情報が発信されています。」「慰安婦…売春婦（は）…日本人が40％、現地人30％、韓国人20％、その他10％というのが実態でした。」「上記報告書では、『慰安婦』をはっきりと『売春婦』と言い切っている。」「…日本の官憲ないし軍隊による『強制連行』や『奴隷狩り』が行われたという指摘は全くない。」「…文玉珠という朝鮮人元『慰安婦』は、ビルマで『(慰安婦の)仕事』をした43年6月から45年9月までの間に、日本の野戦郵便局に26、145円強という巨額の蓄えをしたということであり、月の平均で1、000円近くを稼いでいた…日本兵の月給は、二等兵が7円50銭、軍曹が約30円であったから、彼女達は毎月日本兵の100倍〜25倍相当を稼いでいた。」「…『慰安婦』システムは純然たる公娼制度であり、…営利売春産業の一部に過ぎない。」「(慰安婦問題は)韓国の指導層によって、手頃な政治カードとして最大限利用された。日本兵が朝鮮人を鞭打ちながら引き立てていく残虐非道なイメージは、映画、テレビドラマ、雑誌、新聞等に好んで引用され、果ては教科書にまで登場し、特に何の根拠も無いまま歴史的事実とされた。…」「91年8月11日…朝日新聞が…金学順という女性を紹介し、彼女は『女子挺身隊』の名で戦場に連行され、日本軍相手に売春を強いられた『元朝鮮従軍慰安婦』であると報じた。…しかし、彼女はその僅か3日後の8月14日にソウルで記者会見し、『母親によって置屋に売られ、その後、養父に連れられて軍隊の慰安所に入った。』という事実を告白してしまった」「96年2月、従軍慰安婦についてのクマラスワミ国連特別報道官の日本政府に対する勧告案(「クマラスワミ報告」)が、国連人権委員会に提出された。…クマラスワミ報告書は、…初歩的な事実誤認や歪曲に満ちた、救いようのない内容…同報告書の国連内部での評価が『take note』、つまり最低級である。…」という様なことが列挙してある。

上記より明らかな様に、(所謂)「河野談話」は全く事実に基づいたものではなく、我が国の父祖の方々並びに我が国の名誉と誇りを大きく傷付けると共に、我が国の国益を大きく損なっているのみならず、我々の子孫に対しても非常に理不尽な不名誉と全く不必要な贖罪意識を負わせ続けることになる。その様な状況を看過する訳にはいかない。

被告村山富市には去る3月21日付で、(所謂)「河野談話」並びに(所謂)「村山談話」の内容が適切であるというならば、その証拠を示して説明して頂きたい旨の内容証明、配達証明付き郵便(甲21)を送った処、指定期日までに全く何の回答もない為、本日提訴致します。

(提訴した後、もう少し、項目を分ける様にとの東京地裁の指示もあり、若干、それに従った処も有ったが、基本的には本稿のとおりである。)

以上

所謂「村山談話」「河野談話」を踏襲する愚かな日本政府

衆知のとおり、平成二十六年八月五日と六日、両日に亘って、朝日新聞が、それまで三十二年間に亘って、「日本軍が慰安婦を強制連行した」かの様な報道を続けた大きな根拠としていた吉田清治に関して、「吉田清治（一九一三〜二〇〇〇）の告白や証言は嘘であったことが判明したため、慰安婦関連のそれまでの記事を取り消す」と発表しました。処が、実は、吉田清治は、一九九五年に、自らの証言等は「創作」であったことを認めていたのです。にも拘わらず、朝日新聞を始めとする多くのメディアが、吉田清治証言を是とする様な報道を続けた事は、我が国を貶めるための大きな犯罪であると断じざるを得ません。

また、この村山富市元首相相手の裁判を通じて、村山富市元首相は、私の追及、指摘に対して全く反論する事が出来ませんでした。

にも拘わらず、**現安倍内閣までもが、所謂「河野談話」並びに所謂「村山談話」を踏襲している事は実に愚かな事**と言わざるを得ません。

「日韓合意」の問題点

所謂「慰安婦問題」に関して、昨年（平成二十七年）の十二月二十八日、所謂「日韓合意」

なるものがなされたことも衆知のとおりです。

その骨子は、岸田外務大臣が、「……当時の軍の関与のもとに多数の女性の名誉と尊厳を深く傷つけた問題であり、日本政府は責任を痛感している」と述べると共に、安倍首相は、「……慰安婦としてあまたの苦痛を経験され、心身にわたり癒しがたい傷を負われた全ての方々に心からおわびと反省の気持ちを表明する」と語ると共に、韓国の慰安婦対策費として、日本が十億円を拠出することを約束しました。

しかし、同合意は実に馬鹿げたことと言わざるを得ません。本裁判でも明らかな様に、慰安婦達は当時合法であった、売春という「仕事」をしていたのであり、その「仕事」で、日本兵の二十五倍〜百倍もの高収入を得ていたのです。

これまでに、「慰安婦関連」で我が国が無駄に支出した総額は約五十四億円になる様です。今回、それに更に十億円拠出する事を韓国に対して約束をした訳です。実に馬鹿げているとしか言いようがありません。

売春をしていた女性達に対して、何故、我が国の首相が謝る必要があるのでしょうか？何故我が国が彼女達に多額のお金を支払う必要があるのでしょうか？

売春をしていた女性達に対して、我が国の首相が謝り、多額のお金を支払う責務があるのだとすれば、今現在、ソープランド等で売春をしている女性達に対して、あと四十年〜五十年経過した時に、同様に、我が国の首相は、元売春婦（元ソープランド嬢）の人達に対して謝罪をすると共に、多額のお金を支払うのでしょうか？　実に馬鹿げたことと言わざるを得ません。この様な事をした国は、（我が国以外は）歴史上皆無でしょう。

また、**その場だけを取り繕うために**、余りにも軽はずみに、「慰安婦をしていた女性達の名誉と尊厳のために……」**と全く心にもない事を言って対応していますが**、その様な対応をする事によって、**我々の父祖の方々の名誉と尊厳はどうなってもよいというのでしょうか？**　元慰安婦の人達の名誉と尊厳よりも、我々の父祖の方々の名誉と尊厳を守る事の方が遥かに大事だという、実に簡単なことが何故分からないのでしょうか？　我が国の政治家達は、何故、父祖の方々の名誉と尊厳を守り抜く事が出来ないのでしょうか？

この様に、実に愚かな対応をしているから、韓国や中国から、不当に、いつまでも「外交カード」として利用され、我が国の国益を毀損し続けているのです。

韓国や中国はどんどん調子に乗り、エスカレートして、韓国の日本大使館前に「慰安婦の像」なるものを造ったり、中韓両国が手を組んで、米国に多数の「慰安婦の像」や「慰安婦の碑」を造ったりしているのです。

我が国は全く謝る必要もないのに謝り、全くお金を支払う必要などないのに、これまで多額のお金を提供してきたために、我が国は韓国から、「謝り方が足りない。もっと謝れ。金の出し方が少ない。もっと金を出せ。」と理不尽に不当な事を言われ続けているのです。まるで、お金持ちのお坊ちゃんが不良に脅されて、お金を巻き上げられ続けているというのと同様の構図、状況です。

　仮に、慰安婦と遊んでお金を支払わずに逃げた人がいたのであれば、それは問題かも知れません。しかし、仮にその様な事があったとしても、それはあくまでもその本人の問題であって、全く国の責任ではありません。また、その様な「仕事」は必ず「前払い」です。お金を払わずに遊んだ人は恐らく皆無でしょう。売春が合法だった当時、「遊んだ人達がいた」「遊んでもらってお金を頂いた女性達もいた」ただ、それだけの事です。韓国がこれまで我が国に対して言い続けている、慰安婦に関する事はただ単なる「言い掛かり」に過ぎません。いや、「余りにも大きな言い掛かり」と言う他ありません。（この様な言い方は、我が国の暴力団の人達に対して大変失礼だと思いますが）我が国では暴力団でさえ、この様に不当極まりない言い掛かりをつける事はまずないでしょう。

　ということは、韓国のやってきている事は、我が国の暴力団よりも遥かにレベルの低い、「余りにも悪質な事」と言わざるを得ません。慰安婦問題だけではなく、韓国が、明らかに我が国の領土である「竹島」を不当に占領し続けている事も、我々日本人の感覚では全く理解出来ない事です。

　韓国が、凶悪殺人犯、安重根や、同じく凶悪殺人犯、尹奉吉（ユン・ボンギル）を英雄として祭り上げている事も我々日本人では全く理解不可能なことです。

中国の問題点

中国も全く同様です。「尖閣」周辺の我が国の領海に、平気で不法侵犯を繰り返している事や、「小笠原諸島」へ平気で領海侵犯して、大量の貴重な「赤サンゴ」を盗み出した事、また、全く虚偽の「(所謂）南京大虐殺」や「中国の大きく間違った歴史認識」を、「歴史カード」として繰り返し持ち出して、我が国に対していつまでも不当な抗議を続けている事も、我々日本人では全く理解不可能なことです。

中国政府の上層部は、「(所謂）南京大虐殺」なるものは全くの虚構であるということを恐らく分かっているはずです。また、何故「支那事変（日中戦争）が起きたのか？」と言えば、昭和十二（一九三七）年八月十三日、上海において、張治中率いる、中国の国民党軍約三〇、〇〇〇人が、合法的に上海に駐屯していた日本海軍陸戦隊約四、二〇〇人にいきなり攻撃を加えた事が発端です。その事についても、多くの中国政治家は分かっているのだろうと思います。

しかし、誠に残念ながら、「日本の政治家や官僚の多くが『(所謂）南京大虐殺』なることが、事実だと勘違いしている者が非常に多い。我が国が中国を侵略したかの様に大きな勘違いをしている者が多い。だから、それらは『外交カード』として非常に有効である」という計算で、中国はことあるごとに、執拗に我が国に対して言い掛かりをつけているに過ぎません。

今（平成二十八年時）は中国の外務大臣となっている王毅氏は、十年ほど前には日本大使でした。その当時、彼が金沢に来たことがありました。そして、金沢の北陸大学で講演をしたのです。その講演が始まる前に、私は大学側から王毅大使（当時、以下同）を紹介されて、同大使と名刺交換をしていました。

王毅大使の講演が始まりました。最初は、経済問題、環境問題、エネルギー問題、貿易問題、という様な話だったのですが、途中から論調が変わり、「日本は歴史を鑑として……」とか、「……日本の首相は靖国参拝すべきではない」という様な事を言い出しました。

私は、余程、その場で手を挙げて、王毅大使のそれらの発言に対して抗議しようかとも思いましたが、大学側の立場にも配慮して、その場ではその様な気持ちを抑えました。しかし、その講演が終わって会社に帰ってから、王毅大使（当時）に対する抗議の書面を作成して、中国大使館、王毅大使宛に送りました。

その時、私は命の覚悟をしてその書面を送りました。何故、「命の覚悟」かと言いますと、私は、それよりも随分前、今から二十年以上前に、中国が昭和四十七年、日中国交回復前に作成したと言われている「対日工作書」というものを読んでいたからです。

対日工作書（日本解放）

この書面は、昭和四十七年七月三十日付で、中央学院大学の西内雅教授が、「日本開放」として纏められたものです。

その中には、「もうすぐ中日の国交が成りそうである」「もしも、中日国交が成ったならば、当初、八〇〇人ないし一、〇〇〇名の工作員を日本へ送り込む。工作員の立場（身分）は、『大使館員』、『新華社々員』、『各紙特派員』、『中国銀行員』、『各種国営企業代表又は派遣員』『教員』等として送り込む」「それらの工作員は、日本の政治家や秘書に近付きなさい」「そして、ある程度人間関係が出来たならば、中国への『招待旅行』を持ち掛けなさい。その費用は、全て中国持ちでよい」「日本人は生真面目な人間も多いため、中国が費用の全てを持つというと、拒否する者もいるであろう」「その様な者に対しては、旅費は自分で負担して下さい、と言いなさい」と記してありました。その『中国招待旅行』の目的は、当然、「飲ませ、食わせ、抱かせて、写真を撮って」、翌日、「先生、昨日の夜は良かったですね、良く写っていましたよ」と優しく囁けば、以後は、中国に対してまともに強い事が言えなってしまう」という計算なのです。所謂**「ハニー・トラップ」**です。それに引っ掛かって自殺した日本外務省の領事館員もいた事を覚えておられる方も多いのではないかと思います。

それだけではありません。その「対日工作書」の後段に、「……我が工作の著しい阻害となる者に対しての暗殺、脅迫、一時的監禁等……」という事まで記されていたのです。

ですから、決してオーバーではなく、私が王毅大使（当時）に下記の様な書面を送った時、「もしかして、事故の様に見せかけて中国の刺客に殺されるかも知れない……」という覚悟をして、その時、私は家内を含めて誰にも言わずにその書面を送ったのです。

今回、拙著を通じて、この様な事を明らかにしていますので、もしかしたら、今後中国の刺客に狙われる事があるかも知れません。その様な覚悟もしております。

私が王毅大使（当時）に送った書面の主旨は、「我が国の首相の靖国参拝に関して、中国が批判等をすることは、大きな内政干渉であり、『互いに内政干渉してはならない』という事は外交の大きな基本の一つでもある。しかも、昭和四十七年（一九七二年）に成された、日中国交回復の際の日中共同声明他にもその事は明記されている。にも拘わらず、我が国政府が強く反論しないのをよいことにして、中国がいつまでも内政干渉を続ける事は大きな間違いである」「我が国の首相に対して、その様な不当な圧力を加え続ける事は、結果的に、多くの日本国民に、中国に対する強い反感を抱かせることになる」「結果的に、その様なことは、日中両国にとって良くないことである。それでは真の日中友好にはなり得ない」「（所謂）『南京大虐殺』は真っ赤なつくり話である（その根拠も明記しました）」「支那事変（日中戦争）の大きな原因、背景、流れは、昭和十二（一九三七）年七月二十九日に起きた日本人虐殺事件『通州事件』（中国の保安隊、約三、〇〇〇人がいきなり、当時、通州市に居た日本人居留民を襲い、二二三名の日本人居留民を虐殺した残虐この上ない事件）や、同年八月九日に上海で起きた、中国蔣介石軍による「大山大尉惨殺事件」等が大きな背景となっただけではなく、同年八月十三日、張治中率いる蔣介石軍約三〇、〇〇〇人が、上海に合法的に駐屯していた日本海軍陸戦隊、約四、二〇〇人にいきなり攻撃を仕掛けた事、そして、その翌日の八月十四日、同じく蔣介石軍は上海の租界（日本人、欧米人等、外国人が住んでいたエリア）に無差別空爆を始めて、その日だけでも約三、六〇〇人の死傷者が出るという様な状況となったために、『これ以上放置する訳にはいかない』という、やむを得ない理由で、日本が二個師団を上海に派遣したのです。その様な経緯で支那事変（日中戦争）が起きたのです。支那事変を引き起こしたのは中国の方です」「上記の様な事を知らない日本人政治家や官僚が多いからと言って、いつまでも、不当な抗議を日本に繰り返す事は、日中両国にとって良くないことです。

決して日本人の全てがその様な歴史の真実を知らない訳ではありません。真実の歴史を分かっている日本人の多くは、中国の不当な圧力等に対して強い憤りを感じ続けていることをよく認識すべきです……」

王毅大使に送った書面の主旨は以上の様なものでした。

その書面を出して五日後、私の会社に中国大使館から電話がかかってきました。

「いよいよ殺す序章が始まるか？」という覚悟もしてその電話に出ました。すると、中国大使館のその人物は、「……非常に厳しい内容でしたが、大変勉強になりました。王毅大使がどうしてもお礼を申し上げたい……」ということでした。

我が国は、実に情けないことに、尖閣でも小笠原諸島でも、中国の不法な領海侵犯や略奪等に対してただ手をこまねいているばかりです。

しかし、他国では、その様な時に、一体どの様に対処しているのでしょうか？　実は他国ではその様な場合、国際法に則って非常に毅然たる対応をしているのです。

ここで、二つの事例を挙げたいと思います。

パラオ共和国　中国漁船を撃沈

領海侵犯に関しては、四年前の二〇一二年三月三十日、パラオの領海に不法侵犯して不法操業していた中国漁船に対して、パラオの沿岸警備隊は、警告の上、中国漁船に銃撃して、一人射殺、五人（その後二十人、計二十五人）を拘束すると共に、その漁船を沈めてしまいました。

アルゼンチン　中国漁船を撃沈

また、今年（二〇一六年）の三月十四日、アルゼンチンの排他的経済水域内で不法操業していた中国漁船に対して、アルゼンチンの沿岸警備隊も、中国漁船に対して警告の上銃撃し、パラオと同様に、その中国漁船を沈めてしまったということです。世界の国々は、例えどんなに小さな国であっても、不法な事に対しては国際法に則って毅然たる対処をしているのです。

パラオには、昨年（平成二十七年）、天皇、皇后両陛下が戦死者の慰霊のために行啓されました（私も、一昨年の九月、同様の目的で、パラオへ行って来ました）。

パラオは、人口僅か二万人の非常に小さな国です。そのパラオ共和国に出来た事が何故我が国に出来ないのか？　一事が万事ですが、**我が国の政権中枢にいる人達は余りにも決断力と度**

胸が欠如していると言わざるを得ません。実に情けないことです。その様な事を見ても、誠に残念ながら、今の我が国は独立国家の体を成していないと言わざるを得ません。

一事が万事ですが、**韓国と中国は、「国家として、平気で嘘をつく事が出来る国」「国家として平気で他国のものを盗む事が出来る国」だ**ということです。我が国では全く考えられないことです。

我が国政府は、その様なことを十分認識した上で対処しなくてはいけません。

ここで、所謂「南京大虐殺」なることが如何に真っ赤な嘘、真っ赤な「つくり話」であるかを、平成二十三年に纏めた拙稿「世界最大の嘘・南京大虐殺」を以下に掲載致します。

世界最大の嘘「南京大虐殺」

平成二十三年三月二十六日
諸橋茂一

（所謂）『南京大虐殺』とは、昭和十二（一九三七）年十二月十三日、日本軍が当時の中国の首都であった南京を陥落させた後、約六週間の間に、約三十万人の民間人を虐殺したとされているものである。

処が、実は（所謂）「南京大虐殺なること」は「真っ赤な作り話」である。以下、その理由を述べることにする。但し、当時は戦争中であり、日中双方の軍人に相当な戦死者が出たという事は誰でも理解出来ることである。併せて、僅か四日間で陥落した南京に居た中国兵が、軍服を「便衣」（平服）に着替えて、つまり、民間人の姿で日本兵に襲い掛かった者（便衣兵）（ゲリラ）や日本軍人の「誰何《すいか》」（口頭による不審者取り調べ）に対して逃げ出した者を射殺したケース、並びに、市民になりすまして潜伏していた中国兵（不法戦闘員）を摘発して射殺したということはあった様である。

しかし、その事は国際法上、合法であり、それらは、「民間人虐殺」とは全く違う事である（「戦時国際法・ハーグ陸戦法規」やジュネーブ条約等により、軍服を着ていない不法戦闘員は捕虜になる資格無し。射殺されてもやむを得ない)。

国民党軍には、「逃げずに戦え」と、逃げる中国兵を「射殺」する「督戦隊」という部隊が有り、自国の「督戦隊」に殺された中国兵も多くいた様である。それこそ「虐殺」である。

南京戦は、その様な特殊な事情が有ったということも良く理解しておかねばならない。それらは、民間人が虐殺されたという事とは全く違うことである。

また、それらの「虐殺」とは別に、日本軍が南京に到着する迄に、「清野作戦」と称して、中国兵が南京の各所に火を放ち、多くの民家を焼き払った。(その事は当時の新聞でも大きく報道されている)中国兵が「掠奪」をしたケースも多かった様である。

処が、(所謂)「東京裁判」の中では、中国兵が行ったそれらの不法行為も全て日本軍が行った事とされたのである。(日本軍が行ったとされている)「三光作戦」(焼き尽くし、殺し尽くし、奪い尽くす)なる事も、実は国民党軍兵士が行った事なのである。(日本には、「三光作戦」なる言葉も、その様な考え方も無い)。

日本人が、その様な事をしないことは、去る(平成二十三年)三月十一日に発生した「東日本大震災」や平成七年の「阪神淡路大震災」においても、他国ではその様な場合、極く普通に起きる「掠奪」や暴動等の不法事件が殆ど起きなかったことからも十分窺い知れることである。

我が国の政治家やマスコミ関係者を含めて、多くの日本人は、民間人が約三十万人も虐殺されたという「南京大虐殺」なることをまるで真実かの様に大きな勘違いをしている。それは、一体何故だろうか？　日本人の多くが大きな勘違いをしている主な原因と思われる事を以下に列挙する（**Ⅰ～Ⅵ**）。

Ⅰ.　「極東国際軍事裁判」（所謂「東京裁判」）の中で、「南京大虐殺なること」が真実である、と一方的に「決めつけられた」こと。米国並びに中国がその様な「虚構」を作り上げた大きな理由は、米国が、広島、長崎への原爆投下並びに東京、大阪、沖縄を含む、我が国の六十四の主要都市を無差別爆撃して、数十万人の日本人民間人を不法に虐殺した事が、戦後大きく糾弾されることを恐れて、先手を打って、さも日本軍が不法な事をしたかの様に、日本人並びに世界中の人々に思い込ませる為であったと思われる。

Ⅱ.　**本多勝一という「偽日本人」**が、昭和四十六年の八月から十二月まで、全四十回に亘り、まるで**「南京大虐殺なる事」が有ったかの様に、朝日新聞に全く虚偽の連載をした**ことと、平成八年二月二十四日、ＮＨＫが、「映像の世紀第十一集　ＪＡＰＡＮ　世界から見た明治・大正・昭和」の中で、**アメリカのプロパガンダ用の映画を**「海外のカメラマンが記録した実写フィルム」として**報道した**事等を含めて、戦後のマスコミ報道の中で、ＮＨＫや朝日新聞並びにテレビ朝日を筆頭に、多くのマスコミが、さも「南京大虐殺なること」がまるで真実かの様な報道を続けてきたこと（東中野修道著『1937　南京攻略戦の真実』小学館文庫　13〜14頁）。

Ⅲ.　今、中学校で最も多く採用されている「東京書籍」並びにその他の（「自由社」以外の）教科書に、まるで「南京大虐殺なること」が真実であるかの様に記載されていること。併せて、その様な嘘の内容の教科書を使用して、日教組がさも其の事が真実であるかの様な教育を続けてきたこと。

Ⅳ.　中国が、「南京大虐殺なること」を事ある毎に、さも事実かの様に、「歴史を鑑として……」という様な言い方で、絶好の「外交カード」として、「悪用」し続けていること。

Ⅴ.　中国は、**（所謂）「南京大虐殺記念館」**の様な**「反日嘘八百展示館」**を中国全土に大小合わせて約二〇〇カ所も造っているという。我が国の日教組傘下の反日教師達が、我が国の多くの高校生を、それらの反日展示館へ修学旅行に連れて行く為に、それらの反日展示館を見学した高校生達の多くが、結果的に、「南京大虐殺なること」があたかも真実かの様に思い込まされてしまっていること。

Ⅵ.　「日中歴史共同研究」（二〇〇六年十二月一日〜二〇〇九年十二月）の日本側座長を務め

た北岡伸一東大教授が「南京における大虐殺なること」を全く何の根拠も無く認めた事。

……等々が複層して、多くの日本人に、「南京大虐殺なること」がさも真実かの様な、余りにも大きな勘違いをさせてしまっているのであろう。

筆者も実は、三十代の頃は、大きな勘違いをしていた。白髪三千丈の中国のことだから、流石に、「三十万人大虐殺」なる内容がそのまま真実だとは思っていなかったが、戦争中の事ゆえ、一万人か数千人か、或いは数百人か……少なからず、民間人が巻き添え、犠牲になったのかも知れない…と思っていた。

しかし、後述の著書等を含めて、南京問題に関して詳しく記してある数々の書籍や当時の新聞等を読んで勉強を続ける内に、(所謂)「南京大虐殺なること」は、「全くの作り話である」ということが良く分かってきた(私の中学、高校時代には、「南京大虐殺」などという事は全く教えられていないので、十代、二十代の頃は、「南京大虐殺」などという言葉さえ知らなかった)。

恐らく中国の政治家達の多くは、「南京大虐殺なること」は、実は虚構であるということに気付いているのであろう。処が、多くの日本の政治家並びに多くの我が国外務官僚達が、「南京大虐殺なること」が真実であるかの様に大きな勘違いをしている事を認識した上で、「日本に対する非常に有効な外交カード」として「悪用」し続けているのである。

多くの日本人の大きな勘違いを早く解かねばならない。そうしなくては、我が国は、いつまでも中国の理不尽この上ない不当な抗議に怯え、「謝罪」を繰り返し、我が国の国益を大きく損ない続けると共に、多くの父祖の方々の名誉と誇りをも損い続けることになり、併せて、我々の子孫に対しても、全く不必要な、中国に対する「贖罪意識」と、全く不必要な「負い目」を負わせ続けることにもなる。

「南京大虐殺なること」が如何に大きな嘘であるかは、故冨士信夫氏著（東京裁判傍聴記録）『南京大虐殺はこうしてつくられた』展転社、故田中正明氏著『南京事件の総括』展転社、獨協大学の故中村粲名誉教授著『大東亜戦争への道』展転社、亜細亜大学の東中野修道教授著『徹底検証・南京大虐殺』展転社（南京大虐殺なることが如何にとんでもない虚構であるかを学術的に立証された同氏の著書はその他にも多数有る）、並びに上智大学の渡部昇一名誉教授著『かくて昭和史は甦る―人種差別の世界を叩き潰した日本』クレスト選書、東中野修道著『新・地球日本史「南京大虐殺は存在せず」』（産経新聞・平成十七年一月三日～一月八日連載）他、多くの史書、著書並びに新聞等に詳細に記されている。

極く普通の理解力の有る人間が、それらの著書の内のただ一冊を読むだけで、南京大虐殺なることが、実は大いなる虚構であることは誰でもすぐに理解出来る。

それらの著書に記して有ること並びに小生の考えを含めて、「南京大虐殺なること」が如何に大きな虚構であるか、それが如何に「真っ赤な嘘」であるかを以下に述べる。

「南京大虐殺」が「真っ赤な嘘である」証拠の数々

1． まず、「『南京大虐殺なること』に関する『**犠牲者名簿なるもの』は唯の一人分も無い。**」（上海大学歴史学部・朱学勤教授による。平成十九年十二月二十日付産経新聞）。この一点だけ捉えても「南京大虐殺なること」が如何に荒唐無稽な作り話であるかは既に立証された様なものである。（仮に、「南京大虐殺」なることが真実であるならば、「三十万人」という数字の何割かの「犠牲者名簿」が存在しないはずがない。）

2． 「南京大虐殺」の犠牲者は、「三十万人」ということになっているが、日本軍が南京を制圧した昭和十二年十二月十三日当時、南京市内には、約二十万人の民間人しかいなかったという記録があり、併せて、**約一カ月後、昭和十三年一月十四日**の時点では、**人口が約五万人以上増えて、約二十五万人～三十万人になっていた**という「南京安全区国際委員会記録」が残っている（田中正明著『南京事件の総括』29頁）。

3． 日本軍が南京を占領する約一カ月前、昭和十二年十一月より翌年の九月迄、蒋介石率いる国民党は、ほぼ毎日の様に、欧米のマスコミ関係者を集めて、記者会見を開き、日本軍に対するイメージダウンの目的で、日本軍の不法行為等について嘘八百の発表、宣伝工作を続けていた。そして、その回数は延べ三〇〇回にも及んだという。処が、**当時、国民党は「南京大虐殺」などという事を一度も言ったことが無かったという。**何故か？ それは、その様な事は全く起きていなかったから言わなかっただけである。仮に、当時、南京で「大虐殺」が起きていたならば、其の事を其の記者会見の場で取り上げないはずがなかったであろう。

4．昭和十三年当時、中華民国の顧維均代表が国連（国際連盟）で、「南京で日本軍が約二万人の民間人を虐殺し、数千の（婦女）暴行があった。」と演説をした（日本非難決議を出そうとした）処、（何を馬鹿な事をいっているのだと）**誰も相手にしなかった**（『南京事件の総括』91〜93頁）。

5．日本軍が占領した南京には、日本のマスコミ関係者だけで約一二〇人、欧米も入れると約二〇〇人ものマスコミ関係者が入って取材活動を続けていた。処が、**当時、**国民党と繋がっていた極く一部の、後述する者二名を除き、**南京で大虐殺が有ったという報道をした者は誰もいなかった。**もしも当時、南京で大虐殺が行われていたならば、多くの南京在住のマスコミ関係者が、其の事を大々的に報道しないはずがなかったであろう。日本側関係者の中には、マスコミ関係者以外に、大宅壮一や西条八十、草野心平、杉山平助、木村毅、石川達三、林芙美子等々、多くの日本人ジャーナリストや作家が、陥落直後の南京を訪れて見聞記を書いていた。しかし、それらの人々の（中の）誰一人として、「南京大虐殺見聞記」を書いたとか、或いは、「大虐殺に関する証言」をしたという事実はない。

万が一に、「大虐殺」なる事が有ったならば、それらの人達の中で、唯の一人もその事に触れないなどということはあり得ない（渡部昇一著『かくて昭和史は甦る』287頁）（田中正明著『南京事件の総括』123頁）」。

6. 当時の南京にはロイター、AP、UPIといった、世界の大通信社や新聞社の特派員達が多数駐在していた。「仮に南京大虐殺なる事が有ったならば、何故、当時の国際社会の中で（大きな）問題とならなかったのか」（『かくて昭和史は甦る』288頁）。

7. 南京陥落後二カ月間の事件を完璧に記載しているという、南京大学教授・スマイス著『南京安全地帯の記録』の中の「市民重大災害記録」によると、問題の最初の三日間の記録として、「十三日は、婦女暴行と掠奪が三件、十四日は殺人一件、婦女暴行四件、掠奪三件、十五日は殺人四件、婦女暴行五件、掠奪五件である。」とある。しかし、誰が目撃したか明記されていない。**南京陥落から三日間、市民殺害の明確な目撃は一件も無かった**ことになる（『新・地球日本史「南京大虐殺は存在せず」』）。

8. 昭和十三（一九三八）年七月、表向き「マンチェスター・ガーディアン紙の中国特派員」であったハロルド・ティンパーリーが、『戦争とは何か―中国における日本軍の恐怖』をロンドンとニューヨークで出版した。その中の最初の四章は、南京の外国人が友人達に出したという『匿名』の手紙で構成され、「二日もすると、度重なる殺人、大規模で半ば計画的な掠奪、婦女暴行……」「完全な無政府状態が支配しており、さながらこの世の地獄だ」「四万人近くの非武装の人間が……殺された」と書いた。処が、今では、前項の**スマイス並びにティンパーリー共に、中国国民党中央宣伝部に雇われていた人間**（ティンパーリーは同宣伝部顧問）**であった**ことが明らかとなっている。しかも、スマイスとティンパーリーが書いている内容には非常に大きな乖離がある。双方共に全く信憑性は無い。しかも、ティンパーリーは当時、南京には居らず、上海に居たのである（『南京事件の総括』97頁）。

9. 当時、南京に居た同盟通信社の特派員であった前田雄二氏（東大仏文学卒後まもなく南京戦に従軍した）は、戦後『戦争の流れ』の中、他で、「占領後、南京区内で大規模な掠奪、暴行、放火が有ったという外電が流れた。……私達は顔を見合わせた。市内をくまなく回っている写真（カメラマン）や映画（関係者）の誰一人、暴虐については知らなかった。……（もしも）無法行為が有ったとすれば、各社(計)百名の報道陣の耳目に入らぬはずがなかった。……」「……**虐殺が行われるなど、有り得るはずもなかった。**」と記している（『新・地球日本史「南京大虐殺は存在せず」』）。

10. 同じく、**南京戦に従軍した大阪朝日新聞の山本治氏**も、**南京大虐殺について、「全然見た事も聞いた事も有りません。**……夜は皆集まりますが……朝日新聞では問題になった事もありません」と回想している（同）。（反日朝日も当時はまともだった）

11. 南京の街路や街並みを背景にした、「南京大虐殺」なる証拠写真（累々たる死体の「全景写真」は今日に至るまでただの一枚も無い）。（中村粲著『大東亜戦争への道』４４６頁）。

12. 「南京大虐殺記念館」等に展示されている写真は、全て合成写真または、「通州事件」等、中国人が日本人を虐殺した写真を始めとする、全く別の写真であることが、東中野修道教授によって証明されている。もしも、南京大虐殺なる事が真実であるならば、その証拠写真が一枚も無いはずがない（東中野修道・小林進・福永慎次郎共著『南京事件「証拠写真」を検証する』草思社）。

（所謂）**「南京大虐殺なること」が有ったと問答無用で決めつけたのは、「極東国際軍事裁判」、（所謂）「東京裁判」の中である。**それでは同裁判の内容は一体如何なるものであったのか？

東京裁判を傍聴した冨士信夫氏は『南京大虐殺はこうしてつくられた』（展転社）の中で、その実態を裁判記録として記している。以下、13．〜23．は、その冨士信夫氏の書よりの抜粋です。意味を変えない範囲内で要約して紹介します。

13．同裁判で、証人として出廷した「ジョン・マギー」〈アメリカ人・アメリカ国際監督派教会（米国聖公会）の伝道師（宣教師）・南京国際安全地区委員会委員〉の証言記録によると、彼は「……強姦は至る処で行われ、多数の婦人や子供が殺された……私はそういう写真及び活動写真を撮った」と証言しているが、**同裁判には、その様な写真や活動写真は唯の一枚も証拠として提出されていない**（何の証拠も無く、ただ出鱈目を言っただけである。同37頁）。

14．「八、九歳の少女……日本兵に背中を二度ばかり刺され……私は（その）写真を撮った」と、同マギーは証言しているが、その様な写真も同裁判には全く提出されていない（同40頁）。

15．同マギーは同裁判の中で、当時の南京における、日本軍による数々の殺人や婦女暴行について証言をしたが、日本側弁護人による質問によって、マギーが直接見たのは、殺人については、ただ一件のみであったことと、その一件は合法であったことが明らかとなっている（同

42頁）。

16. 同裁判の証人、尚徳義の証言によれば、「日本兵に（よって）、一、〇〇〇人以上が……機関銃掃射によって殺された。自分もその中に一緒に居たが、自分だけ射撃の始まる直前、地上に倒れて（自分一人だけが）助かった」（一、〇〇〇人が全員機関銃掃射によって無差別に殺された中で、自分一人だけが助かるなどということは絶対に有り得ない。同55〜56頁）。

17. 同裁判の証人、伍長徳の証言によれば、「日本兵が二、〇〇〇人以上の警官と一般人を機関銃で殺して、それらの死骸にガソリンをかけて火を付けた。自分は日本兵に銃剣で背中を刺されたが、死んだ振りをしてその後十日間、空家に隠れていて助かった（そんな馬鹿な事はあり得ない。銃剣で刺されて、その後十日間、何の手当ても受けずにいたら間違いなく死んでしまう。同57〜58頁）。

18. 同裁判の陳福寶の証言によれば、「……日本兵は、軽機関銃を用いて自分等以外の者三十七人を殺した。私は現にそれを見たのである。……私も日本兵の命により、死体を池に放り込む手伝いをした。……これは、支那軍の朱大佐が説明してくれたことで間違いのない事実である」（「……私は見た。……私は手伝いをした」と証言しながら、これは伝聞であると言っている。こんな整合性の無い話はない。同58〜59頁）。

19. 南京攻略戦の総司令官であった松井石根《いわね》大将（中支那方面軍総司令官）の証言として、「私は、南京入場式（昭和十二（一九三七）年十二月十七日）前後、南京市に行った際、市内を巡視したが、下関付近で一〇〇くらいと、アジア公園付近で三十くらいの中国人軍人の死体と思《おぼ》しいものを見ただけで、その他の常民（民間人）の死体、虐殺体は、私の目につかなかった……」とある（同157頁）。

20. 同161頁には、同じく、松井石根大将の証言として、「南京事件のことを聞いたのは、実は終戦後である。……市民に対する虐殺事件、これは絶対にそういうことはないと信じている」とある。非常に人格識見共に立派な人物であった松井石根大将の、この発言の信憑性は非常に高いと思われる。ちなみに、松井石根大将は、南京陥落後、帰国され、日中双方の戦死者を弔うという目的のために、伊豆の御自宅近くに、「興亜観音」を造って、毎日慰霊を続けておられたのである。

21. ちなみに、同松井石根大将は、南京陥落後、日本軍全将兵に対して、以下の様な通達を出して不法事件を起こさぬ様に徹底を期しておられた。その内容は、
「①軍紀風紀を厳粛にせよ。②支那民衆を愛撫せよ。③国際法を順守せよ。④国際紛争を避けよ。⑤列国監視なるを自覚し、将兵は行動を自粛せよ。」（同175～176頁）というものであった。

22. 松井石根大将は、日中双方の無益な犠牲者を出さない様にとの目的で、昭和十二年十二月九日、国民党軍に対して、「降伏勧告ビラ」を飛行機で大量に撒かせた。
「もしも降伏する意思があるならば、翌日の正午までにその意思表示をする様に」国民党軍

将兵に対して勧告したのである。処が、期限までに全く何の反応も無かったために、やむなく日本軍は攻撃を開始したのである（同188〜189頁）。

23. 松井石根大将の弁護側が提出した「南京事件に関する検察側証拠に対する弁駁《ばく》書」によれば、「**……当時、南京市内の住民が二十万人前後であったことは検察側証拠によっても明らかであり、住民の大部分が生存していたことは検察側証拠が示している**」との主張に対する検察側の具体的反論は全く無い（同285頁）。この事だけを捉えても、南京大虐殺なることが如何に虚構であるかは誰でも理解出来るはずである。

24. 同裁判では、全く整合性のない、実に馬鹿げた証言が延々と続いたのである。全く証拠に値しない出鱈目な証言を基にして、所謂「南京大虐殺なること」が行われたと、「東京裁判」の中で一方的に決め付けられたのである。

同裁判における、「南京大虐殺なること」が有ったという証言が如何に好い加減なものであったかは、その他の証言記録を読んでも明らかである。それらの証言の中で唯一つとして、信憑性の有る証言は無い。

25. 同裁判の証言に立った者を含めて、南京陥落時、南京の中に有った「（国際）安全（地）区」（約三・八六㎢）に居た**欧米人十五名**による「**南京安全（地）区（国際）委員会**」という組織があった。その狭い「安全地帯」に約二十万人の中国人（民間人＋「便衣兵」）が逃げ込んだのである（南京は周囲三十四キロの巨大な城壁に囲まれていた）。（冨士信夫著『「南京大虐殺」はこうして作られた』84頁、並びに『南京事件の総括』)。

26. 同137頁に、同委員会の委員15名全員の名簿記載が有る。**それらの欧米人はただの一人も殺されてもいなければ、当時の南京から逃げ出した者もいなかった**様である。

27. 所謂「南京大虐殺なること」は、(冒頭で記した様に)「日本軍は南京を占領後、約六週間の間に、中国人民間人三十万人を虐殺した」ということになっている。ということは、毎日約七、〇〇〇人ずつ殺され続けていたということである。しかし、「7.」に記した様に、中国国民党中央宣伝部に雇われていたスマイスの記述でさえも、殺人に関しては、十二月十三日~同十五日迄の三日間で僅か五件しかなかった事になっている。

28. 仮に連日、七、〇〇〇人もの人々の虐殺が続いていたならば、そこは正に「地獄」である。その様な状況の中で、普通の人はとても生活することなど出来るはずもない。本年(平成二十三年)三月十一日に起きた「東日本大震災」の後、続いている「福島第一原発」の事故で、今の処、放射能による直接的な死者は出ていない。しかし、「放射能」等の恐怖に怯えた在日外国人の多くが、東京から大阪や国外などに「避難」した。そのことから類推しても、仮に毎日、七、〇〇〇人もの人々の虐殺が続いていたならば、何の関係もないはずの欧米人は『巻き添え』をくらってはたまらない」と、全員が我先に、一目散に南京から逃げ出したであろう。しかし、(前述のとおり)それらの欧米人の中で、唯の一人も逃げ出した者はいなかった様である。もしも、毎日七、〇〇〇人もの大虐殺が続いたならば、十五名の欧米人の中で「唯の一人も巻き添えにならなかったはずがない」ということも誰でも理解出来ることであろう。処が、それらの十五名の欧米人の中で、殺された者や南京から逃げ出した者は唯の一人もいなかった様である。

29. **軍隊は上官の命令無しに勝手に行動出来ない組織である。**仮に三十万人の南京市民(実際には二十万人しか居なかった)を虐殺しようとすれば、それは、松井石根大将の命令が無ければ出来ない事である(死体の処理も大変な事である)。処が、前記20.～22.の様な、慈愛溢る細やかな心配りをしておられた松井石根大将が、その一方で、**「南京市民を全員虐殺せよ」という**命令を出すはずが無いし、出せるはずもない。**松井石根大将の「その様な命令書」なるものも全く存在しない。**

30. 万が一に、その様な大虐殺が起きていたならば、(「東日本大震災」の報道が全世界で長期間続いた様に)南京が陥落した昭和十二年～十三年にかけて、日本国内並びに世界中で、其の事に関する大きな報道が続いたはずである。しかし、当時その様な(「南京で、大虐殺が続いている」という様な)報道が続いていたという事実は無い。

31. 金陵大学社会学教授ルイス・S・C・スミス博士の記録によれば、**当時の日本軍は、**敗残兵であるか否かを判定し、**常民(民間人)には「居住証明書」(良民証)を発行した。その数は、昭和十三(一九三八年)一月の時点で十六万**に達していた(十歳未満の子供と六十歳以上の老人を除く)。更に、**同三月**の記録では、**二二万一、一五〇人、同五月三十一日**の記録では、**二七万七千人**となっている(『南京事件の総括』30頁)。当時の南京では、大虐殺どころか、全く逆に、月を追う毎に、着実に人口は増え続けていたのである。

32. 仮に三十万人虐殺したということであれば、当時、南京に居た中国人（民間人）全員を殺害しても未だ足りないのである。また、全員皆殺しにしようと思う対象に対して、日本軍が上記の様な「良民証」なるものを、相当なエネルギーと人員と時間を費やして発行するはずがないであろう。

33. 万が一に、支那事変開戦**当時の日本軍が、「手当たり次第に民間人を虐殺」する様な体質の軍隊であったならば、その後、中国全土において八年間も続いた支那（中国）戦線において、多くの都市で、同様の民間人虐殺事件を引き起こしていたはずである。処が、南京以外の都市では、「南京大虐殺事件」の様な話は全く無い。**その事一つ捉えても、「南京大虐殺なること」が如何に突拍子もない虚構、作り話であるかは誰でも理解出来るであろう。

34. **「東京裁判」の判決によれば、**「殺害数」について、「二十万人以上」（『南京大虐殺はこうしてつくられた』２９８頁、『南京事件の総括』２３６頁）、「十万人以上」（『南京大虐殺はこうしてつくられた』３０４頁）、「二十六万乃至三十万人」（同　３２０頁）、「二十六万人」（同３３０頁）、「三十万人」（同）、「三十四万人」（同）、二七九、五八六人（同）、一二七、〇〇〇人（『南京事件の総括』２３６頁）と、**犠牲者の数として様々な数が出てきている。**杜撰極まりないと言う他はない。東京裁判における「南京大虐殺なること」が如何に出鱈目なものかは、本項の事実だけでも誰でも理解出来るであろう。

35. **朝日新聞は昭和十二年十二月二十日の朝刊半頁**を費やして、**『甦る平和都市南京』**と題する（平和この上ない、当時の南京の）**写真特集を掲載している。**この風景こそ虐殺否定の何よりの証拠と言えよう（『南京大虐殺の総括』32頁）。

36. 虐殺どころか、**金陵大学病院医師マッカラムの日記に、**「……**私は若干の日本兵によってなされた善行を報告せねばなりません。**……彼らは若干の牛肉を見つけて、一〇〇斤の豆を持ってきました」（同46頁）。

37. 「安全区は難民達の天国であったかも知れない……」（秦郁彦著『南京事件―「虐殺」の構造』中公新書　84頁）。

38. 昭和十三年元旦、「（日本軍が）難民区に贈った品々は以下のとおりである。『貯蔵牛豚肉　十箱、白砂糖大袋　十袋、乾魚類　十箱、大豆油　十箱、食塩　十包、乾餅　二十箱』（その事に対して、同二日、**紅卍会支部長陳漢林総代表から（日本軍に対して）非常に丁重なる感謝状が贈られていた**）。「難民達は爆竹をあげ、各戸に日の丸を掲げて（日本軍を）歓迎した……市民全員が歓呼して（日本軍を）迎えた。……」（『南京事件の総括』50～51頁）。これから皆殺ししようという相手に、どうしてその様に大量の、貴重な日本軍用の糧食を提供するであろうか？

絶対に有り得ないことである。

以下（39.～57.）は、「南京大虐殺なること」が如何に「虚構」であるかを裏付ける数々の証言等の中の一部である。

39.「南京に大虐殺が有ったと言う様な記録は、中国側の第一級公式資料である何應欽上将の軍事報告の中にさえ、その片鱗も見出せない。」（『南京事件の総括』82頁）。

40. 昭和十三年十一月、国民党政府の王寵恵外交部長声明、蒋介石声明、国民政府声明、全国代表者大会宣言……といった形で日本に対する抗議的主張が頻繁に行われた。しかし、**それらの諸々の抗議の中にも、南京事件に関する抗議は全然見当たらない**（同94頁）。

41. APのマクダニエル記者は、「私の見た死者は戦死者であった。……**日本は安全区を守り、ここには攻撃を加えなかった。**」（同102頁）。

42. 当時、同盟の南京特派記者であった小山武夫氏（後、中日ドラゴンズ社長）は、「昭和十三年春から三年以上も南京に駐在し、取材にあたっていた私が、ついに**そういった風聞さえ聞いていない……**」（同106〜107頁）。

43.「当時、朝日、東日、読売、日経、など全国紙の各支局を始め、地方紙や通信社も、南京に特派員を派遣していた。これらのプレスマンが異口同音に言うことは、『東京裁判で、南京であの様な事件が有ったと聞いて驚いた。』」（同111頁）。

44. 東京日日新聞特派員　五島広作氏は、「南京作戦の真相・第六師団戦史」の中で、「**南京に虐殺事件…どの社も知らぬ、聞いた事も見たこともない……**」（同111〜112頁）。

畠中秀夫氏（阿羅健一氏）は、旬刊『世界と日本』に、『聞き書き　昭和12年12月南京』（**『南**

京事件　日本人48人の証言』小学館文庫）と題して、南京に入場した著名人との聞き書きを纏めた。
また、その内容を、雑誌『正論』に昭和六十一年五月号から「日本人の見た南京陥落」（南京事件日本人48人の証言）として掲載している。以下（45.～57.）はそれらの証言の一部である（同112頁）。

45. **石川達三氏**は、「私が南京に入ったのは入場式から二週間後です。…**大殺戮の痕跡は一ぺんも見ておりません**」（同112頁）。

46. 当時、「朝日の記者十五人を引き連れて、南京に一番乗りした、**自民党幹事長並びに元運輸大臣まで務めた橋本富三郎氏**は、「**南京の事件ねえ。全然聞いていない……噂としても聞いたこともない……**」（同113頁）。

47. やはり**「朝日」の南京特派員であった足立和雄氏**は、「**私は南京大虐殺なんて見ていません。**…」（同113頁）。

48. **上海派遣軍特務部員　岡田酉次《ゆうじ》少佐**は、「……**便衣隊**という者もいて、これらが**やられるのを見ました。**これらの屍が後で虐殺と言われたのではないでしょうか」（同116頁）。

49. 「**東京日日新聞カメラマン　佐藤振寿《しんじゅ》氏**は、「**虐殺は……見ていません……（十二月）十六、七日頃**になると、小さい通りだけではなく、**大通りにも店が出ました。**……とても残忍な殺しなどが有ったとは信じられません」（同116頁）。

50. 同盟通信映画部カメラマン　浅井達三氏は、（「同盟通信の中で虐殺と言う様な事が話題にならなかったですか」という質問に対して）「なりませんでした。その頃、敗残兵や便衣隊がよくいて、それをやる（処刑する）のが戦争だと思っていましたから」（同117頁）。

51. （昭和十二年十二月十三日、南京陥落の日に入場した）**報知新聞従軍記者　田口利介氏**は、「**（南京大虐殺なるものを）当時聞いたこともなかったし、話題になった事もありません**」（同117頁）。

52. **都《みやこ》新聞記者　小池秋羊《しゅうよう》氏**は、「……**街路は激戦の跡とも見受けられない整然とした街並みでびっくりしてしまいました**」（同118頁）。

53. **読売新聞技師　樋口哲男氏**は、「自転車を持っていたので、毎日あっちこっちに行きました。……**（南京大虐殺なるものの）形跡を見たことがありません。**……中山陵（孫文の陵）など荒らされていないし、きれいでした」（同119頁）。

54. **東京日日新聞カメラマン　金沢喜雄氏**は、「……私は南京をやたら歩いていますが、**虐殺を見たことも無ければ聞いたことも有りません。**南京には1カ月ほど居ました……**有り得ないことです**……」（同120頁）。

55. **第十軍参謀　金子倫介《りんすけ》大尉**は、「南京に入ったのは（十二月）十三日か十四日……**場内では一人の死体も見ませんでした**し、**一発の銃声も聞きませんでした。**……**南京事件は聞いたことが有りません。戦後、東京裁判で聞いてびっくりしました。**何か隠しているとか、言いしぶっているとかではなく、本当に南京では何も見ていません」（同122頁）。

56． **報知新聞カメラマン　二村《ふたむら》次郎氏**は、「**南京大虐殺……南京にいる間、見たことがありません。**……どういう虐殺なのか私が聞きたいくらいです。……**私が虐殺の話を聞いたのは、東京裁判の時です**」（同１２２頁）。

57．（前述の）**「みやこ新聞」従軍記者　小池秋羊氏**は、「……城内は整然としていて、あまり破壊された形跡も見当たらず、**道には屍体一つ発見されなかった**」（同１９４頁）。

58．「南京占領時の総司令官であった松井石根大将に対する判決は、『平和に対する罪』（Ａ項）の訴因三十六項目全て無罪であった。松井石根大将は『通例の戦争犯罪』の訴因五十五項の一つだけが有罪であるとして処刑された。**ホロコーストに比肩する『南京大虐殺』が仮に有ったとしたら、南京攻略戦の総司令官　松井石根大将は、『平和に対する罪』『人道に対する罪』が無罪になるはずがない。この事実は、東京裁判に於いて、『南京大虐殺』が虚構だったと逆に証明していることになる**」（同２３４頁）。また、同判決における犠牲者の数なるものは、何の根拠も無く「……十万人以上……」となっている（同２３７頁）。前記34．に記したことと併せて、杜撰この上ない判決内容となっている。

59． 昭和十二年十二月十七日、入場式の日に南京に入り、そのまま五カ月か六カ月南京に居たという、**当時、中支那方面軍司令部警務担当だった陸軍憲兵准尉　的場雪雄氏の証言**（平成十三年十一月十三日、聞き手・東中野修道氏）によれば、「……**大規模な虐殺も無ければ大量の**

不法行為も無い……」「……南京における殺人並びに凌辱事件は数件です……」（但し、その中で目撃者の有った殺人は、合法一件のみ、その他は伝聞）（東中野修道著『南京「虐殺」研究の最前線』11～40頁、280頁）。

60．「中国国民党が、作り話を含めて、日本軍の不法行為を糾弾する為に一九三八年七月七日、**国民党の中央宣伝部が「印刷」した蒋介石の『国民に告ぐる書』**のどこを探しても、そこには**『南京虐殺』の文字は見当たらない**」（同296頁）。

万が一に、「南京大虐殺なること」が事実であったならば、その「書」の中に、其の事を大きく取り上げないはずがない。要するに、「真っ赤な嘘」なのである。

61．「一九三七年十二月十四日、国際安全区委員会の第一号文書は、『貴軍の砲兵隊が安全地帯を攻撃しなかった見事な遣り方に感謝……するため、我々はこの手紙を書いております。と書き出していた」（同　302頁）。万が一に、当時の南京で「大虐殺」なるものが起きていたならば、その様な感謝の手紙が国際委員会から日本軍宛てに出されるはずがない。

62．「南京の米大使館報告」でも明らかな様に、支那敗残兵が一般支那人を殺傷・掠奪した事も事実であり、所謂「南京掠奪暴行事件」の中に、これら敗残兵や不逞市民の犯行が相当に混在していたことは確実である」（中村粲著『大東亜戦争への道』（443頁）。

63．その他、同『大東亜戦争への道』425頁～456頁にも、「南京大虐殺なること」が如何に荒唐無稽な作り話であるかが、理路整然と述べられている。

64. 法の不遡及は法治国家の鉄則である。併せて、戦時国際法「ハーグ陸戦法規第四三条」には、「**戦勝国が敗戦国を統治する際には、その国の法律に従わなくてはいけない**」「**戦勝国は敗戦国を裁いてはいけない**」という事も定められていた。にも拘わらず、それらに全て違反して、GHQのマッカーサーが出した「チャーター」と呼ぶ「指示書」によって、国際法に大きく違反して開廷し、『平和に対する罪』並びに『人道に対する罪』なる「事後法」によって、しかも、「偽証罪」もなく、不法且つ不当に強行されたのが、「極東国際軍事裁判」つまり「東京裁判」なるものである。

同**「東京裁判」は、昭和二十一年四月二十九日**、つまり、**「昭和天皇のお誕生日に、GHQがA級戦犯と呼んだ人達二十八人を起訴」し、昭和二十三年十二月二十三日**、つまり**「当時の皇太子殿下（今上陛下）のお誕生日」に、A級戦犯と呼んだ七人の日本人を処刑したのである**（B、C級戦犯と呼ばれた方々を入れると、**一、〇六八名の日本人が戦後、米、英、蘭、中国、（旧）ソ連等の（所謂）「戦勝国」によって処刑された**）。

日本側被告の弁護士、清瀬一郎弁護人が同裁判の開廷時、「この法廷の管轄権（法的根拠）はどこに有るのか？」と問うた事に対して、ウェッブ裁判長は、「後で答える」とは言ったものの、同法廷において最後迄全く答える事が出来なかった。要するに、**ウェッブ裁判長は、「東京裁判」開廷の法的根拠を最後まで全く説明出来なかった**のである。

同東京裁判なるものはとても裁判などと呼べる様な「シロモノ」ではなく、ただの「復讐劇」、

単なる「見せしめ劇」に過ぎなかったのである。その様に**不法不当極まりない『東京裁判』の中で、『南京大虐殺』なる『物語』が『捏造』されたのである。**

併せて、ＧＨＱが旧日本軍の残虐性なる事を捏造した、「真相はかうだ」並びに「真相箱」なる番組を、ＮＨＫは、昭和二十年十二月九日から十回に亘り報道した。また、ＧＨＱの統制下にあった各新聞社も同じ様な内容の報道を続けたのである。更に、冒頭で述べた、戦後の自虐教育並びにその後も続いている偏向報道のために、政治家や外交官並びに多くのマスコミ関係者を含む、多くの日本人が「南京大虐殺なること」を、まるで真実かの様に誤解、錯覚してしまっているのである。実に由々しきことと言わざるを得ない。

大体、当時の日本軍は、「一発の弾も無駄にするな」と「厳命」されていたのである。その様な中で、多数の民間人を虐殺する為に膨大な弾を無駄遣いするはずがないし、日本軍が民間人を虐殺しなくてはならないという必然性も全く無かったのである。

「東京裁判」を不法、不当に開廷させ、七人の日本人を不法に処刑させた**マッカーサーは、昭和二十五年十月十五日、ウェーキ島において、トルーマン米国大統領（当時）に対して、「東京裁判は誤りだった」と証言している。**「東京裁判」を不法に強行させたその張本人のマッカーサーが、その「東京裁判」の正当性を否定したにも拘わらず、日本人の多くが、同裁判で創り出された『南京大虐殺なる虚構』を何時までも信じている事は、実に頓珍漢な事であると言わざるを得ない。

拙稿をここまで読んで頂ければ、「南京大虐殺なること」が如何に大きな虚構であるかは誰でも理解出来るものと思う。

昨年（平成二十二年）九月七日に発生した、中国漁船による尖閣周辺日本領海不法侵犯事件一つ思い返してみても、**中国という国**が如何に理不尽な事を、**全くの嘘八百を平気で主張する国である**かは、日本人の多くが十分学習したはずである。日本人はもう好い加減に目覚めなくてはいけない。大きな勘違いをしている日本人の多くが、早く**〝世界最大の嘘・南京大虐殺〟**に気付き、何としてでも真実の歴史を取り戻さねばならない。

そして、我々日本人は何が何でも日本人としての自信と誇りを、〝誇れる国・日本〟を早く取り戻さなくてはいけない。以上の拙稿に中国は全く反論出来ないであろう。

「世界最大の嘘　南京大虐殺」　完

河野洋平元官房長官に対する裁判

義和団事件（北清事変）と日英同盟

我が国は慰安婦問題に関して全く謝る必要はありません。また、所謂歴史認識問題に関しても同様です。もしも、我が国が、歴史認識問題で謝らなくてはいけないと言うのであれば、欧米諸国や中国、韓国は、我が国の何倍も、何十倍も我が国並びに自国民及び元の被植民地諸国等に対して謝らなくてはいけないでしょう。

完璧な人間は一人もいないと同様に、完璧な国家は歴史上も含めて一つも無いでしょう。我が国も、今も過去も含めて完璧であったとは言えないでしょう。しかし、**真実の歴史を知れば、相対的に観て、世界の何れの国よりも我が国は素晴らしい国家です。その事を日本人はもっと良く認識しなくてはいけません。同時に、我々日本人は、日本人であることに大いなる自信と誇りを持たねばなりません。**

ただ、冒頭にも記したとおり、誠に残念ながら、戦後長期間に亘り、日本人は、教育の場においても、多くのマスメディアの報道においても、真実の歴史（特に近現代史）が教えられていません。知らされていない事が余りにも多すぎます。その事が非常に大きな問題です。

それに乗じて、韓国や中国、そして米国までもが、自国の無法、不法は棚に上げて、我が国に対して不当な言いがかりを突き付け続けているのです。

我が国は何としてでも、真実の歴史教育を含めて、教育を正常化しなくてはなりません。と同時に、我が国のマスコミ報道を正常化しなくてはなりません。少なくとも、我が国のマスコミは、我が国の国益と名誉と誇りを大きな基本として報道すべきです。当然、真実に基づいた報道をすべきです。

処が今も、これまでも、我が国の多くのマスコミは、全く信じ難いことですが、朝日新聞を筆頭に、全く虚偽の所謂「南京大虐殺」や全く虚偽の「慰安婦関連報道」の様に、全く事実ではない事を、我が国を大きく貶める様な虚偽の内容を、まるで真実かの様に報道し続けてきたのです。

戦後長期間に亘り、国民に「真実の歴史」を教えてこなかった我が国政府の「不作為の罪」並びに全くの嘘をまるで事実かの様に報道し続けて来た、我が国の多くのマスメディアの罪は実に大きなものがあります。

ただ、その様な状況の中でも、政治家を志す者は、独自に「真実の近現代史」を真剣に勉強してからにすべきです。真実の近現代史を理解していない政治家が余りにも多いために、中国や韓国から理不尽この上ない事を言われても、当然成すべき反論も主張も出来ないのです。その事が我が国の国益を大きく損ない続けてきただけではなく、現代に生かされている日本人だけではなく、我々の父祖の方々の名誉と誇りも大きく貶め続けてきたのです。

明治三十三（一九〇〇）年（清国の時代）、中国の北京において、「北清事変（義和団事件）が起きました。義和団という多くの暴徒が、北京にあった各国の公使館を襲い、多数の死傷者が出る事態となりました。処が、当時の清国政府は、それらの暴徒を全く鎮圧しないどころか、反対に煽る様な姿勢を取りました。そこで、当時北京に公使館を置いていた、イギリス、ロシア、日本、フランス、アメリカ、ドイツ、イタリア、オーストリア＝ハンガリー帝国、以上八カ国の連合軍が出動して、その義和団を鎮圧しました。

各国の軍隊が到着するまで、我が国の駐在武官であった柴五郎中佐が各国の駐在武官等を統率して、六十日間に及ぶ籠城戦を見事に戦い続けた事も各国から非常に大きな賞賛を浴びただけではなく、事変後、この功績を称えられて、柴五郎中佐は、イギリスをはじめ各国政府から勲章を授けられました。

また、日本軍は、各国軍隊の最前線に立って最も勇敢に戦い、義和団を鎮圧しただけではなく、義和団を鎮圧後、各国の軍隊が、勝利国の当然の権利であるかの様に、略奪や婦女暴行を繰り返す中で、日本軍だけはその様な不法行為を全くせずに、整然と引き揚げたということです。その為に、イギリス軍は日本軍に対して非常に大きな敬意の念を抱き、その事が、二年後の「日英同盟」（対等同盟）に繋がって行ったということです。

当時のイギリスは「日の沈まぬ国」と言われていた国でした。そのイギリスと我が国が対等同盟を結んだということは、今の我が国が米国と「日米安保条約」という不平等条約を結んでいることに鑑みれば、相対的に、当時の日本が、如何に世界で大きな位置にいたかということでもあります。

村山富市元首相は、何と六人もの弁護士を立ててきましたが、歴史観も含めて、原告（諸橋茂一）の質問に全く答える事も反論する事も出来ませんでした。ただ、論点をずらすだけでした。村山富市元首相は余りにも不勉強なるがために、おそらく、上記の様な歴史事実を殆ど知らないのであろうと推測致します。しかし、その様な人物が我が国の首相になり、我が国の国益を大きく毀損すると共に、父祖の方々の名誉と誇りを大きく損ない続けている状況は実に憂うるべき状況と言わざるを得ません。

東京地裁における判決は、同年七月五日に出ました。しかし、誠に残念ながら、その判決は原告の訴えを棄却するというものでした。

そこで、私は、東京地裁の判決を不服として、速やかに、東京高裁に控訴しました。しかし、誠に残念ながら、東京高裁の判決も東京地裁の判決と同様でした。

そこで、私は最高裁に上告しました。ちなみに、最高裁は、一、憲法違反の事案、もしくは、二、下級審で過去の判決を大きく逸脱した判決を下した場合。それら以外の事案は受理しないことになっています。

私は、村山富市元首相が「村山談話」を発表した事は、憲法第一五条第二項等違反であるとして上告しました。ちなみに、同第一五条第二項は、「公務員は国民全体の奉仕者であって一部の奉仕者ではない。」となっています。

「『村山談話』は、共産党や（旧）社会党（当時）や日教組に属する、所謂『反日日本人』は喜ぶ内容かも知れませんが、多くの『まともな日本人』にとっては、とんでもないものであると言わざるを得ません。」という事由で、（だから）「『村山談話』を発表した村山富市元首相の成した事は憲法第一五条第二項等違反だ」として上告したわけです。

処が、誠に残念ながら、最高裁においても私の主張は認められませんでした。

また、村山富市元首相を、憲法第一五条第二項違反並びに刑法第一九三条違反等の事由で、平成十九年十一月十三日、東京地検に告発もしましたが、こちらの方は誠に残念ながら不受理となりました。

I．河野洋平元官房長官に対する「質問書」

一方、所謂「河野談話」を発表した河野洋平元官房長官に対しても、村山富市元首相と同様に、平成十九（二〇〇七）年三月二十一日に、内容証明、配達証明付き郵便で、下記の様な「質問書」を送りました。

質問書

平成十九年三月二十一日

石川の教育を考える県民の会　会長　諸橋茂一

衆議院議長
河野　洋平　殿

貴殿も御承知のとおり、今、米国議会・下院において、「（所謂）従軍慰安婦対日非難決議」がなされようとしております。その内容は、事実を全く無視して我が国を冒涜し、我が国の父祖の方々を大きく侮辱すると共に、父祖の方々の名誉と誇りを大きく汚しているのみならず、我が国の子々孫々に至るまで、謂れなき不名誉並びに全く不必要な負い目を負わせ続けるものであり、同時に我が国の名誉と誇りと国益を大きく損なうものです。

米国並びに韓国及び台湾並びに中国等から、我が国が「慰安婦問題」で、謂れなき抗議、非難、中傷を受け続けている大きな元凶となっているのは、貴殿が官房長官時代、平成五年八月四日、全く事実を無視した「（所謂）河野談話」を発表した事にあります。河野談話は我が国並びに父祖の方々の誇りと名誉を大きく傷付けただけではなく、我が国に対して多大な損害を与え続けております。同談話は国益を大きく損ない続けております。

貴殿の成した事は正に国賊行為であります。その（河野談話の）中には、「…**慰安所の設置、管理及び慰安婦の移送については旧日本軍が直接あるいは間接にこれに関与した。慰安婦の募**

集についは、軍の要請を受けた業者が主としてこれに当たったが、その場合も、**甘言、強圧など本人達の意志に反して集められた事例が数多くあり、**更に、**官憲等が直接これに加担したこともあったことが明らかになった…」**となっていますが、貴殿は上記の談話に関する大きな説明責任があります。よって平成十九年四月六日迄に、（所謂）河野談話について、以下の質問に御回答頂きたい。御回答無き場合或いはその内容次第によっては、憲法第一五条の二並びに同第七三条の一（…内閣は…「法律を誠実に執行し、国務を総理すること。」）及び同九九条（「…国務大臣、国会議員…は、この憲法を尊重し、擁護する責務を負う」）並びに国家公務員法及び国家公務員倫理法他に基づき、貴殿を告発致します。なお、貴殿が上記期日迄に下記それぞれに関する証拠を示す事が出来なかった場合は、貴殿が何の根拠もなく「（所謂）河野談話」を発表されたものと受け止めます。

記

1. 「慰安所の設置、管理及び慰安婦の移送については、旧日本軍が直接あるいは間接にこれに関与した」とあるが、その証拠を示されたい。
2. 「慰安婦の募集については、軍の要請を受けた業者が主としてこれに当たった…」とあるが、軍が「業者」に対して、その様な要請をした証拠を示されたい。
3. 「…その場合（慰安婦を募集した際）も、甘言、強圧など本人達の意志に反して集められた事例が数多くあり、更に、官憲等が直接これに加担したこともあったことが明らかとなった」とあるが、「…官憲等が直接これに加担した証拠」を示されたい。

以上

河野洋平元官房長官は、当時、衆議院議長でした。指定した期日までに何の回答も無かったために、私は、河野洋平元官房長官（当時は衆議院議長）を相手どって、平成十九年四月十七日、並びに、同年五月十六日、東京地裁に提訴しました。

II. 河野洋平元官房長官に対する「訴状」

訴　状（提出文書は横書き）

平成19年5月16日

東京地方裁判所民事部　御中

原　告　石川の教育を考える県民の会　会長　諸橋　茂一

当事者の表示　別紙当事者目録記載のとおり

請求の範囲　別紙記載のとおり

事件名　濫用国金返納事件その2

貼用印紙　円

郵　券　円

附属書類

証拠資料　甲1号証〜甲26号証

当事者目録

原告　石川の教育を考える県民の会　会長　諸橋茂一

被告　衆議院議長　河野洋平

請求の趣旨

既報（甲１・産経新聞・平成19年2月6日付け）のとおり、「女性のためのアジア平和国民基金」（以下、アジア女性基金または同女性基金とする）は、平成7年12月8日、総理府及び外務省共管の財団法人として設立、以来、計285人の元慰安婦（と称する）女性達に対して、計5億6、500万円を支払ったとのことであるが、それだけのお金を配る為の同基金の人件費や事務所経費として毎年3億～5億円、合計すると、50億円前後の国費を投入したという。同基金の設立根拠は、（後述並びに証拠資料・甲7のとおり）平成5年8月4日の（所謂）「河野談話」（以下、河野談話または同談話とする）にあるが、その河野談話の根拠は早い時期に崩れてしまっていた。にも拘わらず、それだけの巨額の国家予算を、慰安婦と称する人達に支払う為の組織の運営に使用した事は、国費の濫用以外何ものでもなく全く言語道断である。同談話は、国民の血税である国費を濫用したのみならず、我が国並びに父祖の方々の名誉を大きく貶めており、我が国が、韓国や米国等から言われなき非難、中傷を受けることにも繋がっており（以上3行、甲19・平成19年4月1日付け産経新聞）、そのことが原因で我が国の外交上の立場にも非常に大きな損害を与え続けている。

被告が、不見識にも、何の根拠もなく、「河野談話」を発表したことが、上記のことを含めて、我が国の国益を大きく損ない、我が国並びに父祖の方々の名誉を大きく損ない続けている。そのことは、特別職国家公務員（当時）としてあるまじき行為であり、憲法前文の1並びに同第15条の2並びに同第73条の一及び同第99条並びに国家公務員法第1条の1（「この法律は、国家公務員たる職員について……以て国民に対し、公務の民主的且つ能率的な運営を保証することを目的とする。」）及び同第96条の1（「すべて職員は、国民全体の奉仕者として、公共の利益のために勤務し、且つ、職務の遂行に当たっては、全力を挙げてこれに専念しなければならない。」）並びに国家公務員倫理法第1条（「この法律は、国家公務員が国民全体の奉仕者であって……職務の公正さに対する国民の疑惑や不信を招くような行為の阻止を図り、もって公務に対する国民の信頼を確保することを目的とする。」）及び同第3条の1（「職員は、国民全体の奉仕者であり、国民の一部に対してのみの奉仕者ではないことを自覚し、…国民の一部に対してのみ有利な取り扱いをする等……ならず、常に公正な職務の遂行に当たらなければならない。」）にも違反する行為である。

1. 被告は、原告が平成19年3月21日付け内容証明付き郵便で送った質問書に対して、当方の指示した期日までに全く何の回答もしなかった。（出来なかった）ということは、当方の主張を認めた事になる。

2. もしも、被告が（所謂）「河野談話」の内容が適正であるというならば、証拠を示して説明しなさい。

3. それが出来ないのであれば、（所謂）「河野談話」を白紙撤回しなさい。

4. 訴訟費用は被告の負担とする。

5. なお、被告が特別職国家公務員という立場（所謂「河野談話」を発表した平成5年8月4日当時は官房長官）で、虚偽の内容（文書）を発表したということは、刑法第156条に違反する行為でもある。被告が誠意ある対応をしなかった場合は刑事告発致します。

請求の原因

1. 既報のとおり、米国下院に、マイク・ホンダ（マイケル・ホンダ）議員他6名の共同提案によって（共同提案者は順次増加している）、「（慰安婦に関する）対日非難決議」（慰安婦決議121号）が提出され、5月には同決議案が可決されるかも知れない状況となっている。（以上3行、甲1並びに甲24・平成19年3月24日付け産経新聞）

2. その決議案の概要は、「日本政府は、帝国軍が第二次大戦中に若い女性達を“慰安婦”として知られる性奴隷にしたことを公式に認め、謝罪し、歴史的責任を受け入れるべきだ。…日本政府による関与、日本軍による強制連行、強姦、陵辱、強制中絶があった」などと断じ、その上で、「日本政府に、①事実の認知と謝罪、責任受諾②首相による文書での公式謝罪③日本軍による蛮行は無かったとする説への明確な否定④若い世代への慰安婦問題に関する教育…を求めている。」という様な内容である。（以上6行、甲9・平成19年2月21日付け産経新聞）

3. 彼等が同法案を提出した大きな根拠としているものの一つに（所謂）「河野談話」がある。（以

上1行、甲8・平成19年2月21日付け産経新聞及び甲13・平成19年2月26日付け産経新聞）

4.（前述のとおり）アジア女性基金は、平成7年12月8日、総理府並びに外務省の共管の財団法人として設立、以来、その組織の運営費として、約50億円の国費を使用したということである。（以上3行、甲1・平成19年2月6日付け産経新聞）

5. 同基金の設立理由の最も大きなものは、同基金のホームページの「沿革」（甲7）にも記載されていたとおり、平成5年8月4日に、河野洋平官房長官（当時）が発表した（所謂）「河野談話」にある。（以上3行、甲1・以下、河野談話とする。）しかも、同基金は、元慰安婦（と称する人達）の認定作業は相手政府に丸投げ、送金は銀行が行った為、関係省庁や市民団体からの「天下り」職員は、時折開くシンポジウムのお膳立てか、作文コンクールでお茶を濁してきた、という。（同上）

6. その河野談話なるものの骨子は、「…慰安所の設置、管理および慰安婦の移送は、旧日本軍が直接間接に関与した。…甘言、強圧など本人達の意思に反して集められた事例が多くあり、官憲等が直接加担した事もあった」という内容のものである。しかし、「その談話の根拠は、元慰安婦（と称する）女性達（16人）からの一方的な聞き取り調査だけで、**その後の同9年3月の参院予算委員会で、平林博内閣外政審議室長（当時）は、「個々の証言を裏付ける調査は行っていない」と答弁している。**

被告自身も同年、自民党の「日本の前途と歴史教育を考える会」の会合で、「強制的に連行

されたものかについては、文書、書類では（証拠は）無かった」と述べている。

また、同河野談話作成に関わった石原信夫官房副長官（当時）によると、「当時、韓国側は談話に強制性を盛り込むよう執拗に働きかける一方、『個人補償は求めない』と非公式に打診していた…日本側は、『強制性を認めれば、韓国側も矛を収めるのではないか』との期待を抱き、強制性を認めることを談話発表前に、韓国側に伝えた」という。（以上12行、甲2・平成19年3月1日付け産経新聞）

7． そもそも**慰安婦の仕事は当時合法であり、「慰安婦とは即ち売春婦」であった。**「女衒《ぜげん》という慰安婦を集める事を仕事としていた立場の男が、慰安婦を募集して戦地に連れて行き、（以上3行、甲25）兵隊さんの相手をさせたのであり、当時、「慰安婦の仕事は、（日本軍曹の月給が30円の時代に）1ヶ月約750円という破格の収入があった為に、（決してその様な仕事を好んでした訳ではないかも知れないが、非常に貧しい時代だったこともあり）自分の為、或いは親兄弟の為にその様な仕事をしたのである。

…朝鮮人慰安婦は、全て志願者か親に売られた者ばかりである。…（以上1行、甲3・修理固成通信第293号）

「（お金に）真面目な人は家を新築した人も（多く）いた。…」（以上1行、甲4・同第216号）

8． しかも、同基金から「お見舞い金」をもらった285人の元慰安婦（と称する）女性達の中で、「強制連行された」という人は1人もいなかったということである。（以上2行、甲1）

9．安倍首相は、去る3月1日、同問題に関して、「当初、定義されていた強制性を裏付けるものは無かった（それを証明する証言や裏付けるものは無かった）のは事実ではないかと思います。」（以上3行、甲5・平成19年3月4日付北国新聞）**と述べている。**
また、**我が国政府は本年3月16日の閣議**で、「慰安婦問題で謝罪と反省を表明した、平成5年の河野洋平官房長官談話に関連し、**『政府が発見した資料の中には、軍や官憲によるいわゆる強制連行を直接示す記述は見当たらなかった』とする答弁書を決定した**」（以上3行、甲22・平成19年3月17日付け産経新聞）

10．また、平成19年4月12日付けの産経新聞によれば、「**慰安婦問題に関する米国議会調査局の報告書**によると、『軍の強制徴用なし』『…いま下院に提出されている慰安婦問題での日本糾弾の決議案が〝日本軍による20万人女性の性の奴隷化〟という表現で非難する、**日本軍による組織的、政策的な強制徴用はなかったという趣旨の見解を示した**』」（以上4行、甲23）

11．また「史実を世界に発信する会」（加瀬英明代表）の、平成19年2月16日付、「アメリカ下院議員マイク・ホンダ（慰安婦決議案121号提出者）に対する抗議の手紙」（公開質問書）（甲6）によれば、「**米軍の公式記録、UNITED STATES OFFISE OF WAR INFORMATION, Psychological Warfare Team, Attached to U.S. Army Forces India-Burma Theater 及び Composite Report on three Korean Civilians List no.78, dated 28 March 1945, "Special Question on Koreans"** には、「**『慰安婦』とは売春婦に過**

ぎない。」「**月平均で、1、500円の収入を上げ**、(債務者の)マスターに750円を返却する。(筆者注：日本軍曹の月給は30円、従ってその25倍稼いでいた)」「**太平洋の戦場で会った朝鮮人慰安婦は、全て志願か、両親に売られた者ばかりである。」と記載されている**、とある。また、同公開質問書によれば、「『二度と問題にしないはずの』韓国政府は執拗に日本批判を続けています。韓国の教科書にも登場し、世界に誤った情報が発信されています」「**慰安婦…売春婦（は）…日本人が40％、現地人30％、韓国人20％、その他10％**というのが実態でした。」「上記記録では、**『慰安婦』をはっきりと『売春婦』と言い切っている。**」「…日本の官憲ないし軍隊による『強制連行』や『奴隷狩り』が行われたという指摘は全くない。」「…文玉珠という朝鮮人元『慰安婦』は、ビルマで『(慰安婦)の仕事』をした43年6月から45年9月までの間に、日本の野戦郵便局に26、145円強という巨額の蓄えをしたということであり、月の平均で1、000円近くを稼いでいた…日本兵の月給は、二等兵が7円50銭、軍曹が30円であったから、**彼女達は毎月日本兵の100～25倍相当を稼いでいた。**」「…**『慰安婦』システムは純然たる公娼制度であり、…営利売春産業の一部に過ぎない。**」「**(慰安婦問題は) 韓国の指導層によって手頃な政治カードとして最大限利用された。**日本兵が朝鮮人を鞭打ちながら引き立てていく残虐非道なイメージは、映画、テレビドラマ、雑誌、新聞等に好んで引用され、果ては教科書にまで登場し、特に**何の根拠も無いまま歴史的事実とされた。**…」「91年8月11日（日）…**朝日新聞が…金学順という女性を紹介し、**彼女は『女子挺身隊』の名で戦場に強制連行され、日本軍相手に売春を強いられた『元朝鮮人慰安婦』であると報じた。**…しかし、彼女はその僅か3日後の8月14日にソウルで記者会見し、『母親によって置屋に売られ、その後、養父に連れられて軍隊の慰安所に入った』という事実を告白してしまった**」「96年2月、従軍慰安婦についてのクマラスワミ国連特別報道官の日本政府に対する勧告案（「クマラスワミ報告」）が、国連人権委員会に提出された。**…クマラスワミ報告は、…初歩的な事実誤認や歪曲に満ちた、救いようのない内容…同報告書の国連内部での評価が「take note」、つまり最低級である。…**」という様な事が列挙してある。（以上30行、甲6）

12. 上記並びに「甲1～甲26」の証拠資料より明らかな様に、（所謂）「河野談話」は全く事実に基づいたものではなく、**同談話は我が国の父祖の方々並びに我が国の名誉と誇りを大きく傷付けると共に、我が国の国益を大きく損なっているのみならず、我々の子孫に対しても非常に理不尽な不名誉と全く不必要な贖罪意識を負わせ続けることになる。その様な状況を看過する訳にはいかない。**

13. 被告、河野洋平には、去る3月21日付で、「（所謂）『河野談話』の内容が適切であるというのであれば、4月6日迄に、その証拠を示して説明して頂きたい。もしも、期日までに何の回答も無ければ、それは被告が『何の根拠も無く、（所謂）河野談話を発表した事を認めることになります…』」旨の内容証明（甲21）を送ったが、全く何の回答も無かった為、本日被告を提訴致します。

処が、提訴した後、東京地裁から、（河野洋平衆議院議長　当時）は「被告適格を能わず」という事由で不受理となりました。現職の三権の長の一人である、衆議院議長を裁判の被告には出来ないということの様です。

そこで私は、同年六月二十一日と同年九月十三日、刑法第一五六条違反等を事由として、河野洋平元官房長官を東京地検に告発しました。

以上

◇　◇　◇

III．河野洋平元官房長官に対する「告発状」（提出文書は横書き）

告　発　状

平成19年9月13日

東京地方検察庁　　御中

告　発　人　　　諸橋茂一

当事者の表示　　　別紙当事者目録記載のとおり

告発の理由　　別紙記載のとおり

事件名　　①「河野談話」憲法第15条第2項違反事件
　　　　　②「河野談話」刑法第１９３条違反事件
　　　　　③「河野談話」刑法第１５６条違反事件

（※憲法第15条第2項　→「公務員は国民全体の奉仕者であって一部の奉仕者ではない。」）

（※刑法第１９３条　→「公務員は自らの立場を利用して、その職権を濫用してはならない。」）

（※刑法第１５６条　→「公務員は行使の目的で虚偽の公文書等を作成してはならない。」）

証拠資料　　甲1号証〜甲26号証

当事者目録

告発人　　諸橋茂一

被告発人　　　　　　　　　　　　　　　衆議院議員　河野洋平

第一　告発の趣旨

河野洋平は、以下の事由等により、同人の公務員職権濫用罪（刑法第１９３条）並びに虚偽公文書等作成違反罪（刑法第１５６条）及び（「公務員は、国民全体の奉仕者であって、一部の奉仕者ではない…」という）憲法第15条第2項違反の罪を犯している。よって、同人を告発する。

告発の趣旨

一　告発事実の表示

被告発人河野洋平は、宮沢喜一内閣における官房長官、現在では衆議院議長の要職にあり、その間、継続して衆議院議員の地位にある者であるが、前記内閣における官房長官であった平成5年8月4日、「慰安婦関係調査結果発表に関する内閣官房長官談話」として、下記内容の談話（以下、「河野談話」という。）を発表したが、その摘示事実中、「軍の要請を受けた業者が…」、「甘言、脅迫等、本人達の意思に反して集められた事例が多くあり、…官憲等が直接これに加担したことが明らかとなった…」（所謂、「当時の（我が国）官憲が慰安婦を強制連行した」と認めた内容）、「いずれにしても、本件は、当時の軍の関与の下に、多数の女性の名誉と尊厳を深く傷付けた問題である…」とする点（以下、「摘示事実」という。）が真実と異なる虚偽のものであることを認識しながら敢えてこれを公表し、さらに、現在では河野談話中の摘示事実が虚偽であったことが客観的に明らかになっているのであるから、摘示事実が虚偽であることを、事後において撤回ないし取り消しの措置を講ずるなどして、真実を公表しなければならない義務があるにも拘わらず、河野談話発表時から現在に至るまで、その職権を濫用し、摘示事実が虚偽であることを理由として、撤回を公表することなどを故意に怠り続ける行為を継続したことにより、河野談話を根拠として、慰安婦であったと称する者らから我が国に対して損害賠償が多数提起され、同河野談話を基にして、平成7年12月8日、「財団法人　女性のためのアジア平和国民基金」（以下、「アジア女性基金」とする。）が設立され、慰安婦と称する女性２８５人に対して計5億6、５００万円を支払ったのみならず、そのアジア女性基金という組織を運営するために何と約50億円もの国費を濫用した。さらに、平成19年7月30日未明（日本時間翌31日）にはアメリカ合衆国下院本会議において、我が国の首相に対し、公式の謝罪声明を求めることなどを内容とする、第１２１号決議（以下、「米議会決議」という。）がなされたことなどによって、我が国がこれらの訴訟に応訴を余儀なくされ、また、米議会決議に対する我が国政府の釈明的見解を示さざるを得なくなるなど、もって、その職権を濫用して我が国をして義務なきことを行わしめたものである。

二　河野談話の表示

「…**慰安婦の募集については、軍の要請を受けた業者が主としてこれに当たった**が、その場合にも、**甘言、強迫等、本人達の意思に反して集められた事例が多くあり、更に、官憲等がこれに加担したこともあったことが明らかとなった。**また、慰安所における生活は強制的な状況の下での痛ましいものであった。なお、戦地に移送された慰安婦の出身地については、日本を別にすれば、朝鮮半島が大きな比重を占めていたが、当時の朝鮮半島は我が国の統治下にあり、**その募集、移送、管理等も、甘言、強迫等、総じて本人達の意思に反して行われた。いずれにしても、本件は、当時の軍の関与の下に、多数の女性の名誉と尊厳を深く傷付けた問題である。**…」

三　罪名、罰条の表示

1　憲法第15条第2項　違反（「すべて公務員は、（国民）全体の奉仕者であって、一部の奉仕者ではない…」に違反している。）

2　刑法第193条　公務員職権濫用罪

3　刑法第156条　虚偽公文書等作成罪

第二　告発理由

一　河野談話の虚偽性

1　河野談話は、**平成3年12月より、我が国政府で調査を進めてきた結果**の、政府報告書に基づくものとされたが、その政府報告書によれば、上記の様な、**軍が強制連行に関与したという事実は全く報告されていなかった。**それゆえ、**河野談話は、政府報告書には基づかない完全な虚偽の内容だった**のである。その事は、刑法第193条に違反すると共に刑法第156条にも違反する。

2　これは、初めに謝罪ありき、とする崩壊直前の宮沢内閣が、最後に行った我が国に対する最大の背信行為であって、現に、我が国は、この河野談話の記者発表前に、予めその内容を極秘裡に韓国側へ通報し、その内容の適否を協議して、韓国の了解を得ていたのである。

3　そもそも、**慰安婦は**民間事業としての、**戦地における売春婦**にすぎず、本来であれば、「**戦地売春婦**」と言うべき処を、あたかも従軍看護婦や従軍記者のように軍属を連想させるような「従軍」の名称を付した「従軍慰安婦」という用語を捏造し、これを意図的に使用するメディアなどと連動した対応がなされてきた。（しかも、**当時は「売春防止法」も無く、売春という仕事は合法という時代だったのである。**それを現代の価値基準で混同した判断をする人達が居ることも大きな問題である。）

4　その詳細については（ここでは）省略するが、慰安婦に関する具体的な事実関係については、証拠資料にあるとおりである。

二　公務員の真実義務

1　憲法第15条第2項によれば、「すべて公務員は、全体の奉仕者であって、一部の奉仕者ではない。」と規定し、一般職であると特別職であるとを問わず、全ての公務員は、「全体の奉仕者である」とされ、同**第99条**において、**公務員には憲法の擁護義務がある**ことも規定している。また、これらの規定を受けて、**国家公務員法第96条第1項**では、一般職の公務員について、「**すべて職員は、国民全体の奉仕者として、公共の利益のために勤務し、且つ、職務の遂行に当たっては、全力を挙げてこれに専念しなければならない。**」と規定している。**衆議院議員などの特別職の公務員**について、このような規程がないのは、そのような義務がないのではなく、むしろ、それ以上の誠実義務が課せられているものの、その名誉を重んじることから、あえて注意規定にすぎない、この種の明文規定を設けなかったにすぎないのである。

2　このような義務の具体的内容としては、虚偽の内容を真実であるかのように発表してはならない、というような「真実義務」が基礎的内容であることは多言を要しないところである。特に、本件に関して言えば、河野洋平としては、軍が強制連行に関係したという事実は全く報告されていなかった政府報告書に基づき、そのような事（慰安婦の強制連行）は無かったことを内容とする河野談話を発表すべきであったのであって、**虚偽の摘示事実を内容とする河野談話の公表は、明らかに真実義務に違反する。**

3　また、いかなる理由によるものであったにせよ、河野洋平としては、摘示事実が政府報告書と異なったものであることを熟知していたのであるから、事後において、事実は政府報告書とは異なる内容であり、しかも、「河野談話」は、事実と異なる虚偽のものであったことを告白して、河野談話を撤回ないし取り消して、全体の奉仕者としてそれを報告し、河野談話によって我が国に生じた一切の不利益事態の是正、回復を図り、それによる損害の拡大を防止して現状回復を行うという「是正義務」もまたこの真実義務の内容となるものである。

4　つまり、**河野洋平は**、河野談話が前提とする内容が虚偽であることを知っていたのであるから、河野談話を発表してはならない義務があり、さらに、発表後においても、**河野談話が事実に基づくものではなく、虚偽の内容であることを説明して発表し、河野談話自体を、その発表者の立場から撤回するなどの義務がある**のである。

5　告発人諸橋茂一は、被告発人河野洋平に対して、本年の3月21日に、内容証明付郵便にて、「もしも、(所謂)『河野談話』の内容が適正であると言うのであれば、その証拠を示して説明して頂きたい旨の「質問書」を期限付きで送ったが、その期限を5カ月以上も過ぎた今現在に至るも全く何の回答も無い。ということは、河野洋平は全く何の根拠もなく(所謂)「河野談話」を発表したということを結果的に示している。もしも、河野洋平が仮に、「河野談話」の内容が適正であると言うのであれば、そのことを裏付ける証拠を示して、告発人たる諸橋茂一並びに国民に対して明確に説明する大きな義務がある。何故ならば、虚偽の河野談話によって、国民の血税約50億円が濫用されてしまったこと並びに、前述のとおり、我が国の国益と名誉を大きく損なっているのであるから、河野洋平は、河野談話に関する大きな説明責任並びに撤回義務がある。

三　公務員職権濫用罪について

1　ところで、**刑法第193条**は、「**公務員がその職権を濫用して、人に義務のないことを行わせ、又は権利の行使を妨害したときは、2年以下の懲役又は禁固に処する。**」と規定し、公務員職権濫用罪（以下、「職権濫用罪」という。）を定めている。

2　この行為主体は、公務員であり（身分犯）、その客体は「人」である。その範囲については制限はなく、公務員も客体たりうるとするのが通説である。公務員は、国の事務を執行する者であるから、公務員に対する妨害行為等は、即ち国に対する妨害行為となるから、国も客体たりうることになる。また、犯罪の性質上、この「人」とは、自然人のみならず、法人も含むことは当然であり、国家もまた法人であることから、これに含まれることになる。つまり、詐欺罪、背任罪、窃盗罪などにおいても、その客体として、「人」ないしは「他人」とあるが、これに自然人はもとより、私法人、国や地方公共団体その他の公法人を含むことは当然だからである。

3　また、国の被害者性について言えば、職権乱用罪においては、国は間接的被害者の地位にある。何故ならば、**憲法第17条**では、「**何人も、公務員の不法行為により、損害を受けたときは、法律の定めるところにより、国又は自治体に、その賠償を求めることが出来る。**」と規定し、これを受けて国家賠償法が制定されていることからすると、国は公務員の不法行為における間接的な被害者である。このように、国は間接的被害者の立場にあることからすると、国が直接的な被害者になる場合も当然に想定されるのであって、殊更にこの直接的な被害者となる場合を除外することが出来る根拠はどこにも見当たらない。従って、その意味においても、刑法第193条の「人」には、国が含まれると解されることになる。

四　河野談話発表行為の犯罪性

1　以上の検討からすると、河野洋平が故意に真実義務に違反し、その職務の本旨に反して職権を濫用し、河野談話を発表した結果、我が国からすれば、これが無ければ、多くの慰安婦訴訟が提起されなかったのに、これらに対して応訴することを余儀なくされたこととなり、被害者である国に「義務のないことを行わせる」こととなったのであり、また、河野談話が無ければ全く不必要だった、「アジア女性基金」なるものの運営に約50億円もの国費を濫用させることも無かったのであるから、河野談話は職権濫用罪に該当することになる。

２　ところが、刑事訴訟法第２５０条第６号によると、職権濫用罪の時効は3年であるから、河野談話が発表された平成５年８月４日から現在まで14年以上も経過しているため、同法第55条により、河野洋平が国外にいる期間を除外したとしても、河野談話の発表行為だけに着目すれば、公訴時効が完成している可能性が高い。

五　河野談話撤回不作為行為の犯罪性

１　しかし、河野洋平の真実義務はこれだけではない。職権乱用罪の「行為」は、真実義務に違反して、河野談話の発表行為を行ったというだけではなく、河野洋平が、河野談話発表後において、速やかに河野談話を撤回するなどの是正義務を履行しないという不作為行為もその対象とされる。「行為」とは、「作為」であると「不作為」であるとを問わないからである。

２　この不作為による是正義務違反は、まさに確信犯的な故意行為であって、しかも、不作為というのは、監禁罪などと同様に、その違法状態が解消されない限り継続しているという態様の「継続犯」であるから、現在もその犯罪行為を行い続けているのであって、公訴時効の起算点は、「犯罪行為が終わった時から」（同法第２５３条第1項）であるから、そもそも公訴時効は進行していないのである。公訴時効が進行するのは、河野洋平が是正義務を履行して河野談話を撤回した時からである。つまり、**河野洋平は、未だに、犯罪行為を続けている犯人であるということである。**

六　本件告発事実について

1　ところで、前記四の行為（河野談話発表）と前記五の行為（河野談話撤回不作為行為）とは、個別に認識されるものではない。むしろ、両者は不可分一体のものとして認識されるべきものである。

2　即ち、包括一罪ないしは、両罪が手段と結果との関係にある牽連犯（刑法第54条）に該当するので、科刑上の一罪であるから、その公訴時効は、最終行為の時より起算するのが判例である。それ故、前記四の行為（河野談話発表行為）もまた公訴時効が完成していないことになる。

3　従って、上記第一の一（告発事実）では、包括一罪としての構成とした。

4　前記と同様の事由により、被告発人河野洋平が河野談話を発表したこと並びに虚偽の同談話を未だ撤回していない事は、刑法第156条にも違反しており、その時効も、同様の事由により未だ成立していないのである。

5　併せて、被告発人河野洋平が河野談話を発表したことは、憲法第15条第2項にも違反しているのである。河野洋平の慰安婦に関するこれまでの言動は全く言語道断である。

第三．　告発の罪状

以上の事由により、河野洋平を、

1．憲法第15条第2項違反

2．刑法第１９３条違反
3．刑法第１５６条違反

で告発する。

河野洋平は、憲法違反並びに各刑法違反の犯罪者として、大きな罪を負うべきであると共に、河野洋平は、虚偽の「河野談話」を白紙撤回し、我が国国民に心より謝罪しなければならない。

しかし、河野洋平元官房長官に対するこの告発に対して、残念ながら、その後、東京地検より、『時効』の為立件出来ず」との回答が（文書で）きました。ということは、時効が成立する前であれば、立件出来た可能性があったということになります。実に残念な事です。

村山富市元首相並びに河野洋平元官房長官に対する提訴並びに告発は、以上の様な経緯で、誠に残念ながら、私の主張は認められませんでしたが、両名共に、私の厳しい追及に対して、それぞれ「村山談話」並びに「河野談話」の正当性は全く説明出来ませんでした。

刑法第１７２条に「虚偽告訴罪」という罪があります。その骨子は「……人を罪に陥れる目的で虚偽の事由で告訴、告発も提訴もしてはならない。」となっています。また、刑法第

２３０条第一項には、「名誉棄損罪」があります。

もしも、私の提訴等が不当、或いは不法なものであったならば、彼らは、彼らの名誉のためにも、私をそれらの罪で逆告訴出来たはずです。

しかし、出来ませんでした。その事は、「河野談話」並びに「村山談話」が如何に正当性のないものであるかを物語っています。**発表した本人がその正当性を全く説明出来ない。その様に好い加減なものは早く政府として白紙撤廃すべきです。**

その事を、纏めた拙稿を（これまで述べた事と重複する処もありますが）次に掲載致します。

両名に対する告発並びに裁判で、それらの根拠は完全に崩れています。

河野談話・村山談話は白紙撤廃すべきである

平成二十四年八月一日　諸橋茂一

現在の我が国の国益と誇りと名誉を大きく貶めているものが三つ有ります。それらは、全く虚偽の（所謂）「南京大虐殺」と（所謂）「河野談話」並びに（所謂）「村山談話」の三つです（以下、それぞれ、「南京大虐殺」、「河野談話」、「村山談話」という）。

「南京大虐殺」が如何に真っ赤なつくり話であるかは、前述、筆者の平成二十三年三月二十六日付リポート「世界最大の嘘　南京大虐殺」に詳しくその根拠（六十四項目）を示してあります。

ここでは、「河野談話」と「村山談話」について触れることにします。

結論から言えば、全く何の根拠も無い「河野談話」並びに「村山談話」は白紙撤廃すべきです。そして、其の事を世界で最も強く主張する権利が筆者には有ると考えます。

何故ならば、筆者は、去る平成十九年三月二十一日、それらの「談話」を発した張本人である河野洋平衆議院議長（当時）並びに村山富市元首相、両名に対して、それぞれ、「もしも、『河野談話』（或いは『村山談話』）に正当性が有るというのであれば、其の事を証明する資料を添えて（期限迄に）書面での回答を求める。もしも、貴殿が上記期日迄に貴談話の根拠を示す事が出来なかった場合は、貴殿が何の根拠も無く、貴談話を発表したものと受け止めます。」旨の内容証明郵便を送りました。

処が両名共に、期限までに全く何の回答も無かったため、同年三月二十九日、（所謂）アジア女性基金の理事長（当時）であった村山富市元首相を東京地裁に提訴して、最高裁迄争いました。

また、河野洋平元官房長官に対しては、「河野談話」の正当性を問うて、平成十九年四月十七日並びに同年五月十六日、東京地裁に提訴しました。また、同年六月二十一日並びに同年九月十三日、東京地検に告発しました（前述）。

ちなみに、「河野談話」の主旨は、「……慰安婦の募集については、『軍の要請を受けた業者が主としてこれに当たった』が、その場合も、『甘言、強圧など本人達の意思に反して集められた事例が多くあり、更に、官憲等が直接これに加担したこともあったことが明らかになった』……」というものです。しかし、石原信夫官房副長官（当時）の発言（後述）並びに安倍首相（当時）の平成十九年三月一日の発言及び同年三月十六日の我が国政府発表（閣議決定）と同年四月十二日付け産経新聞に掲載された「慰安婦問題に関する米国議会調査局の報告」並びに平成十九年二月十六日付け、「史実を世界に発信する会」（加瀬英明代表）の「アメリカ下院議員マイク・ホンダ（慰安婦決議案121号提出者）に対する抗議の手紙」及び「米軍の公式記録、

UNITED STATES OFFISE OF WAR INFORMATION…no.78' dated 28 March 1945'"special question on Koreans" 等によれば、上記「河野談話」の虚偽は明らかです。

そこで、筆者は、前述年月日に、河野洋平衆議院議長（当時）を、憲法第一五条第二項違反（公務員義務違反の罪）並びに刑法第一九三条違反（公務員職権濫用罪）及び同第一五六条違反（虚偽公文書等作成違反罪）等を事由として、東京地裁に提訴すると同時に東京地検に告発しました。（再後述）

処が、河野洋平衆議院議長（当時）は、上記内容証明郵便並びに提訴及び告発に対して、「河野談話」の正当性を全く説明出来なかったのです。

戦時中、売春は違法ではなく合法でした。「慰安婦とは、破格の収入（日本兵の二五～一〇〇倍）を得ていた売春婦だった」のです。当時は全く問題にすることでは無かったのです。

にも拘わらず、河野洋平官房長官（当時）は、全く何の根拠も無い「河野談話」を発表して、我が国の国益と名誉と誇りを大きく損い続けているのです。

その所業は正に「売国奴」であり、「国賊」です（河野、村山両名に対する内容証明郵便等の書面の中で、筆者は、「売国奴」「国賊」の文言を敢えて使用しましたが、両名からは全く何の反論もありませんでした）。

一方、村山富市被告は、同裁判において、何と六名の弁護士を立ててきたにも拘わらず、「村山談話」の正当性を全く説明出来ませんでした。

発表した本人が、その正当性を全く説明出来ない。その様に好い加減なものを、今も尚、我が国政府は、それら（河野談話と村山談話）を「政府の正式見解」として「踏襲」し続けています。実に馬鹿げている、実に愚かな事と言わざるを得ません。

平成五年以後の我が国の首相並びに政府は適正な判断能力が大きく欠如していると言わざるを得ません。

「河野談話」並びに「村山談話」は、共に、歴史的事実を全く無視して発表されたものであり、不見識極まりないものです。それらが我が国の国益並びに我が国の父祖の方々の名誉と誇りをどれだけ大きく損ない続けているか計り知れません。そして、その様に不見識極まりない談話を放置することは、我々の子孫に対しても、言われなき不名誉と全く不必要な贖罪意識並びに全く不必要な負い目を負わせ続けることになってしまうのです。

不見識な「河野談話」のために、韓国の日本大使館前に、何と「慰安婦の像」なる物が造られてしまいました。そして、韓国の大統領からは、「韓国の元慰安婦に対して、謝罪と補償をしなければ、今後、第二、第三の『慰安婦の像』が出来るぞ」と脅され、米国のニュージャージー州には、全く何の根拠も無く、我が国を誹謗中傷する「慰安婦の碑」なる、荒唐無稽な物が造られ、今後、全米にその様な「碑」等が多く造られる可能性があるということです。

また、平成二十年七月三十一日には、米国下院において、マイク・ホンダ議員が提出した「慰安婦に関する日本非難決議」なるものが可決されました。その後、米国に続いて、カナダやオーストラリア並びにＥＵ議会等、他の国々でも同様の決議が行われました。

その様な状況を作り出している大きな原因は、「河野談話」並びに「村山談話」と「アジア女性基金」に有ります。

「河野談話」は、平成五年八月四日、宮沢内閣当時の官房長官、河野洋平が「官房長官談話」として発表したものです。

その内容は、一言で言えば、「戦時中、日本軍が、韓国を含むアジアの国々の多くの女性を強制連行して、性の奴隷にした」という様にも解釈出来る**「全く荒唐無稽且つ全く虚偽の談話」**です。

当時の我が国政府の石原信夫官房副長官は、「『慰安婦の強制連行』と言う事が有ったのか否かを徹底的に調べたが、その様な事実は全く無かった」と明言しています。処が、韓国から、「慰安婦に関して、一度認めてくれたら、今後二度と問題にしない」と執拗に働き掛けられ、**見事に騙されて、河野洋平官房長官（当時）が、**戦時中はその様な言葉さえ無かった**『従軍慰安婦』なる言葉まで『添えて』事実無根の発表をしたのです。**

河野洋平に対する東京地裁に対する提訴は、河野洋平が当時、衆議院議長であったために、「被告適格を欠く」という理由で、却下されました。

しかし、筆者は諦めず、同年六月二十一日、河野洋平を、今度は刑法第一五六条違反で東京地検に告発しました。刑法第一五六条には、「……公務員は、行使の目的で虚偽の公文書（等）

を作成してはならない……」とあります。「河野談話」の内容は虚偽の内容であり、河野洋平が事実無根、全く虚偽の内容である「河野談話」を発表したことは、同法同条の違反であるとして告発したのです。

処が、不受理となった為に、筆者は改めて、同年九月十三日、東京地検に対して前述のとおり、三つの事由で再び河野洋平衆議院議長（当時）を告発しました。

その結果、東京地検は、「もしも、『河野談話』が同法同条等に違反するとしても、時効が七年のため……」という理由で却下しました。時効七年の範囲内であれば、河野洋平に対する告発が受理された可能性は有ったものと思われます。

一方、村山富市に対する提訴の骨子は、「村山談話の正当性を問う」ということと、「（所謂）アジア女性基金で濫用した、約五十億円もの国費の内の一部を国庫に返納しなさい」というものでした。

ちなみに、**「村山談話」**とは、「**……我が国は過去の一時期、国策を誤り、……侵略戦争と植民地支配によって……アジアの多くの国々に対して多大な損害と苦痛を与えました。……我が国は心よりお詫び申し上げます。……**」という、要するに、先の大戦は我が国が一方的に悪かったという**非常に歪んだ「一方的自虐史観」**です。

しかし、歴史の真実を検証すれば、

①明治三十九（一九〇六）年に、米国が我が国を仮想敵国として「オレンジプラン」を策定したこと、

②大正十三（一九二四）年、米国が日系米人を迫害する為に「排日移民法」を制定したこと、

③昭和十四（一九三九）年七月二十六日、米国が我が国に対して、一方的に「日米通商航海条約」の破棄を通告してきたこと（経済断交）、

④昭和十六年七月二十五日、米国が在米日本資産を凍結したこと、

⑤同年八月一日、米国が我が国に対して石油の完全禁輸に踏み切ったこと、

⑥（それらを含めた）「ＡＢＣＤラインによる経済封鎖」、

⑦昭和十六年、米国が中国戦線に一〇〇機規模の空軍「フライング・タイガース」を派遣して、同年十月二十日、我が国の陸軍を攻撃し出したこと、

⑧同年十一月二十六日、米国が我が国に実質上の宣戦布告書「ハル・ノート」を突き付けたことなどを知れば、誰でも、日米戦争は米国が仕掛けてつくった」という事が理解出来ます。

フランクリン・ルーズベルトの前の大統領であったハーバート・フーバー（米国第三十一代大統領）が、約九〇〇頁にものぼる大作、『フーバー回想録（回顧録）』『Freedom Betrayed』（裏

切られた自由）「Herbert Hoover' s Secret History of the Second World War…」（ハーバート・フーバーによる、第二次世界大戦の隠された歴史……）を書き残していたことが最近、明らかとなり、その要旨が加瀬英明氏と藤井厳喜氏、稲村公望氏、茂木弘道氏の共著で、『日米戦争を起こしたのは誰か　ルーズベルトの罪状・フーバー大統領回想録を論ず』が今年（平成二十八年）発売されてます。

同書によると、**「フーバー回想録」**の中で、**フーバー元大統領は、「一人の狂人（ルーズベルト）が（日米）戦争をつくった」「米国が日本に対して経済封鎖をしなければ、日本が米国に攻撃する事は無かった」「アメリカは開戦を前提に経済戦争を仕掛け、日本を挑発し続けた」と記している**ということです。

それは全くそのとおりです。一九二八年十二月七日、米国のケロッグ国務長官（当時）は、米国上院において、「経済封鎖は戦争行為である」と断言していたのです。つまり、米国は、というよりも、ルーズベルトは、一九三九年から始まっていたヨーロッパ戦線に「裏口」から参戦するために、参戦の口実を作るために、日本を「確信犯的に」、経済封鎖を含めて、経済的、政治的両面において、「日本と戦争をするために」日本を徹底的に追い詰め続けたのです。

我々日本人の多くは、上記の事を含めて、誠に残念ながら真実の歴史を教えられていませんが、真実の歴史を知れば、誰でもフーバー元大統領の様な歴史認識になると思います。

真実の歴史を知れば、米国がイギリスやオランダと組んで、我が国を、政治的、経済的に如何に執拗に追い込んで行ったかが誰でも分かります。

また、真実の歴史を知れば、我が国が如何にやむなく「大東亜戦争」（太平洋戦争）を戦ったのかは誰でも理解出来るはずです。

「インドネシア独立戦争」は約一、〇〇〇名の元日本兵が戦後、インドネシアに残留し、インドネシアの多くの青年達と共に、オランダ軍相手に4年半戦い続けて、インドネシアの独立を勝ち得たものでした。また、約三年半の日本軍による軍政統治の間に、日本軍がインドネシア独立の基礎を築いたのです。

そのために、**インドネシアの独立記念日は、「日本のお蔭で独立出来た」との思いを籠めて、日本の暦を使用して、「（皇紀）2605年8月17日」と表記**してあります。

また、日本軍が、多くのインドの青年達と共に、イギリス軍相手に「インパール大作戦」（日本軍の戦病死者約五六、〇〇〇人、インド人の戦死者約三、〇〇〇人）を戦った事がインドの独立に大きく繋がったのです。

また、
① 昭和十二（一九三七）年七月二十九日に、中国、通州市で発生した日本人民間人大虐殺事件「通州事件」、
② 同年八月九日の「大山大尉惨殺事件」（上海）、
③ 同年八月十三日、張治中率いる蒋介石軍が、上海に駐屯していた我が国の海軍陸戦隊に

突如攻撃を仕掛けてきた事、

④　翌十四日に、蒋介石軍が、上海の租界（日本人を含む外国人が住んでいた地区）に無差別空爆を始めた事（一日で約三、六〇〇人の死傷者が出た）等々を知れば、何故我が国が「支那事変（日中戦争）」を戦わざるを得なくなったのかも誰でも理解出来るはずです。

しかし、我が国の戦後教育においては、その様な、大東亜戦争並びに支那事変に関する詳しい歴史経過は全く教えられていない為に、我が国の政治家並びに官僚の多くも、何故我が国が「大東亜戦争」並びに「支那事変」を戦わざるを得なくなったのかについて、殆ど理解出来ていないのです。

戦後六年八カ月の占領期間を通じて、様々な方法で、我が国を一方的に悪者にしようとした**マッカーサーでさえも、昭和二十五年十月十五日、ウェーキ島において、トルーマン米国大統領（当時）に対して、「東京裁判は誤りだった」と述べると共に、昭和二十六年五月三日、米国の上院、軍事外交合同委員会において、「……従って、日本が戦ったその多くは日本の自衛の為であった」と述べている**のです。

また、世界の多くの識者達が、「**日本が多大な犠牲を払って大東亜戦争を戦ったから、長期間（四〜五百年）続いた欧米の植民地主義、植民地支配に終止符が打たれたのである**」ということを含めて、**戦前並びに戦時中の日本を大きく称えた言葉は実に多く有る**のです。

それらの中の一部を紹介致します。

日本を讃える世界の要人の言葉

①「大東亜戦争は私達アジア人の戦争を日本が代表して敢行したのです。」（ナチール・インドネシア元首相）

②「日本の戦争責任を問うのであれば……非人間的な支配と収奪を続けた欧米の宗主国の責任はどうなるのか……日本が来たことで植民地支配から解放され近代化がもたらされた。」（マハティール・元マレーシア首相）

③「日本は国際法に照らし、全被告は無罪である。」（ラダ・ビノード・パル　極東国際軍事裁判判事）

④「日本は貧しい、しかし高貴だ。世界でどうしても生き残って欲しい民族を上げるとしたら、それは日本だ。」（ポール・クローデル　フランスの外交官）

⑤「……日本の正しい歴史を学び、自信と誇りを取り戻して頂きたい。」（蔡焜燦　台湾）

⑥「しかし、結局の処、最後に勝ったのは日本だった。日本は、西洋をアジアから追い出し、西洋の植民地勢力を失墜させることに成功した。その結果、西洋はアジア、ついでアフリカの、西洋化された非西洋世界に対する支配権を放棄せざるを得なくなった。」（P.F.ドラッカー　経営学・社会思想家）

⑦「若し我々が日本を挑発しなかったならば、決して日本人から攻撃を受ける様なことはなか

ったであろう。」（ハーバード・フーバー　第三十一代アメリカ大統領）

⑧「この大戦は植民地主義に終止符を打ち、白人と有色人種との平等をもたらし、世界連邦の礎石をおいた。」（H．G．ウェルズ　イギリスのSF作家）

実際に、**戦前は約六〇カ国しかなかった世界の独立国家が、日本が実に甚大な犠牲を払って大東亜戦争（と、その前の「日露戦争」）を戦った事によって、今は約二〇〇カ国（国連加盟国、一九三カ国）と大きく増えたのです。**

村山富市元首相は、平成七年八月十五日に、余りにも不勉強なるが故に、非常に歪んだ自虐史観「村山談話」を発表し、同年十二月八日、「河野談話」と「村山談話」を根拠として、（所謂）「アジア女性基金」なる組織を設立し、その理事長となって、その後、十二年の間に、何の検証もせずに、慰安婦をしていたと称するアジアの女性達、計二八五人に対して、合計五億六、五〇〇万円を支払ったのみならず、その「アジア女性基金」なる組織を十二年間、維持、運営するために、何と約四八億円もの国費を濫用したのです。

その結果、その後一体どの様なことになったのかと言えば、前述の様に、事態はより一層酷い状況となってしまっているのです。韓国は、「日本が『河野談話』を発表して、慰安婦の強制連行を認め、『アジア女性基金』で多額の『お見舞い金』を慰安婦に支払ったと言う事は、日本側に大きな非が有るから、その様な対応をしたのである。もしも、日本側に何の非も無いのであれば、『河野談話』を発表したり、慰安婦に多額のお金を支払うはずがない。だから、もっと謝れ、もっと金を出せ！」と実質言っているのに等しいのです。

韓国（並びに中国）から好き放題な事を言われ、好き放題の事をされている、その元凶は全て「河野談話」と「村山談話」並びに「アジア女性基金」にあります。

村山富市元首相は筆者の提訴に対して、（前述のとおり）何と六名もの弁護士を立ててきて筆者と最高裁まで争ったのですが、「村山談話」の正当性は全く説明出来ませんでした。六人もの弁護士を立ててきて、最高裁まで争っても、その正当性を全く説明出来ない様な、好い加減なものが我が国を益々貶め続けているのです。

ちなみに、刑法第一七二条に、「（根拠無く）人を刑事または懲戒の処分を受けさせる目的で、虚偽の告訴、告発その他の申告をした場合は、三月以上、十年以下の懲戒に処す」という『虚偽告訴罪』という罪が有ります。

つまり、河野洋平並びに村山富市は、私の告発並びに提訴等が全く根拠の無い不当なものであったならば、同法同条並びに「名誉毀損罪」、或いは「侮辱罪」によって筆者を逆告訴並びに逆提訴する事が出来たのです。

両名の社会的立場並びに経歴及び資産力からすれば、彼らに「理」が有れば、当然その様にしたはずです。処が、出来ませんでした、それは何故か？　それは言うまでもありません。「河野談話」並びに「村山談話」が全く何の根拠も無い出鱈目なものであったからに外なりません。

「村山談話」の様に出鱈目なものと、昭和五十七年、鈴木善幸内閣の宮沢喜一官房長官が発表した（所謂）「近隣諸国条項」によって、我が国の教科書も、それ以後、益々酷くなってしまっています。今では、学術的にも全くの「つくり話」であることが明らかとなっている、前述した「南京大虐殺」なる虚構が「自由社」以外の中学生用歴史教科書に掲載されている事を含めて、我が国の教科書は、小、中、高校共に、日本の教科書とは思えないほど、信じられないほど自虐的な内容となってしまっています。

政府は、全く何の根拠も無い「村山談話」を正しいものとして、平成二十年十月三十一日、「村山談話」に反する論文を書いた「田母神俊雄元空幕長」「実質解任劇」も起きたのです。「河野談話」並びに「村山談話」は、上記の裁判等を通じて、完全にその根拠を失ってしまっています。

我が国の為に、我が国の将来の為に、我々の父祖の方々の名誉の為に、我々の多くの子孫の為に、何としてでも、「河野談話」並びに「村山談話」は政府として早く「白紙撤廃」すべきです。合わせて、国際法的にも国内法的にも全く無効である（戦時国際法、ハーグ陸戦法規第四三条並びに大日本帝国憲法第七三条及び同第七五条違反である）「現憲法」を「無効決議」（全国会議員の過半数の賛同で可決可能）をして、大日本帝国憲法（明治憲法）を改正すると共に、我が国（領海、領空、領土と国家体制）並びに国民をしっかりと守る事の出来る自衛軍、国軍の創設が出来ない限り、我が国の真の独立はありません。誠に残念ながら、今の我が国は全く独立国家の体を成していません。その為に、「北朝鮮による日本人拉致事件」並びに「竹島」、「北方領土」、及び「尖閣諸島」に関する領土問題も、何時まで経っても解決出来ないのです。

全く何の根拠も無い「河野談話」並びに「村山談話」を政府として白紙撤廃する事が、我が国が真の独立国家となる為の一里塚でもあります。

「河野談話・村山談話は白紙撤廃すべきである」完

次章では、大東亜戦争は如何なる戦いであったのか、改めて大東亜戦争の歴史的意義等について纏めた拙稿「インドネシア独立戦争は大東亜戦争の縮図である」を掲載させて頂きます。

インドネシア独立戦争は大東亜戦争の縮図である

―大東亜戦争はアジア解放戦争であった―

平成二十五年七月十日　諸橋　茂一（第六回アパ懸賞論文　佳作）

インドネシア独立記念日は日本の「皇紀」

インドネシアの首都、ジャカルタに「スカルノ・ハッタ記念公園」（独立宣言広場）が有る。そこに初代大統領スカルノと同副大統領ハッタの大きな銅像に挟まれる様にして、「独立記念碑」が有る。その記念碑に、独立記念日が「17・8・05」と刻まれている。同国の独立記念日は、西暦では、一九四五年八月十七日であり、普通は、「17・8・45」と表記する処であろう。処が、そうではなく、「17・8・05」と刻まれている。それは一体何故であろうか？また、その表記はどの様な意味を持っているのであろうか？

「17・8・05」の05は、戦後日本で殆ど使われなくなってしまった「皇紀」である。皇紀2605年8月17日を意味した表記となっているのである。戦後は「皇紀」ということを学校では全く教えていない為に、「皇紀」の意味が理解出来ない日本人も多いと思われるが、「皇紀」

は、我が国の初代天皇である、神武天皇が橿原の地で即位された年を「皇紀元年」として、年を数えてきた「我が国独自の暦」である。我が国では、終戦の年まで使用していた暦であるが、戦後は殆ど使用されなくなってしまった。

処が、何故、インドネシアの独立記念日は、我が国の「皇紀」で表記されているのであろうか？それは、「インドネシアは日本のお蔭で独立出来た」との思いを籠めて、同国の初代大統領スカルノと同副大統領ハッタが、その様な表記としたのである。

その大きな理由は、下記の様な背景及び事情であった。（次の①～⑬）

① オランダによるインドネシアの植民地支配は、一五九六年に、オランダが艦隊をインドネシアに派遣したことに始まる。

② 昭和十七（一九四二）年三月一日、今村均中将率いる日本陸軍第一六軍がジャワ島に上陸し、同月九日には、オランダ軍を制圧してしまった。

③ 其の事はインドネシアの人々にとって非常に大きな衝撃だった様である。それまで、インドネシアは、約三五〇年間オランダの植民地として統治されていた。その間、幾度か、オランダからの独立を目指してインドネシア人が戦った事があった様であるが、オランダ軍に全く歯が立たなかったという経過があったからである。

④ 日本軍はその後、約三年半に亘る軍政統治を続けた。その間、日本軍は、延べ三万八千人とも言われるインドネシアの青年達に、基礎学力を身に付けさせる為の教育や軍事訓練

を含めた様々な教育を続けた。

⑤ それまで公用語として使用されていたオランダ語と英語の使用を禁ずると共に、マレーエリアで使用されていた言語を基にして、インドネシア語を定め、インドネシア全土でそのインドネシア語を使用させる様にした。その事は、インドネシア人としての一体感を強く意識させる様になった様である。

⑥ また、ジャワに、「プートラ」（民族結集組織）や「ホウコーカイ」（奉公会）という組織の本部を作ると共に、全国に支部を作り、組織運営の方法を教えただけではなく、農業指導も行った。

⑦ 併せて、インドネシアの青年達に対して、「我々日本軍は、アジアを解放する為に戦っている。しかし、真の独立は（君達が）自らの血と汗を流して勝ち取らなくてはならない。」と訴えた。

⑧ また、オランダ人を一掃し、多くのインドネシア人の青年達に高い地位を与え、インドネシアの青年達に様々な能力と責任感を身に付けさせた。

⑨ 昭和二十（一九四五）年八月十五日、我が国は、誠に残念ながら敗戦を喫した。その後、本国から、各前線の部隊に対して、「武装解除命令」並びに「帰還命令」が出た。

⑩ しかし、インドネシアの場合は、その帰還命令に従わず、約一、〇〇〇人の元日本兵が残留し（二、〇〇〇人という説もある）、その後、約四年半続いた同国の独立戦争を戦ったの

である。

⑪　昭和二十四（一九四九）年十二月二十七日、同国が漸く独立を勝ち得た時までに、元日本兵は約七〇〇人が戦死したと言われている。

インドネシア独立までには、以上の様な経過が有った。

⑫　昭和二十（一九四五）年八月十七日、我が国の敗戦の二日後に、スカルノとハッタが独立宣言を発する時点で、既に、「インドネシアの独立は日本のお蔭である」という強い思いが有ったからこそ、冒頭にも記したとおり、同国の独立記念日は、我が国の「皇紀」で表記されているのである。

⑬　世界の歴史上、自国の独立の為に多大な犠牲を払って戦った例は数限りなくある。しかし、他国の独立の為に、この様に多くの戦死者を出して戦った例は、日本軍以外にはまず無いであろう。

ベトナム、インド、ミァンマー、各国の独立に果たした日本軍の功績

⑭　ベトナムの場合は、インドネシア同様、戦後約八〇〇人の元日本兵が残留して、ベトナムの独立の為に戦ったと言われている。

⑮　また、約八、〇〇〇人のインドの青年達と共に、日本軍が多大な犠牲を払ってイギリス

軍相手に「インパール大作戦」を戦った事が、インドの独立に大きく繋がった。

⑯ また、日本陸軍の「南機関」機関長、鈴木敬司大佐（後に、少将）が、アウン・サンを始めとする「ビルマ独立の志士」と言われた30人のビルマ人青年達を、海南島で訓練、指導すると共に、その後も多くのビルマの青年達を指導した事が、ビルマ（現ミャンマー）の独立に大きく繋がって行った事なども、インドネシア独立戦争に通ずる処が大であると言える。

⑰ ミャンマー政府は、一九八一年四月、ミャンマー独立に大きく貢献した鈴木敬司元少将ら七人に対して、国家最高の栄誉「アウン・サン・タゴン（＝アウンサンの旗）勲章を授与している。

⑱ 鈴木敬司元少将は、我が国の敗戦後、英軍からＢＣ級戦犯に指定され、ビルマに連行されたが、アウン・サン将軍の強い抗議により、釈放された。

⑲ また、一九四一年十月、駐バンコク大使館勤務として、開戦に先駆けて、タイへ入った藤原岩市少佐は、南方軍参謀を兼ねる特務機関、「Ｆ機関」の長として、マレーのハリマオと呼ばれた「谷豊」を起用すると共に、インド国民軍を創設した事も特筆すべきことである。その事がインドの独立に大きく繋がって行ったのである。（インド国民軍は、最終的に五〇、〇〇〇人規模となった。）

何故、インドネシアに多くの元日本兵が望郷の念を断ち切り、残留して同国の独立戦争を戦ったのか？　それは取りも直さず、大東亜戦争が、我が国の自存自衛の為の戦争で有ったと言う事と併せて、長期間欧米の植民地となっていた東南アジアを解放すると共に、理想的なアジアを構築する『大東亜共栄圏構想』という大義に基いた『東南アジア解放戦争』でもあったからに他ならない。

インドネシア独立戦争を戦った元日本兵を訪ねて

筆者インドネシア訪問

その様な事実を筆者が知ったのは、平成十四年のことであった。

筆者は、（その時点において）「もしかしたら、インドネシアの独立戦争を戦った元日本兵の方々が未だ少なからず生きておられるかも知れない……」「是非、それらの元日本兵の方々にお会いしたい。そして、『我が国の敗戦後、何故、日本に帰られずに、インドネシアに残留し、同国の独立戦争に身を投ぜられたのか？』を、また、当時の背景や独立戦争の実態、経過等を何としてでも直接お聞きしたい」という気持ちを抑え切れずに、翌平成十五年三月十一日、知人であるシンガポールの槙田邦彦大使（当時）を大使公邸にお尋ねし、同地に一泊した後、翌十二日〜十六日まで、インドネシアに滞在して、インドネシア独立戦争を戦われた元日本兵である「宮原栄治氏」（当時、八十三歳、台湾出身）と、藤山秀雄氏（当時、八十二歳、佐賀県出身）のお二人にお会いすることが出来た。（もちろん、そう簡単にお会い出来た訳ではなく、訪イする前に、様々な努力を重ねて、漸く宮原栄治氏と連絡が取れた後、訪イすることになったのである）。

特に、宮原さんには、三日間に亘りお話をお伺いすると共に、日本人として訪問すべき各所を御案内頂いた。

元日本兵、宮原栄治さんのお話

宮原さんからお伺いしたお話の要点は、冒頭に記した内容と重複する点も有るが、次の様な内容であった。

「……日本が敗戦した後、オランダ軍（とイギリス軍）がインドネシアを再占領する様に入ってきたんです。しかし、それまで日本軍に教育されていたインドネシアの青年達は、『二度とオランダの植民地になってたまるか！』との思いで、独立義勇軍『ペタ』を組織して、（当初はイギリス軍と、その後は）オランダ軍相手に戦い出したんです。しかし、実戦の経験の無いインドネシアの青年達は次から次へと斃れて行く……『それを見て見ぬ振りをして日本へ帰る訳にはいかない……』と思った元日本兵が、（誰に強制された訳でもなく）それぞれが個々人の判断でインドネシアに残留して、インドネシアの青年達と共に戦い出したんです。十～二十名のゲリラ部隊がオランダ軍を相手に戦うという構図でした。……日本兵の多くはそれらのゲリラ部隊のリーダーとなって、最前線に出て勇敢に戦いました。

……そして、一九四九年、インドネシアの独立が成るまでに、約七〇〇人の元日本兵が戦死したんです。……戦い出した当初、日本軍は、日本軍の武器を『落とした……』とか『盗まれた……』という口実をつけて、『ペタ』やインドネシアの青年達に提供したんです。……中には、日本軍がインドネシアの青年達にいきなり襲われて、武器を奪われるケースも有ったんです。

……大東亜戦争当時、各戦地で戦っていた日本兵の多くは、（第一義的には、我が国を護る為、という思いと併せて）『大東亜共栄圏構想』に基き、『アジアを解放する』という大義の下に戦っていたんです。

インドネシアに派遣されていた我々は、『何としてでもインドネシアを解放する』という大義の下に戦っていたんですよ。……『大東亜共栄圏構想』は非常に素晴らしい考え方であると思っていました。……戦後、Ｂ級、Ｃ級戦犯として処刑された数は、インドネシアの元日本兵が最も多かったんです。……（戦後、処刑された元日本兵は、我が国全体では、一、〇六八名とも言われる）。

当時の日本軍は、非常に軍規・軍律が厳しく、戦後言われている様な不法事件など殆どありませんでした。……慰安婦の件などは我が国が非難を受ける必要など全くありません。

……日本軍は、それまで公用語として使用されていたオランダ語と英語の使用を禁止すると共に、多くの言語に分かれていたインドネシアに共通語を定めて、インドネシアの青年達の意思統一を図る様にしたんです。

……インドネシア独立戦争をインドネシアの青年達がオランダ軍相手に戦い続ける事が出来た背景としては、日露戦争において、小さな国日本が大国ロシアを撃ち破った事と、大東亜戦争緒戦において、日本軍が短期間でオランダ軍を撃ち破った事が、多くのインドネシアの青年達に大きな勇気を与えていた事が挙げられます。

インドネシアの独立が成った後、元日本兵に対して懸賞金が出たこともあって、堂々と日本名を名乗ることさえ出来なかったんです。

……生き残った元日本兵は現地の名前に変え、現地の女性と結婚し、それぞれ独自に、生きる為に、戦後の自分の人生を徒手空拳で必死に模索せざるを得なかったんです。

……華僑はインドネシア経済の約七〇%を牛耳っているんです。その様な状況は東南アジアの多くの国々も同様です。

……華僑は金儲けの為なら役人に対する賄賂を含めて、悪い事をする事を何とも思っていないのです。

……我が国が大東亜戦争の緒戦において勝利を続け、東南アジア各国を占領した時、華僑はそれまで保持していた権益を失う事に対する反発から、香港、マレーシア、シンガポール等で反日・侮日運動を起こし、反日部隊を組織するなどして、日本軍に対する抵抗や妨害を繰り返したんです。その為に、やむを得ず、華僑粛清事件も起きたんですよ。

……日本は、ドイツの様に、組織的、計画的に、特定の民族、国民を不当に虐殺した事は全く有りません。

……一方、米国は、広島、長崎への原爆投下並びに東京大空襲を始め、日本全国の主要都市に無差別爆撃を繰り返し、沖縄戦を含めて、何と数十万人の我が国民間人を虐殺したんです。また、（旧）ソ連は、終戦間際、日ソ中立条約を一方的に破って、満州や南樺太及び千島列島を不法に侵略し、多くの我が国民間人を殺戮し、婦女暴行や掠奪を重ね、その後、約五六万人（六〇万人、或いは一〇〇万人という説もある）もの元日本兵をシベリアに強制連行し、まともに食べる物も与えずに、酷寒の地で強制労働させて、約六万人の元日本兵を死に追いやった事などは、何れも甚だしい国際法違反ですよ。

にも拘わらず、その様な事が厳しく追及、糾弾されることも全くなく、根拠もはっきりしない事で我が国が不当に非難を受け続け、慰安婦の様に、謝る必要も無いのに、謝り続け、お金など支払う必要がないのに、お金を支払い続けている事は実に馬鹿げているとしか言いようがありません。

……それらは全て、日本の政治家の多くがあまりにも不勉強且つ無知な為に、中国、韓国、米国並びにロシアから都合の良い様にあしらい続けられているだけです。

今の日本の一番大きな問題は、その様に卑屈で主体性の無い外交姿勢と自虐教育に有ります。

自国・祖国に自信と誇りを持てる教育をしなくては日本の明日はありません。自分の国に愛国心を持つことは極く当然のことです。日本は愛国心を持てる教育をしなくては駄目です。日本は、教育を根本的に改革し直して、日本人の精神を取り戻さなくてはいけません。日本は戦前の教育の方が余程しっかりしていました。

日本が戦争に負けたからといって、戦前の日本がやっていた事は全て悪かったかの様に言うのは大きな間違いです。

日韓併合に付いても、戦後、日本が韓国から不当な抗議を受け続けていますが、日韓併合は、一九〇九年に、朝鮮人の安重根が日本の初代首相であった伊藤博文をいきなり暗殺してしまった為に、大きな負い目を抱いた大韓帝国の方から我が国に対して、併合の申し入れがあり、当時の我が国が（当時の）世界の主要国に確認した処、ただの一国もその事（韓国併合）に反対した国も無く、合法的に日韓併合はなされたのであって、日本がその事で非難を受ける必要は全くありません。

我が国が、日清・日露戦争を戦ったのも、その一番の大きな理由は、朝鮮半島の自立、独立、安定を図る為だったのであり、もしも、日本が両戦役を戦っていなかったならば、恐らく、朝鮮半島は清国かロシアの領土となっていた可能性が極めて高く、我が国の命運もどうなっていたか分かりません。

台湾にとって五十年間の日本統治は非常に大きな意義が有りました。

中国人は、伝統的に、強い相手には弱く、弱く出る相手には高圧的に出る民族なんです。日本政府が卑屈な外交を続けているから、日本が甘く見られて、多くの日本人が北朝鮮に拉致されてしまう様な、全くとんでもない事が起きるんです。

今の日本の外交は全く外交になっていません。中国、韓国、北朝鮮の言いなりで、実に情けない限りです。

インドネシア初代大統領のスカルノは、オランダ時代から反オランダ活動を続け、何度も監獄に入れられていたんです。

それを昭和十八年三月に、メンクリンという監獄から日本軍が救い出したんです。

白人は、第二次世界大戦までは、侵略という概念が無かったんです。だから、大東亜戦争迄は、欧米各国が、それぞれ競う様にして植民地を広げていたんです。

欧米はその様な事を全く棚に上げて、戦後、日本だけを一方的に悪者に仕立て上げたんです。日本だけに、侵略と言う罪を一方的に押し付けたんですよ。

オランダ、ポルトガル、スペイン、イギリス、フランス、ロシアは言うに及ばず、米国だって、独立当初は僅か十三州からスタートしたにも拘わらず、その後、先住民であったインディアンやメキシコ人の土地に侵略を続け、彼らの多くを虐殺し、ハワイまで併合して、現在五十州となっているんです。大東亜戦争の時までは、フィリッピンも植民地にしていたんですよ。

……」

宮原さんのお話は以上の様な内容であった。宮原さんのお話は、それまで小生が抱いていた考え方、歴史観と殆ど同様であった。

しかし、我が国における戦後教育並びに多くのマスコミの報道は宮原さんのお話とは真逆の内容が余りにも多過ぎる。何としてでも、我が国の教育並びにマスコミ報道を正常化しなくてはならない。

戦後六年八カ月に亘る、ＧＨＱ（米国を中心とする連合国軍総司令部）の日本統治（その実態は様々な「日本（人）弱体化政策」）並びに、その後、長期間続いている、「日教組主導の自虐偏向教育」及び、「多くの我が国マスコミの自虐反日報道」等によって、多くの日本人は、「我が国は侵略戦争をした悪い国であった……」かの様に思いこまされてしまっている。

しかし、その様な見方は大きな間違いである。「多面的、長期的、総合的」に観れば、**「大東亜戦争はアジア解放戦争」であり、結果的には世界の植民地解放に繋がる戦争でもあった。そしてその縮図が「インドネシア独立戦争」だった**のである。

ヤヤサン福祉友の会

インドネシアの独立が成った後、生き残った元日本兵の人達は、生きる為に、生活の糧を得る為に、徒手空拳で、非常に困難な生活を余儀なくされた様である。その様な中で、お互いの互助組織として、「ヤヤサン福祉友の会」が組織された（設立時の会員数約一八〇名）。

国立カリバタ英雄墓地

インドネシア独立戦争を戦った元日本兵の多くが、インドネシア政府より、「ゲリラ勲章」や、同国で最高位の勲章である「ナラリア勲章」を授与され、元日本兵が亡くなると、棺はインドネシアの国旗で覆われ、儀仗隊に担がれ、礼砲が撃たれて、丁重に埋葬されているとのことである。国立カリバタ英雄墓地には二十七人の元日本兵が、その他全国の英雄墓地には一一六人の元日本兵が埋葬されているという。

ジョヨヨボ王の伝説

インドネシアには、古くから、「今に北の方から黄色い人達がやって来て我々を解放してくれる。そしてその後しばらくすると、その人達はまた北の方へ帰って行く……」という伝説が有ったという。（ジョヨヨボ王伝説）日本軍が正にその伝説の「黄色い人達」となったのである。

「村山談話」

平成七年八月十五日に発表された（所謂）「村山談話」は、「…我が国は侵略戦争と植民地支配をした悪い国であった……」という内容となっている。

もしも、「村山談話」の様な（歪んだ）「歴史観」が仮に正しいものであるならば、インドネシアの独立記念日の様な表記は絶対に有り得ないはずである。「村山談話」は非常に大きく歪んだ間違った歴史観である。

実は、小生は、その「村山談話」並びに同談話と（所謂）「河野談話」を背景として設立された（所謂）「アジア女性基金」（村山富市元首相が、同理事長）の正当性を問うて、村山富市元首相を相手どり、平成十九年三月二十九日、東京地裁に提訴して、最高裁まで争った。

村山富市元首相は何と六人もの弁護士を立ててきたが、「村山談話」並びに「河野談話」及び「アジア女性基金」の正当性は全く説明出来なかったのである（ちなみに、小生は、全く弁護士を使わず、「本人訴訟」という形で争った）。

また、それとは別に、「河野談話」の正当性を問うて、河野洋平元官房長官を、同年、東京地裁に提訴すると共に、東京地検に告発したのであるが、その前段階である、河野洋平衆議院議長（当時）に対する小生からの「内容証明郵便、配達証明付き郵便」に対して、河野洋平は全く何の反論も出来なかったばかりか、村山富市元首相同様、「河野談話」の正当性も全く説明出来なかったのである。

発表した本人がその正当性を全く説明出来ない、その様に好い加減なものを現内閣に至るまで「踏襲」し続けてきていることは実に馬鹿げたこと、実に愚かなことと断じざるを得ない。

「河野談話」並びに「村山談話」は、政府として一日も早く白紙撤廃すべきである。

「インドネシア独立戦争は大東亜戦争の縮図である」　完

大東亜戦争、開戦の背景と世界の評価

大東亜戦争の背景と主な経過

「大東亜戦争」開戦当初、世界の独立国家は約六十カ国であった。しかし、今は、国連加盟国だけでも一九三カ国となっている。**我が国が甚大な犠牲を払って「大東亜戦争」（並びに、その前の「日露戦争」）を戦った結果、長期間（約四五〇年間）続いた、欧米による「植民地支配」に終止符が打たれたのである。**もしも我が国が「大東亜戦争」を戦っていなかったならば、恐らく、今でも「欧米による植民地支配」は続いていたはずである。

戦後教育の中では、我が国が何故、大東亜戦争を開戦せざるを得なかったのか？ について全く教えられていない。ここで、その事（大東亜戦争の背景）に付いて、簡単に触れてみたい。

① 明治三十九（一九〇六）年、米国は我が国を仮想敵国とした「オレンジプラン」を策定し、それをその後幾度も見直しを重ねていた。

② 大正十三（一九二四）年、米国は、日系米人の土地を取り上げると共に、「日系米人は子々孫々に至るまで土地の所有の権利を認めない」という「排日移民法」を作り、日系米人に対して徹底的に迫害を始めた。以後、日本人の移民も禁止した。

③ **昭和十四（一九三九）年七月二十六日、米国は、日本に対して、「日米通商航海条約」**

の一方的破棄を通告した。これは、実質的な経済断交であると共に、**実質的な戦争行為である。（ケロッグ国務長官の一九二八年、米国議会証言）**

④ 昭和十四年九月一日、ドイツのポーランド侵攻によって第二次世界大戦（ヨーロッパ戦線）が始まった。

⑤ 昭和十五（一九四〇）年、ドイツはヨーロッパの殆どを制圧し、イギリスにも猛爆を加える状況の中で、イギリスのチャーチル首相は、米国のフランクリン・ルーズベルト大統領に対して、何度も援軍要請をした。

⑥ ルーズベルトは、元の宗主国であるイギリスを助けたいという思いと、一九二九年以来続いていた「世界大恐慌」から抜け出す為に、ヨーロッパ戦線に参戦の機会を窺っていた。

⑦ しかし、一九四〇年、ルーズベルトは三回目の大統領選において、「絶対に戦争には参加しない（皆さんの息子を戦場に送ることはしない）」という事を最大公約に掲げて再選を果たしていた為に、米国はなかなかヨーロッパに軍隊を送る事が出来なかった。

⑧ 昭和十五年九月二十六日、米国は、日本に対して、「屑鉄」の禁輸に踏み切った（当時、我が国は鋼鉄を造る為に「屑鉄」を必要としていた）。

⑨ 昭和十六（一九四一）年七月二十五日、米国は、日本の在米資産を一方的に凍結してしまった。そして、イギリスとオランダも、其の事に追随した。

⑩ 同年八月一日、米国は、日本に対して、石油の完全禁輸に踏み切った。其の事にも、イ

ギリス、オランダは追随した。当時、我が国は、米国から八〇％近い石油を輸入していた。そして、残りは、イギリスとオランダから輸入していた。つまり、我が国に石油が全く入ってこない状況となったのである。

⑪　前記⑤、⑥、⑦の様なジレンマの中で、ルーズベルトとチャーチルは、昭和十六（一九四一）年八月九日～十二日、英国の旗艦「プリンス・オブ・ウェールズ」上で「大西洋上会談」を行った。

⑫　その会談で、ルーズベルトとチャーチルは、「ドイツと同盟を結んでいる日本を政治的、経済的に更に追い詰めて（ABCDラインによる経済封鎖）、日本が止むを得ず、資源を求めて（欧米の植民地となっている）東南アジアに進出したならば、日本に反撃すると同時に、『日本と同盟を結んでいるドイツも許さない。』という口実をつけて、ヨーロッパにも軍隊（米軍）を送ろう。」というシナリオを描いた。誠に残念ながら、その後の歴史経過は、そのシナリオどおりになってしまった（ロバート・スティネット著『真珠湾の真実・ルーズベルト欺瞞の日々』）。

⑬　その様な状況の中で、米国の陸海軍は、同年七月十八日、ルーズベルト大統領に対して「JB‐355計画」なるものを提出した。そして、ルーズベルトは、同年七月二十三日、同計画にOKのサインをしていた。その計画は、「中国に、米国の戦闘機三五〇機と長距離爆撃機一五〇機、併せて五〇〇機を送り込み、中国から東京を含む日本の主要都市を無差

別空爆する」というものであった。処が、その後、ヨーロッパ戦線が風雲急を告げる状況となってきた為に、一旦その攻撃は中止となった。

⑭ しかし、その後、米国は改めて、中国に「フライング・タイガース」と名付けた一〇〇機規模の空軍を送り込み、同年の十月二十日、昆明付近で、日本軍に対する攻撃を開始した。真珠湾攻撃の約一カ月半前のことである（中国、北京郊外の「航空博物館」にその事に関する展示有り）。

⑮ その後、同年十一月二十六日、米国は、日本に対して、実質上の宣戦布告書であった「ハル・ノート」を突き付けた。処が、当時の米国上下両院議員は、誰もその「ハル・ノート」のことを全く知らされていなかったのである。もちろん、一般の米国国民も全くその事を知らされていなかった。

⑮ ※ 我が国が真に反省しなくてはいけない事の一つは、当時の我が国政府は、米国国民並びに世界に向かって、「米国からこんな不当なものを突き付けられた。こんな事が許されるのか！」と何故、強く訴えなかったのかという事である。

⑰ そこで、我が国は自存自衛の為に、やむなく開戦の決断をしたのである。

誠に残念ながら、戦後の我が国の教育では、以上の事が全く教えられていない。我が国が何故「大東亜戦争」を戦わざるを得なくなったのかを教えられていない事は非常に大きな問題である。

大東亜戦争開戦時における日米の戦力差

（資料によって若干の違いが有る。次に掲げる数字は「ウィキペディア」並びに、中川八洋著『山本五十六の大罪』による）

戦後、日本人の多くは、「我が国が『無謀な戦争』を始めて、敗けるべくして敗けた……」という様に思い込まされている。しかし、その様な見方は決して正しくはない。ちなみに、開戦時における我が国海軍総戦力と、当初、主に戦った米国太平洋艦隊との戦力差は一体どの様なものであったのだろうか？

実は、開戦当初の日本海軍総戦力は米国太平洋艦隊のそれを上回っていたのである。ちなみに、空母の数は、我が国が一〇に対して、米国は三、戦艦並びに巡洋艦は、我が国が一一、米国が九、駆逐艦の数は、我が国が一一二に対して、米国は八四、重巡は、我が国が一八、米国は一三、軽巡は、我が国が二三、米国が一一、潜水艦の数は、我が国が六五に対して、米国は三〇と、我が国の方が米国よりも大きく上回っていたのである。しかも、開戦後、しばらくして、我が国は、当時世界最大、最高性能の戦艦「大和」と同戦艦「武蔵」も建造していたのである。

もう既に大鑑巨砲主義の時代ではなくなっていたという人もいるが、飛行機の数も、我が国が四、八〇〇機に対して、米国が五、五〇〇機とほぼ互角であった。

決して、我が国が米国よりも戦力的に大きく劣っていたから敗けたということではないのである。もちろん、資源力の差及び工業生産力の差は大きなものがあったということはあるが、必ずしも、我が国が一方的に敗けると決まっていた戦いとは言えなかったのである。

実際に、開戦後約半年間、昭和十七（一九四二）年六月五日のミッドウェー海戦の敗戦迄は、我が国は、米国、イギリス、オランダ、オーストラリア、中国等を相手に戦い、殆ど連戦連勝を続けていたのである。

それでは、一体我が国は何故敗けたのか？　戦後、六十七年経過（平成二十四年当時。平成二十八年においては七十一年経過）しているにも拘わらず、**大東亜戦争の敗因分析、検証、総括が、国家として成されていないのである。其の事が非常に大きな問題であると**言わざるを得ない。

一方、日露戦争開戦時における、我が国とロシアとの戦力差は約一対一〇であった（大砲の数は、我が国が六三六門に対して、ロシアのそれは、約一万二、〇〇〇門）。日露戦争は大東亜戦争よりも遥かに無謀な戦争であった。しかし、我が国は勝利した。その**日露戦争の勝因分析、検証、総括もまた、国家としては全く成されていないのである。その様な状況はどちらも大きな間違いであると言わざるを得ない。**

マッカーサーの反省

マッカーサーは、終戦後の我が国を占領統治したGHQ（連合国軍総司令部）の最高司令官である。GHQは我国を占領統治した約六年八カ月の間、あらゆる手段を講じて、徹底的に我が国並びに日本人の弱体化を図った。具体的には、

①　国際法に大きく違反して強行した極東国際軍事裁判（所謂「東京裁判」）
②　同じく国際法に違反して押し付けた現憲法
③　マスコミの完全統制並びに我が国国民に一方的贖罪意識を植え付ける為の宣伝工作
④　同様の教育
⑤　連合国並びにGHQに対する批判は一切許さないと言う事を含めてのGHQの三十項目の命令（「プレスコード」と一対の「新聞報道遵則（SCAPIN-33）」の中の「削除および発行禁止対象のカテゴリー（三十項目）」）
⑥　二十万人の公職追放
⑦　日本人の脳裏から真実の歴史を消し去る為に実施された、七、七六九種類にも及ぶ書籍の「焚書坑儒」
⑧　教育勅語の廃止……等々を含めて、我が国の国民に対して、一方的な贖罪意識を植え付けた。その弊害は余りにも大きいものが有る。

しかし、昭和二十五（一九五〇）年十月十五日、マッカーサーは、ウェーキ島で、トルーマン大統領（当時）に対して、「東京裁判は誤りだった」と述べている。また、昭和二十六年五月三日、同じく、**マッカーサーは、米国の上院・軍事外交合同委員会**において、「……**従って、彼ら（日本）が戦争に突入して行った、その多くは（日本の）自衛の為であった**」。

（……Their purpose, therefore, in going to war was largely dictated by security）と証言している。

ペリーの国旗

昭和二十（一九四五）年九月二日、戦艦ミズリー号上において、重光葵外務大臣（当時）が降伏文書にサインした。そのミズリー号上に、一八五三年と翌年、ペリーが我が国にやって来た時に、旗艦「サスケハナ」に掲げてあった、古ぼけた星条旗が掲げられていた。一体それは、何を意味していたのであろうか？　それは、ペリーが我が国にやって来た時、既に、「いつかはこの国(日本)を征服したい」と思っていた。「ペリー提督、貴方の思いが漸く実現しましたよ」ということではなかったのだろうかという見方が有る**（加瀬英明、ヘンリー・ストークス共著『なぜアメリカは対日戦争を仕掛けたのか』）**。

大東亜戦争に対する世界の評価

（前述のとおり）大東亜戦争開戦時における、世界の独立国家は約六〇カ国であった。しかし、今は国連加盟国だけで一九三カ国となっている。**「日本が甚大な犠牲を払って大東亜戦争並びにその前の日露戦争を戦った結果として、長期間続いた欧米の植民地主義、植民地支配に終止符が打たれたのである」。**その様な評価をしている世界の識者は実に多い（※後述）。

昭和三十（一九五五）年、インドネシアのバンドンで第一回バンドン会議（有色人種国家首脳による、歴史上、第二回目の国際会議、第一回目は、昭和十八年に東京で開催された「大東亜会議」）が開催された。その会議に、アジア、アフリカから、次から次へと独立を果たしていた、二十九カ国の首脳が参加した。それらの各国の首脳から、我が国の代表が、「我々の国が独立出来たのは日本のお蔭だ。日本はこれからもアジアのリーダーとして頑張って欲しい」と口々に言われて、握手攻めにあったということである。

世界の歴史に類の無い大規模且つ継続的な「特攻攻撃」を含めて、大東亜戦争だけで、約二三〇万人の戦死者がおられる。何としてでも、それらの先人の方々の尊い「死」を決して無にしない国家にしなくてはいけない。

チャンドラ・ボースの言葉「日本はアジアの希望の光です」

インド独立の英雄と称えられているチャンドラ・ボースは、昭和十八（一九四三）年に来日して、日比谷公会堂で、当時のアジアの人々の気持ちを代弁し、この様に講演したという。「……**日本はアジアの希望の光です。**……この度、日本はインドの仇敵のイギリスに宣戦しました。日本はインド人に千載一遇の機会を下さいました。我々は自覚し、心から日本に感謝しています。**ひと度この機会を逃せば、今後百年以上に亘り、この様な機会は訪れることはないでしょう。**勝利は我々のものであり、インドが独立を果たすと確信しています。……」と（**ヘンリー・ストークス**著『**日本はアジアの希望の光だ**』より）。

このチャンドラ・ボースの言葉が、当時欧米の植民地となっていた、多くのアジア諸民族の素直な気持ちだったのである。それに対して、「村山談話」が正当な歴史観を如何に大きく歪めたものであるかを我々日本人は正しく認識しなくてはならない。

インドネシア独立戦争は大東亜戦争の縮図

以上のように『**インドネシア独立戦争は正に大東亜戦争の縮図**』と言うべきである。**我々日本人並びに我が国政府は早く真実の歴史を取り戻し、「村山談話」と決別し、日本人としての自信と誇りを早く取り戻さねばならない。**何としても……

我が国が真に反省すべき事

戦後（と言っても、特に昭和六十年代以後）「我が国は無謀な戦争を始めて、大敗北を喫した。当時の日本の指導者は馬鹿ばかりだった……」かの様なイメージを与えられてしまっています。しかし、本当にそうでしょうか？

以下に、掲載する「マレー・シンガポール戦跡巡りに参加して」並びに「何故敗けた、本当は強かった日本軍」並びに「大東亜戦争は無謀な戦争であったのか？」を読んで頂ければ、**実は、日本軍は極めて強かった**のだということを御理解頂けるはずです。

確かに最後は大敗を喫しました。しかし、**緒戦において、あんなに強かった日本軍が、何故敗けたのか？**　という、**大東亜戦争の、「敗因分析、検証、総括」が、実は国家として全く成されていない**のです。私は**その事が非常に大きな問題である**と以前から強く思っています。

（実は、薄氷の勝利であったという言われ方もしておりますが）「日露戦争」は確かに勝利しました。しかし、**日露戦争の開戦時における日露の戦力はロシアが一〇に対して日本は僅か一でした。**日露戦争開戦時において、日本が勝つなどと思った国は当時、世界になかったのです。しかし、日本は奇跡的な勝利を収めました。この**日露戦争は一体何故勝てたのか、という勝因分析、検証、総括も国家として成されていない**のです。

日露戦争は勝ったからそれで良し。大東亜戦争は敗けたから、我が国が全て悪かった、と済ませてきた事はどちらも大きな間違いであると思います。

実は、（前述のとおり）大東亜戦争開戦時における我が国の海軍総戦力は、米国太平洋艦隊のそれよりも上回っていたのです。しかし、我が国は敗けた。それは一体何故だったのかを、国家として、真剣に検証してこなかった事は非常に大きな問題です。

我が国は、改めて、「日露戦争の勝因分析、検証、総括」と「大東亜戦争の敗因分析、検証、総括」を、国家として真剣に行い、それらを後世に大きく生かして行くべきです。

それでは、日本軍が如何に強かったのか、に関する三つのリポートを以下に掲載致します。

【日本軍が如何に強かったのか】

その1　マレー・シンガポール　戦跡巡りに参加して

平成二十六年六月十四日　諸橋　茂一

平成二十六年六月七〜十二日迄、日本エアービジョン株式会社（浅田均社長）が企画した標記戦跡巡りツアーに参加した。

十年前、平成十六（二〇〇四）年は、日露戦争開戦一〇〇年目に当たるということで、故名越二荒之助先生を団長として、「歴史パノラマ（戦跡巡り）ツアー」として企画された、同社のツアーに参加した。その時は、中国の上海、南京、北京、盧溝橋、瀋陽、大連、旅順等を巡った。

それ以来、十年ぶりに同社の戦跡巡りツアーに参加した。何事においても、本や資料を読んだだけでは分からない事や理解出来ない事が多く有る。十年前の時もそうであったが、今回も参加して本当に良かった。何事においても、「現場、現物、現認」することが最も大切である。

今回のツアーには、同社の浅田均社長と陸上自衛隊出身の戦史研究家、和泉洋一郎氏が同行された。特に、和泉氏からは、各戦跡において、非常に詳細且つ非常に有益な御説明を頂いた。その他、産経新聞社出身のジャーナリスト、高山正之氏、旧陸軍出身の長濱春夫氏（八十八歳）と同松永太氏（八十四歳）も御一緒だった（総勢十四名、平均年齢、七〇・七歳）、松永氏は戦時中、何と十三歳半の若年、僅か中学一年生の時に、陸軍に志願して入隊されたという。長濱氏も僅か十七歳の時に、陸軍に志願して入隊されたということである。米英から、政治的、経済的に徹底的に追い詰められた我が国を護る為と、長期間欧米の植民地となっていた東南アジアを解放する為に、僅か十三歳や十七歳の時に志願して入隊された。御両名のそのお気持ちに対して深い敬意の念を抱かざるを得ない。

和泉洋一郎氏の詳しい御説明

大東亜戦争を戦った当時の先人の多くは、長濱氏や松永氏の様なお気持ちで戦われたのである。

余りにも不勉強な村山富市元首相は、当時の実情を全く無視して、我が国の国益と、先人の方々の誇りと名誉を全く無視して、実に馬鹿げた

「村山談話」を平成七年八月十五日に発表したが、少し、真面目に、真剣に勉強すれば、当時の我が国が何故、大東亜戦争を戦ったのか、戦わざるを得なかったのかは、普通の日本人であれば誰でも理解出来ることである。

しかし、誠に残念ながら、

①　六年八カ月に亘るＧＨＱによる占領統治、日本弱体化政策、

②　「ウォー・ギルト・インフォメーション・プログラム」並びに

③　「３Ｒ５Ｄ３Ｓ政策」、

④　マスコミに日本罪悪論報道を強制した、三十項目の「新聞報道遵則の発行禁止カテゴリー」、

⑤　そしてその影響が未だ続いている多くのマスコミの偏向報道、

⑥　二十万人の公職追放、

⑦　七、七六九種の書籍の焚書坑儒、

⑧　我が国を悪者に仕立て上げる為に国際法に大きく違反して強行された極東国際軍事裁判（所謂東京裁判）、

⑨　日教組による偏向教育、

⑩　ＧＨＱに押し付けられた国際法違反且つ国内法違反の現憲法

マレーシアとタイの国境を背にして

……等々、戦後、我が国を悪者にする為に成された、様々な弊害の為に、日本は悪い国だったと多くの国民が思わされているが、この様な歪んだ状況を何としてでも大きく改善しなくてはならない。そして、日本人としての自信と誇りを持てる、独立自衛の「まともな国家」を早く作り直さねばならない。

そうしなければ、長濱氏や松永氏を始めとする、大東亜戦争を戦われた父祖の方々に対して、戦死された多くの先人の方々に対して申し訳がない。軍民合わせて三一〇万人とも言われる、余りにも多くの「尊い死」を決して無にしてはならない。

長濱氏と松永氏は、非常な御高齢にも拘わらず、今回の旅行中、長い坂道でもものともせずに、我々と行動を共にされた。正に脱帽であった。

六月七日（土）ＭＯ-０８９便（一〇時三〇分）で成田発、クアラルンプール経由で、同日、二〇時五〇分、マレーシアのアロルスターに到着、そのまま「ホリディ・ヴィラ」ホテルに向かった。マレーシアと日本の時差は一時間である（マレーシアの方が一時間遅い）。

マレーシアの国旗には、赤と白の線が十四本有る。それは、同国の十三の県と政府、併せて十四を意味しているということである。マレーシア全体で九人の国王がいて、五年毎に交代するという。マレーシアは、錫、ゴム、石油の産地である。

マレー作戦における双方の戦力は、日本軍　三五、〇〇〇、英軍　八八、六〇〇。日本軍の戦死　一、七九三、戦傷　二、七七二。英軍の損害　約二五、〇〇〇、内、遺棄死体　約五、〇〇〇、捕虜　約八、〇〇〇。日本軍の圧倒的勝利であった。

六月八日（日）朝七時にホテル出発、タイとの国境に着いた。


（記述の内の〈　〉内は戦闘経過並びに歴史経過等）

〈昭和十六年十二月八日、タイのシンゴラに上陸した山下奉文《ともゆき》中将率いる第二五軍は、同十日に、この国境を通過し、正に驚異的な南下を続けた。第二五軍の主力がシンゴラに上陸した、その二時間後に、山下中将を中心とする第二五軍司令部が上陸した。（通常、この様な事は有りえないことであるという。通常は、主力軍が上陸してから、二～三日後に、軍司令部が上陸するという）〉

「ヴィクトリア・ブリッジ」を背にして

〈同日、歩兵第五六連隊がマレー北部の東海岸、コタバルに上陸、南下を続けた。〉〈開戦、僅か二日後十日に、マレー半島東方沖で、日本軍の、九六陸上攻撃機と一式陸上攻撃機の雷撃、爆撃で、英軍が誇った東洋艦隊の旗艦、プリンス・オブ・ウェールズと主力戦艦、レパルスを撃沈した（イギリスのチャーチル首相（当時）は其の事が彼の人生における最大のショックであったという）。（また、その事で、欧米による植民地主義、植民地支配に終焉が来たと見た識者が世界に多くいた）。〉

我々一行は、国境線を見た後、第二五軍が侵攻したのと同様の経路を辿りながら、マレー半島を南下した。

ジットラ、アロルスターの戦跡を見学した。アロルスター飛行場を守る為の英軍の「トーチカ」も見ることが出来た。

〈「ジットラの戦い」は、十二月十一日に始まり、同十二日、日本軍は英軍を制圧した。〉

〈約一、〇〇〇台の自転車部隊「銀輪部隊」も南下した。〉

〈第二五軍は、ジットラ、アロルスターを制圧した後、ペナン島に渡り、十二月十九日、同島を占領した。その際、日本軍は英軍の残して行った多くの小型船舶とラジオ局を入手した。日本軍は鹵獲《ろかく》したそれらの船舶を使ってマラッカ迄行った。また、鹵獲したラジオ局は、日本軍がその後の宣伝戦に大いに活用出来たということである。〉

我々一行は、ジットラの戦跡を見学した後、ペナン島を見学した。その後、再びマレー半島に戻り、日本軍が渡河したペラク河の「ヴィクトリア・ブリッジ」(約三〇〇m)を見学した。

〈同橋は英軍によって約八〇m（二橋脚間）爆破されたが、日本軍の工兵隊は僅か十日間でそれを復旧したという、その事実も実に凄い事である。〉

同日は、イポーの「インピアナホテル」に宿泊した。

六月九日（月）午前八時にホテルを出発。カンパル、スリム、スリムリバーの戦跡を見学した。

〈スリムの戦いで、島田戦車隊（十輛）は先頭で突撃した。〉(通常、この様に戦車隊が先頭で突撃するということはないということである。〉

〈日本軍は、昭和十七年一月七日の五時より「スリム」での戦闘を開始し、同日の十三時には、英軍を制圧した。〉正に破竹の快進撃である。

大本営　作「日本軍人心得」

バスの中で、大本営で作成（辻政信　作）した「日本軍人心得」を読んだ。その中には、

1．当時の世界情勢。
2．英米が、我が国を政治的経済的に如何に不当に追い込み続けたか。
3．その様な中で、我が国が何故英米を相手に戦わざるを得なくなったか。
4．東南アジア各国が、長年に亘り、如何に欧米に侵略され、東南アジア諸民族が欧米諸国に如何に虐げられてきたか。
5．大東亜戦争の呼称の意味。（我が国を護るためと、長期間に亘り、欧米の植民地となっていた東南アジアを解放するために戦うという意味が籠められていた。）
6．大東亜戦争の歴史的意義並びに我が国の歴史的使命。
7．華僑が、東南アジア各国で、支配国側の手先となって、如何に利を得てきたか。
8．現地の人々の特性並びに接し方。
9．東南アジアの風土、文化、蚊、毒蛇、病気に十分気をつける様に。
10．戦い方。
11．武器の手入れの仕方。
12．適度な休養、十分な睡眠並びに十分な食事の大切さ。
13．日本軍人の心得。不法行為の禁止。（歓呼の声に送られて、故郷を出て来たことを決して

忘れてはならない。**決して日本軍人として恥じる事をしてはならない。**）

14．その他。

前記の事に関して、「日本軍人の心得」が、非常に的確に、詳細に記されていた。日本を出国し、戦地（東南アジア）に着くまでにそれを熟読して、日本軍人全員が厳守する様に申し渡されていたということである。

各戦地で、国際法に大きく違反して、平気で婦女暴行を繰り返し、老人や婦女子を含む民間人を平気で虐殺し続けた、米国や旧ソ連や中国並びに韓国の軍隊と日本軍人は全くレベルが違うと、以前から思ってはいたが、この文書を読んで、改めてその思いを強くした。

世界の軍隊で、ここまで軍人に対してしっかりとした教育、指導をした軍隊は過去に無かったと思う（旧日本陸海軍の精神、体質は、現在の自衛隊にもしっかりと生かされているという）。

硫黄島玉砕の直前に、「ルーズベルト（米国大統領）君に与うる書」を纏めた市丸利之助少将や、小野田寛郎《ひろお》元少尉が決して特別の日本軍人ではなく、多くの日本軍人が「しっかりとした歴史観、国家観、世界観、そして強い使命感と強い覚悟」を持っていたのだと改めて認識した。我々日本人は其の事を誇りとすべきである。

同時に、我が国の政治家、外交官、マスコミ関係者並びに教育関係者等は、上記の認識をしっかりと持つ様にしなくてはいけない。それらの欠如した日本人が、現在の我が国には余りに

ペトロナス・ツインタワー

も多過ぎる。そのことを以前より強く憂い続けている。

クアラルンプール市内に入った。多くの高層ビルが立ち並び、建築中の建物も多い。一時、世界一を誇ったマレーシアを代表する「ペトロナス・ツインタワー」を見学した。

一棟は、日本の間組が建築し、もう一棟は韓国のサムスンが建築したということである。韓国のサムスンが建築したタワーが傾いているというので確認して観たら、確かに、その棟が僅かに傾いている。その為に、間組が建築した棟には、官公庁を含めて、政府系並びに一流企業が多く入居しているが、サムソンが建築した棟は入居率が良くなくて、特に、上層階は入居していないということである。

同日は、クアラルンプールの「ルネッサンス・クアラルンプール」に宿泊。

六月十日（火）、ホテルを出発、高速道路で一路、ジョホール・バルに向かった。

マラッカに到着、マラッカ海峡を望んだ。

マレーシアでは、「スラマッ・パギ」（お早うございます）「テレマカシー」（どうも有り難う）「サマサマ」（どういたしまして）、等々、インドネシア語が良く通じる。ガイドの揚さんから、マレー語とインドネシア語は九〇％同じだと聞いた。

「日本軍が三年半、軍政統治したインドネシアでは、占領当時、オランダ語と英語が公用語として使用されていたが、日本軍はインドネシアの独立の為に、それらの使用を禁ずると共に、マレー圏で多く使用されていた言葉を基にしてインドネシア語を定め、それを公用語とした」ことを小生はインドネシアを訪問（この時点で計五回、その後も含めて計七回）して聞いてはいたが、今回改めて其の事を確認することが出来た。

マラッカでは、オランダ広場、サンチャゴ砦等を見学した。漢字の看板もあちこちに有る。

バクリ、スロットスロンの戦跡を見学した。

〈バクリの戦いの後、マレー半島のイギリス軍はほぼ壊滅状態となった。〉

バクリの戦跡で、慰霊祭を挙行した。お線香を手向けると共に、全員で「海ゆかば」を奉唱した。（今回のツアー中、戦跡並びに日本人墓地、数カ所で同様の慰霊祭を挙行した。位牌は井上さんが、お酒やお供え物は、向後さんが御用意して頂いた。）

マレー半島の最南端、ジョホール・バルに着いた。

マレー半島の戦跡で慰霊祭（位牌を置いて）

ジョホール・バルの日本人墓地

ジョホール・バルの日本人墓地で慰霊祭

日本軍の快進撃

〈日本軍がジョホール・バルを制圧したのは、一月三十一日、何と日本軍はマレー半島に上陸以来、大英帝国、二・五倍のイギリス軍と大小九十六回の激戦を繰り返しながら約一、一〇〇kmを南下、僅か五十五日間でマレー半島を制圧したのである。〉（この事は世界戦史の奇跡とも言われているということである）。

〈F機関（藤原機関）が英軍を構成していた投降インド兵に働きかけて、インドの独立の為に戦う様に仕向けたことが、後に、INA（インド国民軍）の成立並びに、その後のインパール大作戦に、そして、インドの独立に繋がって行った事も大きな歴史的事実である〉

〈ジョホール・バルに侵攻後、山下将軍は、それまでスルタン（王）が住んでいた王宮に入った。当時は、その王宮がジョホール・バルで

山下将軍が宿営したジョホール・バルの元王宮

は最も高い建物だったために、その建物の上階からはシンガポールをはっきりと見渡す事が出来た。そのために、山下将軍はその建物に入った様である。しかし、その建物は、シンガポール側からも明確に確認する事が出来るため、英軍にシンガポール側から砲撃される恐れがあったが、山下将軍は其の事を恐れずに同王宮に入ったということである。〉

山下将軍は実に度胸のある、腹の座った人物であった様である。今の我が国政治家に是非共見習ってもらいたいものである。

同日はジョホール・バルの「シッスルホテル」泊。

ジョホール・バルから、毎日約十八万人のマレーシア人がシンガポールへ働きに行っているということである。それは、シンガポールの賃金が、マレーシアの二倍、生活費は、マレーシアがシンガポールの二分の一という事情によるという。

ジョホール・バルの人口は約一四〇万人、マレーシア全体では約二、九〇〇万人ということである。

シンガポール陥落

〈二月八日、日本軍は、シンガポールに対して攻撃を開始、同九日、ジョホール水道（七〜八〇〇m）を渡り、シンガポールに侵攻した。そして、激戦の末、日本軍はブキット並びにブキテマの戦いを制すると共に、北並びに南の水源地を制圧した。そこで、連合軍（イギリス軍）のパーシバル中将は、十五日午後五時十五分頃、日本軍に対して降伏した。（元、フォード工場跡で）〉

なお、「シンガポールの戦い」における日英軍、それぞれの戦力並びに損害は以下のとおりである。日本軍戦力　三六、〇〇〇、戦死　一、七一五、戦傷　三、三七八。英軍戦力　八五、〇〇〇、戦死　約五、〇〇〇、捕虜　約八〇、〇〇〇。

日本軍はマレーの戦いは五十五日間、シンガポールの戦いは僅か八日間、計僅か六十三日間で、マレー半島とシンガポールを制圧したのである。特に、当時のシンガポールは難攻不落の砦（東洋の要塞）と言われていたのである。

決して我が国が求めた訳ではないが、**米英から政治的経済的に徹底的に追い詰められ、我が**

山下将軍がパーシバル中将に「イエスかノーか」と迫ったと言われている場面の写真（元　フォード工場跡）

ジョホール水道を背にして

日本軍将官の先導により、降伏調印場へ向かうイギリス軍の幹部将兵達

国の存亡と東南アジアの解放を目指して、我が国が甚大な犠牲を払って欧米相手に戦った大東亜戦争が、四百数十年間に亘り、世界の多くの国々を虐げ続けた欧米の植民地主義、植民地支配に、間違いなく終止符を打ったのである。我が国が大東亜戦争を戦っていなかったならば、世界の多くの植民地は恐らく今も植民地のままであったであろう。

昭和三十（一九五五）年、インドネシアで開催された「第一回バンドン会議」に、当時、次から次へと独立を果たしていたアジア、アフリカの国々二十九カ国の代表が集まった。

その時、我が国の加瀬俊一代表が、各国の代表から握手攻めにあったということである。

シンガポール制圧後、同市内を行進する日本軍

アジア、アフリカの代表は我が国の代表に口々に熱く語った。「我が国が独立出来たのは、日本のお蔭です。日本はこれからもアジアのリーダーとして頑張って下さい。……」と、其の事を全く分かっていないのは現在の多くの日本人である。

ガザリー・シャフィー（マレーシアの元外務大臣）の言葉

マレーシアの元外務大臣、ガザリー・シャフィーは次の様な言葉を残している。

「日本はどんな悪い事をしたというのか。大東亜戦争でマレー半島を南下した時の日本軍は凄かった。わずか三カ月間でシンガポールを陥落させ、我々にはとてもかなわないと思っていたイギリスを屈服させたのだ。私はまだ若かったが、あの時は『神の軍隊』がやってきたと思

山下将軍とパーシバル中将の銅像の横で

日本軍の勝利を喜ぶシンガポール市民

シンガポールの日本人墓地

っていた。日本は敗れたが、英軍は再び取り返すことが出来ず、マレーシアは独立したのだ。」と。

日本軍将兵に感謝

当時の日本軍将兵に対して、深い敬意の念と心よりの感謝の誠を捧げたい。

「あなた方の尊い死は決して無にはなっておりません。あなた方の尊い死が現在の世界の多くの独立国家を生みました。どうか、どうか安らかにお眠り下さい。」

合掌

「マレー・シンガポール戦跡巡りに参加して」完

その2．何故負けた、本当は強かった日本軍

平成二十六年八月二十日　　諸橋　茂一

大東亜戦争の敗因分析、検証、総括

昭和二十年八月十五日、我が国は未曽有の大敗北を喫した。そして、それから早くも六十九年（平成二十六年時点。平成二十八年では、戦後七十一年）の歳月が流れてしまった。

我が国は戦後、長期間に亘り、「我が国は勝てるはずのない無謀な戦争を始めた。当時の我が国の政治家並びに軍部の無能は目を覆うべきものがある……」という様な歴史観が支配してしまっている。しかし、果たしてそうであろうか？　果たして我が国は、当時の日本軍は全く勝てるはずのない戦争を始めたのであろうか？　当時の我が国の指導者はそんなに無能な人物ばかりであったのであろうか？　それらの事について冷静に検証してみたい。

結論から先に言えば、**当時の日本軍は極めて強かったのである。しかし、結果的に大敗北を喫した。その原因は一体何処に有ったのか？「大東亜戦争の敗因分析、検証、総括」その様に大切な事が、戦後69年（平成28年時点においては71年）経過した今も尚、未だ国家として成されていないのである。**

そんな馬鹿なことはないであろうと多くの国民は考えるであろう。しかし、誠に残念ながら、それは事実なのである。

日露戦争の勝因分析、検証、総括

同時に、勝てるはずがなかった「日露戦争の勝因分析、検証、総括」も未だ国家としては成されていないのである。

（ちなみに、日露戦争開戦時における我が国とロシアの戦力を比較すれば、大砲の数に於いては、我が国が六三六門、ロシアは何と一二、〇〇〇門、我が国はロシアの約二〇分の一、総合戦力を見ても、我が国はロシアの約一〇分の一と言われている。つまり、我が国はロシアにとても勝てるはずが無かった。しかし、正に奇跡的に勝てたのである。）

それに比べれば、大東亜戦争開戦時における我が国の海軍総戦力と米国太平洋艦隊の戦力とを比べた場合、空母は、一〇：三、戦艦は、一〇：一一、甲巡は、一八：一六、乙巡は、二〇：一六、駆逐艦は一一二：八四、潜水艦は、六五：三〇、航空機は、四、八〇〇：五、五〇〇、という様に、我が国の海軍総戦力の方が米国太平洋艦隊のそれよりも上回っていたのである。（「史実を世界に発信する会」の資料より）。

上記の勝因分析、検証、総括等並びに敗因分析、検証、総括が国家として全く成されていない事は、全く信じ難いことと言わざるを得ない。**たかがスポーツの試合であっても、勝てば勝**

ったで、その勝因分析、検証、総括を成す事が当然のことである。負けた場合は尚更に、何故負けたのか？　その敗因分析、検証、総括を冷静に成した上で、次の試合で勝つ為にはどうしたら良いのか？を真剣に考えて、更なる努力、精進を重ねることは当然のことである。ましてや、国家の存亡に関わる大戦の大敗北に付いては、それらを真剣に成して、後世にしっかりと生かして行く事は極く当然のことであろう。

処が、我が国が国家の存亡を賭けて死力を尽くして戦い、軍民併せて三一〇万人とも言われる、我が国の歴史上始まって以来の戦死者並びに犠牲者を出し、大敗北を喫したにも拘わらず、大東亜戦争に関して、上記の事が国家として真剣に成されてきていないという事は非常に大きな問題であると言わざるを得ない。

日露戦争は勝てたからそれで良し、大東亜戦争は負けたから我が国が全て悪かったで済ましてしまう事は両方共に大きな間違いである。

今からでも決して遅くはない。十分且つ有能な要員と十分な予算、そして、十分な資料を確認、発掘、整理して、上記の事を真剣に成すべきである。そして、それらの結果を我が国の将来に、「歴史の教訓として」しっかりと真剣に生かして行くべきである。

去る(平成二十六年)六月七日〜十二日、マレー半島・シンガポール戦跡巡りツアーに参加した。何事においても、本や資料を読んだだけでは分からない事や理解出来ない事が多く有る。今回も同ツアーに参加して本当に良かった。何事においても、「現場、現物、現認」することが最も大切である。

日本は悪い国だったと多くの国民が思わされているが、その様な歪んだ状況を、（何時までも米国のせいにしておくのではなく）何としてでも大きく改善、正常化しなくてはならない。そして、日本人としての自信と誇りを持てる独立自衛の「まともな国家」に早く造り直さねばならない。

そうしなければ、大東亜戦争を戦われた全ての父祖の方々に対して、二三〇万人とも言われる、戦死された多くの先人の方々に対して申し訳がない。軍民併せて三一〇万人とも言われる余りにも多くの方々の「尊い死」を決して無にしてはならない。

あまりにも強かった日本軍

何故、米国は六年八カ月に亘る日本占領統治時代、あらゆる手段を講じて、日本（男子）弱体化を図ったのか？　それは、一口で言えば、日本軍が余りにも強かったからである。敗戦色濃くなった状況の中でも、「サイパン玉砕」「アンガウル島玉砕」「ペリリュー島玉砕」「硫黄島玉砕」「沖縄戦」「特攻攻撃」……等々、**日本軍は最後の最後まで、正に死力を尽くして良く戦った。日本軍は世界戦史に類の無い勇猛果敢且つ悲壮な戦いを最後まで続けたのである。**

その様な日本軍を、余りにも強過ぎた日本軍を消滅させ、日本が二度と米国に歯向かってくる事が出来ない様にする為に、米国は日本（男子）弱体化を徹底的に実施したのである。

（前述のとおり）、所謂「南京大虐殺」は全くの虚構である。昭和十二（一九三七）年十二月十三日に日本軍が南京を占領した当時、南京に居た民間人の数は約二十万人、それが、約一カ月後には約五万人人口が増えていたという記録が有る。また、「南京大虐殺」の犠牲者名簿なるものは唯の一人分も存在しないのである。（上海大学、朱学勤教授平成一九年論文）

明治三十三（一九〇〇）年、我が国を含めて、英、米、露、独、仏等八カ国の軍隊が出動して、暴徒を鎮圧した「義和団事件（北清事変）」の際、同事変を鎮圧後、婦女暴行や略奪を全くしなかったのは日本軍だけだった。そして、その事が二年後の日英同盟に繋がって行ったのである。（今の自衛隊もそうであるが）世界の軍隊の中で、日本軍ほど規律正しい軍隊は無かったのである。

去る（平成二十六年）八月五日と同六日に、朝日新聞が慰安婦報道に関するこれまでの報道の誤りを認めたとおり、「河野談話」の内容並びに「慰安婦の強制連行、性奴隷説」も全くの虚構である。**「慰安婦問題」をでっち上げた朝日新聞の責任は正に万死に値する。**

多くの日本軍人が「しっかりした歴史観、国家観、世界観、そして強い使命感と強い覚悟」を持っていたのである。我々日本人は其の事を誇りとすべきである。

同時に、我が国の政治家、外交官、マスコミ関係者並びに教育関係者等も、上記の様な認識をしっかりと持つ様にしなくてはならない。それらの欠如した日本人が現在の我が国には余りに多過ぎる。そのことを以前より強く憂い続けている。

① 大陸において、昭和十二（一九三七）年八月十三日、蒋介石（国民党）軍約三〇、〇〇〇人が、合法的に上海に駐屯していた我が国の海軍陸戦隊約四、二〇〇人にいきなり攻撃を仕掛けたために始まった「支那事変」を戦い乍ら、

香港陥落

② **酒井隆中将率いる第二三軍は、昭和十六年十二月八日から香港に攻撃開始、**僅か十八日後、**十二月二十五日には香港を陥落**させた。

マレー・シンガポール陥落

③ また、（前述のとおり）**山下奉文中将率いる第二五軍**は、**同年十二月八日より、マレー・シンガポール作戦を戦い、翌年の一月三十一日には、マレー半島制圧、**同年二月九日には、シンガポール上陸、**二月十五日**には、**シンガポールを陥落**させた。

フィリピン陥落

④ また、同時平行して、**昭和十六（一九四一）年十二月八日、本間雅治中将率いる第一四軍がフィリピンに上陸し、**米軍と戦闘を続け、**翌年の一月二日**には**マニラ占領、同年五月十日**には**フィリピン制圧。**

インドネシア制圧

⑤ また、それらと同時並行して、**昭和十七年三月一日**には、**今村均中将率いる第一六軍がインドネシアのジャワ島に上陸**、同年**三月九日**には**インドネシアを制圧**した。三五〇年間、インドネシアの植民地支配を続けたオランダを僅か九日間で制圧したのである。

日本軍は極めて強かったのである。信じられないくらいに強かったのである。しかし、結果的に我が国は大東亜戦争において大敗を喫した。それは一体何故なのか？

（何度も繰り返しになるが）**「大東亜戦争の敗因分析、検証、総括」並びに、「日露戦争の勝因分析、検証、総括」を、国家として真剣に成して、それらを後世にしっかりと真剣に生かして行くことが非常に大切である。**

大東亜戦争の反省点

① 「真珠湾攻撃」において、南雲艦隊は、何故、予定していた第三波攻撃を中止して帰ってしまったのか？

② その時に、何故、海軍工廠や石油の備蓄タンクを攻撃、破壊しなかったのか？

③ 勝てる可能性の非常に大きかったはずの「ミッドウェー海戦」は何故負けたのか？

④（真珠湾攻撃は山本五十六元帥が強硬に主張したということであるが）そもそも、何故「真珠湾」を攻撃したのか？　当時の我が国にとって、最優先課題は「石油の確保」だったはずである。ならば、敢えて「真珠湾」を攻撃しなくてはいけないという必然性が一体何処にあったのか？（それは、結果的に、米国に「リメンバー・パールハーバー」というスローガンを与えただけになってしまった。）

⑤山本五十六元帥が、開戦前夜、「最初の半年や一年は随分暴れてみせます。……しかし、その後はどうなるか分からない……」という意味の発言をしたということであるが、最高指揮官が、戦う前からその様に逃げ口上を唱えるなどという事はもっての他である。

⑥開戦が決定した以上は、「何としてでも勝つ。その為には如何に戦うべきか？」を真剣に考えて戦うべきであったであろう（日露戦争はまさしくその様にして戦い、勝利したのである）。

⑦米国の「太平洋艦隊」と何時かは戦わざるを得なくなるとしても、**何故、日露戦争時の「日本海海戦」の様に、日本本土近海で敵を迎え撃って戦うという選択をしなかったのか？**（「**戦力は拠点からの距離の二乗に反比例する**」**という法則が有る**ということである。つまり、日本本土に近い位置で戦うほど日本軍は有利であるということである。何故、その事を無視する様な戦い方を敢えてしたのか？）

⑧前記の事も踏まえれば、何故、「ミッドウェー海戦」を戦ったのか？同海戦を戦う必然

性が果たして有ったのか？

⑨　同海戦において、何故、四隻の空母を「団子状態」で航行させたのか？（攻撃力、反撃力の無い空母を航行させる場合は、周りを戦艦や駆逐艦等で取り囲むように航行する事が極く基本形であるということである（中川八洋著『山本五十六の大罪』より）。

⑩　同海戦時、何故、山本五十六連合艦隊司令長官は、当時世界最大の戦艦「大和」に乗船して、最前線よりも五四〇㎞後方（絶対安全圏）に居たのか？　何故、東郷平八郎元帥の様に、最前線に出て指揮を取らなかったのか？（同前項）

⑪　「インパール大作戦」は、何故、大切な「補給」を全く無視して、ビルマから幾重にも連なる急峻な山脈越えをして「無謀な戦い方」をしたのか？

⑫　インドのイギリス軍と戦い、インパールを占領するのであれば、何故、インドの南東部から上陸して、平野部を進みながら、「補給」も確保しながら戦わなかったのか？

⑬　マレー半島並びにシンガポールでの戦いで、イギリス軍相手に正面から正々堂々と戦い、勝利した事を考えれば、戦い方をもっと慎重に考えれば、勝てた可能性は十分に有ったのではないか？

⑭　ニューギニアを含めて、何故戦線を大きく拡大してしまったのか？

⑮　米国が、長期間に亘り、理不尽にも我が国を政治的、経済的に追い詰め続けたことを、また、米国が無法にも、我が国に対して、実質上の宣戦布告書「ハル・ノート」を突き付

けた事を、何故、戦前に、米国並びに世界のマスコミを通じて、米国民並びに世界に向かって強く訴え続けなかったのか？

等々を含めて、大東亜戦争の敗因分析、検証、総括を早急に真剣に成すと共に、**我が国にとっての「真の反省点」は一体何なのか？　を冷静且つ真剣に整理すべきである。**

決して我が国が求めた訳ではないが、米英に政治的、経済的に徹底的に追い詰められ、**我が国の存亡と東南アジアの解放を目指して、我が国が甚大な犠牲を払って米英蘭等を相手に戦った大東亜戦争が、四百数十年間、長期間に亘り、世界の多くの国々を虐げ続けた欧米の植民地主義、植民地支配に間違いなく終止符を打ったのである。**我が国が大東亜戦争を戦っていなかったならば、世界の多くの植民地は恐らく今も植民地のままであったであろう。大東亜戦争開戦時における世界の独立国家は約六〇カ国、それが今現在では、国連加盟国だけで一九三カ国となっている。間違いなく、**我が国が甚大な犠牲を払って大東亜戦争を戦った事が、欧米の植民地支配を直接、間接に終焉させ、多くの独立国家を生んだのである。**その様に評価している識者が世界には数多くいる。

我が国は真実の歴史を取り戻し、日本人としての自信と誇りを何としてでも取り戻さねばならない。誇れる国「日本」を何としてでも取り戻さねばならない。何としてでも……

「何故負けた、本当は強かった日本軍」完

その3．大東亜戦争は無謀な戦争であったのか？

平成二十二年八月二十七日　諸橋　茂一（アパ第3回懸賞論文　佳作）

はじめに

戦後長期間に亘り、「大東亜戦争は無謀な戦争であった」と言われ続けている。しかし、本当に「大東亜戦争」は無謀な戦争であったのだろうか？　また、平成に入ってからの首相は何度も、「先の大戦は侵略戦争だった」として、「謝罪談話」なるものを繰り返し発表している。しかし、本当に「大東亜戦争」は侵略戦争だったのだろうか？　それらのことについて検証してみたい。

去る（平成二十二年）八月十日、馬鹿な「村山談話」を上書きする様な、「菅謝罪談話」が発表された。その骨子は、「我が国は、軍事力を背景として、韓国国民の意に反して韓国を併合した。（我が国は韓国民の）国と文化を奪い、植民地支配によって、（韓国民に対して）多大な損害と苦痛を与えました。心からお詫び申し上げます」というものである。

しかし、少し真面目に、当時の歴史の真実の流れを勉強すれば、その様な歴史観は大きな間違いであることは誰でも分かる。仮に、歴史的事実が同談話どおりであったとしても、世界の普通の国々はその様な首相謝罪談話を発表することはまずあり得ない。しかも、同談話の内容は歴史的事実に全く反するのである。実に馬鹿な談話を性懲りもなく発表したものだと言わざるを得ない。**我が国の歴代首相は「謝罪病」に罹っているのであろうか？普通の国の首相や大統領は、その国の国益と誇りと名誉を守るために全力を尽くしているはずである。処が、我が国の首相だけは全く逆に、国益と誇りと名誉を損なうために努力しているとしか思えない。今の我が国の外交姿勢は大きく間違っている。**

日韓併合の真実

① 日韓併合の前年、一九〇九年十月二十六日、朝鮮人・安重根が我が国の初代首相であり、元朝鮮統監府の初代統監であった伊藤博文をハルピンの駅でいきなり暗殺してしまった。

② 当時の我が国は、明治二十七（一八九四）年～二十八年、李氏朝鮮の宗主国であった清国相手に戦い、これに勝利し、清国に李氏朝鮮の独立を認めさせ、同三十三（一九〇〇）年の北清事変（義和団事件）にも勝利しただけではなく、明治三十七（一九〇四）年～三十八年、何と当時世界一の陸軍大国であったロシアを相手に、正面から正々堂々と戦い、陸海の戦い共に見事勝利した世界有数の軍事大国であった。当時の我が国は今の日本の様に卑屈な自虐国家では無かったのである。

③ その日本の初代首相を暗殺したということは、一つ間違うと、当時の大韓帝国（李氏朝鮮）

は一気に殲滅されかねない恐れさえあった（当時の我が国と大韓帝国との軍事力は全く比較にもならぬくらいに我が国の方が圧倒的に上回っていた）。

④当時は、オーストリアの皇太子がセルビアの一青年に暗殺された事によって、第一次世界大戦（一九一四年〜八年）（大正三〜七年）が始まった様に、朝鮮の一青年が「大日本帝国」の初代首相を暗殺したということは、大韓帝国にとっては一つ間違うと国家の存亡に関わる大事件だったのである。

⑤そこで、**当時の大韓帝国は、一〇〇万人の会員を擁するとされた民間団体「一進会」の意見も取り入れる形で、我が国に対して併合を望んできた**のである。

⑥そこで、我が国は、当時の主な先進諸国（数カ国）にも相談した結果、何れの国も反対が無く、それどころか、多くの国々は賛意を示したため、大韓帝国の要望を受け入れる形で、明治四十三（一九一〇）年八月二十二日、寺内正毅《まさたけ》統監と大韓帝国の李完用首相が正式な条約（日韓併合条約・韓国併合条約）を結んで、合法的に、大韓帝国を併合したものである。

⑦我が国は決して大韓帝国を武力併合した訳ではないのである。

⑧韓国や北朝鮮は、「韓国併合は無効だ」と理不尽な主張をしているが、二〇〇一年に米ハーバード大学で開催された国際会議においても、その様な韓国の主張は退けられ、韓国併合の合法性が国際的にも認められているのである。

我が国は、大韓帝国を併合した後、

日本の朝鮮半島統治の真実

⑨藤岡信勝拓殖大学教授（平成二十二年当時）によると、（現在の貨幣価値に換算すれば、約六十兆円とも言われる）膨大な予算と多くの人材を投入して、

⑩五、二〇〇を超える小学校並びに一、〇〇〇を超える師範学校や高等学校を造り、

⑪何と、大阪帝大や名古屋帝大よりも先に京城帝大を造り、

⑫ハングル文字を普及させ、識字率を四％から六一％にまで向上させ、

⑬殆ど無かった鉄道を六、〇〇〇㎞も敷設し、

⑭多くの港湾を整備し、

⑮禿山に六億本もの樹木を植林して、緑の山々に変え、

⑯多くの道路や橋や、当時世界最大級の「水豊ダム」や大規模な発電所も築造し、多くの工場を造り、

⑰反当たりの米の収穫量を三倍にした事を含めて、農業生産性を飛躍的に向上させると共に、

⑱朝鮮の極めて低かった衛生観念を向上させ、多くの病院を建設して、二十四歳だった平均寿命を三十年以上も伸ばし……

⑲ 我が国は朝鮮半島における三十五年間、その様な必死の努力を重ねて、朝鮮の近代化の基礎を築いたのである。

※我が国は台湾にも同様の施政を続けたのである。台湾では、その事（日本の施政）を好意的に受け止めている国民が非常に多い。処が、韓国（並びに北朝鮮）では、各々の国における戦後教育において、日本に恨みを抱かせる様な、捏造した真逆の歴史を教え続けているために、両国民の多くが非常に大きな誤解をしているのである。

少なくとも、筆者が初めて韓国へ行った四十年ほど前（日本統治時代のことを良く知っている人達が未だ多くいた頃）の段階では、会った人の全てが、「日本統治時代は良かった。」と言っていました。つまり、日本統治時代の事を知っている人達の殆どは、日本統治は良かったと思っていたのです。

「反日自虐談話」の愚かさ

その様な流れ、歴史の真実は我が国の戦後教育では殆ど教えられていない。しかし、少し真剣に（独学で）勉強すれば誰でも分かることである。にも拘わらず、それなりの大学まで出たはずの首相や官房長官があまりの不勉強なるが故に、まるで我が国が一方的に悪かったかの様に、大きな誤解、曲解をしているのである。そして、その様な状況は、決して現首相特有のものでもなく、平成に入ってからの首相の多くは似たり寄ったりの自虐史観しか持ち合わせていない（いなかった）のである。今回の「菅談話」だけではなく、「河野談話」並びに「村山談話」及び「小泉談話」も（※そして、誠に残念ながら、昨年（平成二十七年）八月十四日に発表された「安倍談話」（※後述）までもが）全く同列のものである。

そして、それらの自虐談話を発表したことが、我が国の国益と我が国並びに（父祖の方々を含む）国民の名誉と誇りをどれだけ大きく損い続けているか測り知れない。併せて、それらの自虐謝罪談話を放置すれば、我々の子孫に対しても、全く不必要な負い目と全く不必要な贖罪意識をいつまでも負わせ続けることにもなる。

小生が平成十九年三月二十九日、「河野談話」並びに「村山談話」及び「アジア女性基金」の正当性を問うて、村山富市元首相を東京地裁に提訴し、最高裁まで争った裁判の中で、村山富市元首相は何と六人もの弁護士を立ててきたが、それらの正当性はただの一言も説明出来なかったのである（発表した本人が、その正当性をまともに説明も出来ない）。その様に好い加減なものを基にした「反日謝罪談話」を正に性懲りもなく、何度も政府が発表し続けるのは一体何故なのか？

我が国の政権中枢に位置する者ばかりではなく、国民の多くも、日本人としての自信と誇りを持てなくなってしまっている。日本人でありながら、かけがえのない祖国日本に対して愛国心と誇りを持てないだけではなく、本来は多くの父祖の方々に対して、深い敬意の念と畏敬の念並びに感謝の心を強く抱くべきである処を、全く逆に、父祖の方々に対して嫌悪感を抱き、全く不必要な贖罪意識さえ抱いている国民が、政治家並びに官僚及びマスコミ関係者を含めて相当数いる。

それは一体何故だろうか？　多くの要因が複層している面もあるが、それらの原因の中で非常に大きなものは、戦後長期間に亘って続けられてきた日教組の反日偏向自虐教育と、多くのマスコミの反日偏向報道にあると言わざるを得ない。それらのことを含めて我が国の真の近現代史を検証すると共に今後のあるべき姿を求めたい。

1．日教組の反日自虐教育と多くのマスコミの反日偏向報道の弊害

戦後長期間に亘る日教組主導の反日偏向自虐教育並びにマスコミの反日偏向報道のために、（前述のとおり）日本人の多くが、日本人としての自信と誇りを持てなくなってしまっている。特に、昭和五十七年、鈴木善幸内閣当時の官房長官、宮沢喜一が（「中国、韓国の御意向を踏まえた内容の教科書にします」という、実に愚かな）「近隣諸国条項」なるものを発表してからの教科書は、どんどん歪んだ内容となってしまっている。現在の我が国の教育（教科書）が如何に歪んでいるかという例（の一部）を以下に記す。

今使用されている小学校用並びに中学校用歴史教科書の多くが、聖徳太子のことは、「厩戸皇子（うまやとのみこ・うまやどのおおじ）」と記述し、（世界最大のお墓である）「仁徳天皇御陵」

は「大仙古墳《だいせんこふん》」と記述している。また、今や全くの作り話であることがほぼ明らかとなっている（所謂）「南京大虐殺」なる虚構を、実際にあったかの様に記述している。その一方で、二宮尊徳を始めとする我が国歴史上における素晴らしい人物については、どんどん教科書から消してしまっている。併せて日本人としての自信と誇りを持つことに繋がる様なことは、出来る限り教えなくしてしまっている。（所謂）「南京大虐殺」や（所謂）「慰安婦強制連行」なるものは全くの「作り話」である。（冨士信夫著『南京大虐殺はこうしてつくられた』、東中野修道著『徹底検証　南京大虐殺』他参照）

2. 誇るべき史実

実は我が国こそは世界で最も誇るべき国なのである。日本人として誇るべき史実等の幾つかを列挙してみたい。

① 「明治二十三（一八九〇）年九月十六日、我が国に来航したオスマン帝国（現在のトルコ）の軍艦『エルトゥールル号』が和歌山県串本沖で遭難し、乗組員五八七名が死亡若しくは行方不明となり、六九名が地元の人達に救助された。地元大島村（現在の串本町）樫野の住民達は、総出で遭難者の救助と生存者の介抱に当たった。救助された人達は、同年十月五日に東京の品川から出港した日本海軍の『比叡』と『金剛』、二隻の軍艦によって、翌明治二十四（一八九一）年一月二日、無事オスマン帝国の首都イスタンブールに送り届け

られた」という話がトルコの小学生用教科書に載っているため、トルコの人達は皆この話を知っているということであるが、日本人の多くは知らない。

② 「日露戦争」において、我が国が明治三十八（一九〇五）年三月十日の**「奉天会戦」**並びに同年五月二十七日の**「日本海海戦」**等を含めて、正に奇跡的な大勝利を収めた後、（長期間、ロシアから迫害を受け続けていた）フィンランドでは、東郷平八郎元帥のラベルを貼った「トーゴービール」を造って売り出し、その後約一〇〇年間売り続けていた（今はオランダのビールメーカーで販売している）。

③ 同じく、日露戦争における我が国の大勝利に感動したトルコでは、当時の首都であったイスタンブールのメインストリートを、東郷平八郎、乃木希典、児玉源太郎の名前を取って、それぞれ、「トウゴー通り」「ノギ通り」「コダマ通り」と名前を変えた。

④ 今、世界で用いられている「円周率」に限りなく近い値を世界で初めて算出した数学者は**「村松茂清」**（一六〇五～一六九五年）という江戸時代初期の数学者である。村松茂清は「円に内接する正八角形」を描き、その正八角形の外周の長さを求め、次にその正八角形を二等分して、正十六角形の外周を求め、更にそれを二等分して、正三十二角形……と計算を続け、何と正三二、七六八角形という超多角形の外周、即ち限りなく円周に近い値を求めて、その長さと対角線（直径）との比を求めた。その結果、当時用いられていた３・１６２という**円周率の値は**不適当で、**3・14（15926）**とすべきであるとした。そして、その

ことを寛文三（一六六三）年、「算組《そ》」という本で発表したのである。

⑤やはり、江戸時代初期の数学者、**関孝和**（一六四二～一七〇八年）は世界で初めて微分積分に関する理論を纏めた（理論完成の一歩手前まで辿り着いた）。そして、関孝和は、一六八一年頃に、正一三一、〇七二角形の外周とその対角線との比を求め、**前記円周率の値を、更に**下四桁までの**正確な値（3・14159265358……）を算出した。**

⑥**木村栄《ひさし》**（一八七〇～一九四三）は、明治三十五（一九〇二）年に、地球の自転軸（二三・五度傾斜している）には若干のブレがあることを発見し、それを**Z項として世界に発表**した。そのことがその後の宇宙開発にも多大な貢献を果たしている。そのために、その功績を称えて、一九七〇年、月面にあるクレーターに「キムラ」の名が付けられている。

⑦我が国の台湾統治時代、**八田與一技師**が当時東洋一と言われた**「烏山頭水庫（ダム）」を建設した**事は、今でも台湾の多くの人々から感謝されている。

⑧我が国（の先人）は、五世紀に、**世界最大のお墓**である**「仁徳天皇御陵」**を造り、

⑨推古十五（六〇七）年には**世界最古の木造建築物**である**法隆寺**を建立した。

⑩天平勝宝四（七五二）年には**世界最大の木造建築物「東大寺」**を建立した。

⑪長保三（一〇〇一）年、**紫式部が世界最初の女流長編小説「源氏物語」**（全五十四帖）を著した（欧米に女流文学らしきものが出てきたのは、それよりも遥か後、十七世紀になってからという）。

⑫　明治四十三（一九一〇）年四月十五日、広島湾で訓練中の**第六潜航艇が沈没**するという事故が発生した。その様な事故の場合、我先にハッチから逃げ出そうとして、修羅場の様な状況になるということであるが、同事故の場合、**佐久間勉艇長**はじめ、**十四人の乗組員全員が**、それぞれの持ち場を全く動かず、**最後まで職責を全うする姿でこと切れていた。**そして、佐久間艇長は、「この様な事故を起こしてしまった事を明治天皇にお詫びすると共に、乗組員の家族に対して出来る限りの御配慮をお願いし、併せて、この事故を後世の潜水艦開発に是非とも生かして頂きたいとして、最後の最後まで、事故の詳細な経過を、自身の手帳に鉛筆で記し続けた……」その事故のことが、当時、世界に報道された処、**世界の人々が、佐久間艇長以下十四名の乗組員に対して大きな尊敬の念を抱くと共に、全く信じられない、と、驚嘆した**という事である。

戦後は、戦前の日本人が、戦前の日本軍が、さも悪かったかの様な、非常に間違ったイメージを植え付けられてしまっているが、実は、真実を知れば、戦前の日本は、戦前の日本人は実に素晴らしかったのである。世界に誇るべき史実が、世界に誇るべき人物が実は非常に多いのである。

挙げればきりが無いくらいに、我が国が世界に誇るべき史実は実に多く有る。しかし、それらの多くは学校で（詳しく）教えられていない。その事が非常に大きな問題である。

3. 大東亜戦争の背景と経緯

①　ここで、大東亜戦争並びに支那事変（日中戦争）に関する流れを時系列的に辿ってみたい。

②　始めに大東亜戦争に関する歴史経過を簡単に振り返ってみたい。明治三十八（一九〇五）年、我が国がロシアを撃ち破り、同年9月5日ポーツマス条約が締結された。

③　その翌年、同条約の仲介を成した米国は、何と我が国を仮想敵国として「オレンジプラン」を策定し、その後、幾度もそれを見直ししていたのである。

④　その後、米国は大正十三（一九二四）年七月一日、何と（日系米人には土地所有の権利を一切認めないという）日系米人迫害法である「排日移民法」を施行し、日系米人迫害を始めたのである。そして、米国は、日本人の移民も禁止した。

⑤　昭和十四（一九三九）年七月二十六日、米国は我が国に対して、「日米通商航海条約」の一方的破棄を通告してきた。つまり、経済断交である。

⑥　その事は、昭和三（一九二八）年十二月七日、ケロッグ国務長官（当時）が、米国上院において、「経済封鎖は戦争行為である」と言明していた事からすれば、米国の宣戦布告に等しかったのである。

⑥　昭和十五（一九四〇）年九月二十六日、米国は我が国に対して、「屑鉄」の禁輸に踏み切った。

⑦　昭和十六（一九四一）年七月二十五日、米国は我が国の「在米資産」を一方的に凍結してしまった。

⑧　同年、八月一日に、米国は石油の完全禁輸に踏み切った（当時、我が国は、石油の約八割を米国から輸入していた）。

⑨　その前には、米国は、イギリス、オランダと組んで、ゴムや錫等も禁輸していた。

⑩　その様にして、米国は我が国に対する経済圧迫（経済封鎖）を強め続けたのである。何れの経済封鎖についても、イギリス、オランダもそれらに追随した。

⑪　昭和十四（一九三九）年九月一日、ドイツのポーランド侵攻によって始まった第二次世界大戦は、当初ドイツが圧倒的に優勢で、翌昭和十五（一九四〇）年六月十四日には、ドイツはフランスのパリを占領し、ビシー政権という傀儡政権を作り、イギリスにも猛爆を加え続け、イギリスの陥落も時間の問題と見られていた状況の中で、

⑫　イギリスのチャーチル首相（当時）は米国のフランクリン・ルーズベルト大統領（当時）に対して援軍要請を繰り返した。

⑬　しかし、当時の米国世論の九〇％は「（ヨーロッパ戦線）参戦反対」という状況であったことと、ルーズベルト自身の三度目の大統領選（一九四〇年十一月五日）における最大公約が「絶対に戦争には参加しない。」というものであったため、簡単には参戦出来ない状況にあった。

⑭ 但し、ルーズベルトの本心としては、何とか（元の宗主国）イギリスを助けたいという思いと、一九二九年以来続いていた世界大恐慌から抜け出すためという理由から参戦の機会を探ろうとしていた。

⑮ その様な状況の中で、昭和十六（一九四一）年八月九〜十二日、チャーチルとルーズベルト両者によって「大西洋洋上会談」が行われた。

⑯ その結論としては、「（その前年に）ドイツと日独伊三国軍事同盟を結んでいた日本を追い詰め、日本に第一撃を撃たせる。

⑰ もしも、日本が攻撃してきたならば、日本に反撃すると同時に、『日本と同盟を結んでいるドイツも許さない』という口実をつけてヨーロッパにも本格的に軍隊を送ろう」という謀略を描いたのである（誠に残念ながら、その後の流れはほぼ米英の描いた通りの方向で進んでしまった）。（ロバート・スティネット著『真珠湾の真実・ルーズベルト欺瞞の日々』他より）

4. フライング・タイガース（AVG）

同年の八月、米国は（空軍力の弱かった）蒋介石率いる国民党軍と、「航空戦力に関する援軍協定」を結び、同年十月二十日には「フライング・タイガース（飛虎隊）」と名付けた、一〇〇機規模の米国空軍が中国の昆明付近で、日本軍に対する攻撃を開始したのである。その後も、同「フライング・タイガース」は日本軍に対する攻撃を繰り返し、日本軍に対して大きな損害を与え続けていた。何とそれは日本の真珠湾攻撃より一カ月半も前の事であった（以上、中国北京郊外にある「航空博物館」の展示説明他による）。

5. 真珠湾攻撃の真実

① 米国は英蘭支等と組み、我が国に対してＡＢＣＤラインによる経済封鎖を続けた上に、同年十一月二十六日、（コミンテルンの意図も背景に）我が国としては到底受け入れることの出来ない（最後通牒）「ハルノート」を突き付けた。

② 我が国は大きな苦悩の中で、止むを得ず「大東亜戦争」開戦を決意せざるを得なかったのである。

③ 真珠湾攻撃の日、昭和十六（一九四一）年十二月八日（米国では十二月七日）は米国では日曜日であった。

④ しかし、我が国の攻撃を予測して臨戦態勢をとっていた米国政府は、同日、「太平洋艦隊」に対して「禁足令」（外出禁止令）を出して、全員待機させていた。

⑤ そのために、結果的に米国太平洋艦隊は約三、三七〇名もの戦死傷者（米陸海軍報告による）を出したのである。

米国が繰り返した常套句「リメンバー・……」

① その後、米国が常套句とした「リメンバー・パールハーバー」は、米国の歴史上三度目の「リメンバー・……」だったのである。

② 第一回目は、一八三六年に（メキシコを陥れて、メキシコの広大な領土を奪い取った）「リメンバー・アラモ」

③ 第二回目は一八九八年に（スペインを陥れて、フィリッピン他の植民地を奪い取った）「リメンバー・メイン号」である。

④ 一七七六年、僅か十三州で独立した米国は、正義を装った「リメンバー・…」という謀略「スローガン」の下に、領土他の権益を大きくしてきたのである。（現在五十州）決して米国が正義の使者でも何でもないことを日本人は知るべきである。

6．支那事変の背景と経緯

次に支那事変（日中戦争）について触れたい。

① 昭和十一（一九二七）年十二月十二日、日本軍と蔣介石軍を戦わせて漁夫の利を得ようと考えた、毛沢東率いる（弱小）共産勢力が、（コミンテルンの意向も背景に）張学良を使って西安で蔣介石を軟禁し、蔣介石に日本軍と戦うことを約束させた。

② 処が、蔣介石がなかなか日本軍と戦おうとしなかったために、

③ 翌昭和十二（一九三七）年七月七日、毛沢東共産勢力（劉少奇）が学生を使って、日中両軍を戦わせる目的で、日中両軍に発砲して「盧溝橋事件」を引き起こした。

④ しかし、同事件は四日後に停戦協定が締結されて一旦納まってしまった。

⑤ それでは都合が悪かった毛沢東共産勢力は、**「通州事件」**を引き起こさせた。

⑥ 同年七月二十九日、通州市に居た日本人民間人に「保安隊（中国人武装部隊約三、〇〇〇人）」がいきなり襲い掛って二二三名の日本人民間人を虐殺したのである（中村粲著『大東亜戦争への道』並びに当時の新聞他による）。

⑦ それでも当時の日本政府（近衛内閣）は「不拡大方針」を堅持していた。

⑧ しかし、その後、蒋介石軍側（保安隊）が上海で同年八月九日、**「大山大尉惨殺事件」**を引き起こし、

⑨ 更に同月十三日、**張治中**率いる蒋介石軍（約三万人）が、合法的に上海に駐屯していた、日本海軍陸戦隊（約四、二〇〇人）にいきなり攻撃を仕掛け、日本側は多数の死傷者を出すに至った。

⑩ 翌八月十四日、蒋介石軍は**上海**にあった**租界**（日本人を含む外国人居住区）に対しても**無差別空爆**を加え、同空爆による民間人被害も甚大なものがあった（同日だけで約三、六〇〇人もの死傷者が出たという。その無差別空爆によって、ライシャワー元駐日大使のお兄さんも死亡した）。

⑪　そのため、我が国はやむを得ず二個師団を上海に派遣したのである。そして、それがその後八年間続く「支那事変」となって行ったのである。

⑫　「支那事変」（日中戦争）を引き起こしたのは、日本ではなく、中国（国民党軍）なのである。（我が国の自衛隊は絶対にその様な事をしないが）仮に、我が国の自衛隊が、在日米軍に対して軍事攻撃をしたならば、それは、当然の様に戦争になるであろう。

7. GHQの日本弱体化統治政策

米国は戦争に勝ったとはいうものの、国際法に大きく違反して、「広島、長崎への原爆投下」（一日で、約二十一万人の日本人民間人を虐殺した）、並びに昭和二十年三月十日の「東京大空襲」（何と、一晩で、十万人の日本人民間人を焼き殺した。）、及び「沖縄」を含めた「全国の六十四主要都市に対する無差別空爆」等によって数十万人の日本人民間人を虐殺してしまった事を、戦後厳しく糾弾されることを恐れて、全く逆に、日本人に一方的贖罪意識を植え付けるために、

国際法違反の「東京裁判」

①　極東国際軍事裁判（所謂「東京裁判」）の中で、中国と連携連動して**「南京大虐殺なる虚構」**を創り出したのである。

②　そもそも、**「東京裁判」の開廷そのものが国際法違反**であった。（戦時国際法「ハーグ陸

戦法規第四三条」では、「戦勝国が敗戦国を統治する際には、その国の法律に従わなければならない。戦勝国が敗戦国を裁いてはならない」となっていた。)

③しかも、その「東京裁判」の中で、(所謂)A級戦犯と呼んだ方々(二十八人)を起訴した日は、昭和二十一年四月二十九日、何と昭和天皇のお誕生日であり、

④その方々に一方的濡れ衣を着せて(七人を)絞首刑にした日は、昭和二十三年十二月二十三日、つまり今上陛下(当時の皇太子殿下)のお誕生日だったのである。

⑤しかも、「東京裁判」では、近代裁判の大原則を全く無視して、**「平和に対する罪」**並びに**「人道に対する罪」**などという**「事後法」**で裁いたのである。

⑥「東京裁判」なるものは正に、連合国(米国)による、日本人に対する見せしめ劇、復讐劇以外何ものでもなかったのである。

⑦にも拘わらず、「A級戦犯が合祀されているから靖国参拝するな」と中国や韓国に言われて、我が国の首相がビクついて参拝しないことは、実に情けないことである。

⑧中国や韓国が如何に理不尽な事を言おうとも、我が国の首相は全国民を代表して粛々と、堂々と靖国参拝すべきである。

「ウォー・ギルト・インフォメーション・プログラム」「3R5D3S政策」

上記東京裁判の他にもマッカーサー並びにGHQは六年八カ月の占領統治期間中、様々な日

本（並びに日本人）弱体化政策を徹底したのである。それらは、**「ウォー・ギルト・インフォメーション・プログラム」**並びに**「3R5D3S政策」**と呼ばれるものが日本統治の基本政策となっていた。（安岡正篤著『運命を創る』より。）

具体的には、（東京裁判の他に）次の様な「日本（人）弱体化政策」が続けられた。

様々な日本弱体化政策

①「約二十万人の公職追放」

②「マスコミに対する完全統制」（連合国並びにGHQに対する批判は一切許さず、旧日本軍が如何に酷い事をしたかという虚偽の報道を続けさせた）

③七、七六九点（種類）の「焚書坑儒」（連合国にとって不利益となる可能性の有る書籍を強制的に没収し、焼却処分させた）

④フィリッピン憲法を基にして、マッカーサーの部下に命じて、僅か一週間で英文で作成させたものを単純和訳させた「現憲法」の押し付け

⑤GHQ並びに連合国に対する批判は一切許さないという事を含む、GHQの三十項目の、我が国マスコミに対する命令検閲指針（※後述）

⑥農地解放（の名の下に、地主の解体）

⑦　財閥解体
⑧　内務省の解体
⑨　日本が如何に間違っていたかという歪んだ教育の強制
⑩　教育勅語の廃止
⑪　武道の禁止

等々、日本人並びに我が国を弱体化させるために、マッカーサー並びにGHQはあらゆる手段を講じたのである。

なお、**我が国のマスコミに報道規制を強制した三十項目からなる「検閲指針」**の内容は、（アパグループの元谷代表が、「アップルタウン」等で、これまで幾度も取り上げておられるが）次のとおりである。昭和二十（一九四五）年九月二十一日に、GHQによって**「プレスコード」**、**正式名称はSCAPIN-33「日本に与うる新聞報道遵則」**が発布された。

その内容は、一言で言えば**「連合国に対する批判は絶対に許さない」というもの**であった。

そして、**その翌年、**下記の**「削除および発行禁止対象のカテゴリー（三十項目）」**が発令されていた。

昭和二十三（一九四八）年には、**GHQの検閲スタッフは三七〇名、「日本人嘱託」が五、**

七〇〇名いたという。新聞記事の紙面全てがチェックされ、その数は新聞記事だけで一日約五千本以上であったという。それらの「日本人嘱託」は、渡部昇一先生が、「戦後利得者」と指摘しておられる人達である。彼等には高給が支払われた。そして彼等の高給は我が国政府が支払ったとのことである。

8. GHQの我が国マスコミに対する検閲指針カテゴリー（三十項目）

1. SCAP（連合国軍最高司令官もしくは総司令部）に対する批判
2. 極東国際軍事裁判批判
3. GHQが日本国憲法を起草したことに対する批判
4. (マスコミや郵便物に関する) 検閲制度への言及
5. アメリカ合衆国に対する批判
6. ロシア（ソ連邦）への批判
7. 英国への批判
8. 朝鮮人への批判
9. 中国への批判
10. その他の連合国への批判
11. 連合国一般への批判

12. 満州における日本人取り扱いについての批判
13. 連合国の戦前の政策に対する批判
14. 第三次世界大戦への言及
15. 冷戦に関する言及
16. 戦争擁護の宣伝
17. 神国日本の宣伝
18. 軍国主義の宣伝
19. ナショナリズムの宣伝
20. 大東亜共栄圏の宣伝
21. その他の宣伝
22. 戦争犯罪人の正当化および擁護
23. 占領軍兵士と日本女性との交渉
24. 闇市の状況
25. 占領軍隊に対する批判
26. 飢餓の誇張
27. 暴力と不穏の行動の扇動
28. 虚偽の報道

29. ＧＨＱまたは地方軍政部に対する不適切な言及
30. 解禁されていない報道の公表

以上が「プレスコード」並びに、ＧＨＱによる、我が国のマスコミ報道規制の内容である。一昨年、杉田水脈衆議院議員（当時）が、「プレスコードは今でも効力があるのか？」という質問をした処、政府側答弁として、「昭和二十七年四月二十八日に、我が国が独立を回復した時点において失効しております」と答えた様であるが、多くのマスコミの反日自虐報道を見ていると、誠に腹立たしいが、今でも「効力が続いている」と思わざるを得ない。

実際には、「プレスコード」そのものが未だ生きているという訳ではなく、誠に残念ながら、我が国の多くのマスコミが「プレスコード的体質」になってしまっていると言うべきなのかも知れない。

政府が、改めて、明確に、「プレスコードは失効している。プレスコードに囚われた報道をしないこと」という通達を、マスコミ各社に対して成すべきである。

9. 大東亜戦争の縮図・インドネシア独立戦争

① 我が国がポツダム宣言を受け入れて降伏したのは、昭和二十（一九四五）年八月十五日。

② 我が国が三年半、軍政統治を続けたインドネシアには、戦後、当初イギリス軍が、その

後オランダ軍が再占領する様に（インドネシアに）入ってきた。

③　しかし、日本軍に直接間接に教育を受けていた（約三八、〇〇〇人とも言われる）インドネシアの青年達は、「二度と植民地になってたまるか！」という思いで独立義勇軍「ペタ」並びに多くのゲリラ部隊を組織し、オランダ軍と戦い出した。

④　しかし、実戦の経験の無いインドネシアの青年達は次々に斃れていく。その状況を目の当たりにして、「インドネシアの青年達を見捨てて日本へ帰る訳にはいかない」との思いを強く抱いた多くの元日本兵がインドネシアに残留し、同国の独立戦争に身を投じた。約四年半に亘る独立戦争を戦い抜き、多大な犠牲を払ってインドネシアは昭和二十四年十二月二十七日、漸く独立を果たしたのである。

⑤　その様な事実を知った筆者は平成十五年三月、単身インドネシアに行き、同独立戦争を戦われた、元日本兵お二人（宮原栄治氏並びに藤山秀雄氏）にお会いすることが出来た。

⑥　同独立戦争は（その後のベトナム戦争の様な）ゲリラ戦を主体として戦ったということであり、ゲリラ部隊のリーダーとなった、その多くは元日本兵であったという。（ベトナム独立戦争には、約八〇〇人の残留元日本兵が参戦したという。）

お二人から前記の他に（重複する処もあるが）、以下の様なお話を直接お伺いすることが出来た。

⑦「インドネシアに派遣されていた我々は『インドネシアを解放する』という使命感を持って戦っていた。処が誠に残念ながら志半ばで我が国は負けてしまった。
⑧自分達が直接間接に教育した、インドネシアの青年達が『ムルデカ（独立）』を合言葉にオランダ軍と戦い出した。
⑨多くの青年達が斃れて行くのを、見て見ぬ振りをして、彼等を見捨てて、日本へ帰る訳にはいかない。『どうせ、死ぬ気でインドネシアに来ていたのだから……』という、それぞれの思いで約一、〇〇〇人の元日本兵が個々の判断で、その独立戦争に身を投じて戦い、約七〇〇人が戦死した。
⑩生き残った元日本兵の多くが、インドネシア独立戦争に参戦した者に対する勲章である『ゲリラ勲章』を授与され、特に大きな功績のあった者六名は、インドネシア国における最高の勲章である『ナラリア勲章』を授与された。
⑪インドネシアの独立記念日は、（戦後の日本ではもう使われなくなってしまった）『皇紀』を使用して、『（皇紀）２６０５年8月17日』と表記されている。
⑫ゲリラ勲章等を授与された我々元日本兵が死ぬと、その棺にはインドネシア国旗がかけられ、インドネシア国軍の儀仗隊に担がれて、礼砲が撃たれ、（ジャカルタの）国立カリバタ英雄記念墓地』に丁重に埋葬されている。……」

インドネシア独立戦争に参戦された元日本兵の方々から、前記の様なお話をお伺いして、改めて強く感じたことは、「(我々は戦後長期間に亘り、日教組による非常に歪んだ教育並びに多くの反日マスコミによって、全く逆の歴史観を植え付け続けられているが)「**インドネシア独立戦争は正に『大東亜戦争』の縮図である**」という強い思いであった。インドネシアとベトナムだけではなく、ビルマ(現ミャンマー)やインド並びにマレーシア他、その他の東南アジア諸国の独立のためにも、我が国は甚大な犠牲を払って、大いなる貢献を果たしたのである。

「大東亜戦争」はその名のとおり、**「我が国を護るためとアジアを解放する為の戦いだった」**のである。断じて、「村山談話」に有る様な**「侵略戦争では無かった」**のである。(小生の父を含めて)**アジアを侵略する為に戦った日本人は唯の一人もいなかった**のである。当時の我が国政府が「自存自衛の為とアジアを解放する為にやむなく戦う」と発表したことはあっても、「アジア侵略戦争をやる」と決定或いは発表したことは一度も無いし、当時の責任ある立場の者で、「アジアを侵略せよ」と命令した人間も唯の一人もいなかったのである。

(繰り返しになるが)戦後は大きく歴史が捻じ曲げられてしまっているが、**「父祖の方々は、我が国を護るためと、(長期間、欧米の植民地となっていた)アジアを解放するためにやむ無く戦われた」**のである。その事は「開戦の詔書」にも明らかである。にも拘わらず、今の我々が我が国の歴史を勝手に捻じ曲げる事など許される事ではない。

10．「日露戦争の勝因」と「大東亜戦争の敗因」に関する検証並びに総括

「(所謂先の大戦)『大東亜戦争』は無謀な戦争であった」と言われている。しかし、果たして大東亜戦争は無謀な戦争であったのだろうか？　実は、当時の米国は太平洋と大西洋、両方に海軍を展開せざるを得ない事情があった。

開戦時における日本海軍と、我が国が主に戦った米国太平洋艦隊との総合戦力比は（日本と米国の空母数が一〇隻対三隻であったということを含めて）我が国の方が米太平洋艦隊よりも三倍（少なくとも二倍）くらい上回っていたのである。（以上、中川八洋著『山本五十六の大罪』より）

戦後、長期間に亘り、「無謀な戦争」と言われ続けてきた**「大東亜戦争」は（戦力面から見れば）決して無謀な戦争とは言えなかった**のである。当時の米国の工業生産力が、当時の我が国のそれを遥かに上回っていたことをもって、「無謀な戦争であった」という人がいるが、若しもその様な理屈が適正であるならば、世界第二位の経済大国（平成二十二年当時、現在は世界第三位）、現在の我が国は米国以外の何れの国と戦争をしても必ず勝つということになる。しかし、そうはならないであろう。

それに比べて、明治三十七（一九〇四）年～三十八年、我が国がロシアと戦った日露戦争は、正に「無謀な戦争」であった。日露戦争開戦時における我が国とロシアとの大砲の数は、（大小合わせて）日本が六三六門、一方ロシアは一二、〇〇〇門、ロシアは日本の約二十倍の大砲

を有していたのであり（防衛省戦史研究所の資料より）、そのことを含めて、日露戦争開戦時における、我が国とロシアとの総合戦力はロシア側が我が国の約十倍であった（ロシアは当時、世界一の陸軍大国であった）。

「日露戦争」こそは正に無謀な戦争だったのであり、それに比べれば、「大東亜戦争」は必ずしも無謀な戦争とは言えなかったのである。「無謀な戦争であった『日露戦争』は何故勝てたのか？　それに比べれば決して無謀な戦争とは言えなかったはずの『大東亜戦争』は何故負けたのか？」という検証、分析、総括が敗戦後六十五年も経過している（平成二十二年当時。平成二十八年においては、戦後七十一年）にも拘わらず、国家として未だなされていないことも非常に大きな問題である。

「勝ったから良し、負けたから全て悪かった」という様な捉え方はあまりにも単純且つ幼稚と言わざるを得ない。

「無謀であった『日露戦争の勝因』並びに（日露戦争に比べれば）決して無謀とは言えなかった『大東亜戦争の敗因』」、それぞれの冷静な分析、検証並びに総括を国家として真剣に成すと共にそれらを後世に厳しく生かしていくという姿勢をしっかりと持つべきである。

ここで、筆者なりの「日露戦争の勝因」と、「大東亜戦争の敗因」を少し列記してみたい。

10-1　日露戦争、主に日本海海戦の勝因

①「バルチック艦隊」が来る前にロシアの「旅順艦隊」を壊滅させていた。

②遠距離を大航海しながら疲れ切ってやってきた「バルチック艦隊」を非常に有利な我が国近海で迎え討った。

③敵戦艦の甲板を火の海にして、敵方の戦闘能力を奪ってしまうという、当時としては正に画期的な「下瀬火薬」や、

④「丁字戦法」並びに、

⑤ロシア側とは比較にならぬ訓練を重ねた結果としての、「艦砲射撃命中率の高さ」

⑥東郷平八郎、乃木希典、児玉源太郎を始め、非常に有能な将官が揃っていた。

10-2　大東亜戦争の敗因

①我が国が米国から様々な圧力を受け続けていたことを何故米国と世界のマスコミ等を通じて、米国と世界に向けて強くアッピールしなかったのか？

②真珠湾攻撃の際、当初予定していた第三波攻撃を何故中止してしまったのか？

③同攻撃の際、「何故陸軍と連携して、ハワイを占領」し、我が国の前線基地としなかったのか？

④(米国太平洋艦隊の後衛基地であった) サンディエゴ港を何故、攻撃破壊しなかったのか？

⑤（もしも、ハワイを占領しないのであれば）何故、パナマ運河を占領しなかったのか？
⑥その時、ハワイの「燃料タンク」群（四〇〇万バーレル）並びに巨大な海軍工廠を、何故攻撃破壊しなかったのか？
⑦同攻撃の際、どこかへ避難していたことが予測出来たはずの米太平洋艦隊の（二隻の）「空母」を、何故索敵して沈めてしまわなかったのか？
⑧昭和十七年六月五日の「ミッドウェー海戦」時、全く無防備な4隻の航空母艦を何故「団子状態」で航行させたのか？
⑨「（天下分け目の戦いであったはずの）同海戦時、世界最大の戦艦「大和」を何故、戦線から五四〇〇㎞も離れた位置に置いていたのか？
⑩同海戦の際、何故七隻の戦艦を無駄に配置したのか？
⑪それらのことを含めて、「（天下分け目の戦いとなるはずであった）同海戦に何故総力戦で臨まなかったのか？」
⑫情報通信設備（レーダー）の未整備。
⑬戦線を広げずに、何故、出来る限り我が国近海で米海軍を迎え討とうとしなかったのか？
⑭何故、海軍は（あまりにも大きな）「嘘の戦火発表」を続けたのか？（例えば、台湾沖航空戦に関しては、「空母十一隻撃沈」という発表であったが、実際はゼロだった。その他、海軍には過大な虚偽の戦果発表が非常に多かった）

⑮　サイパン、テニアンを含めて、一度占領した島々を、飛行場の整備を含めて、何故「要塞化」しなかったのか？　（②、③、⑤、⑥、⑦、⑧、⑨、⑩、⑮は、中川八洋著『山本五十六の大罪』より）

⑯　米軍は我が国の全く無防備な輸送船を潜水艦等で片っ端から沈めた（計二、二五九隻、八一四万t）。その為に、日本軍は、前線に食糧、武器、弾薬、医薬品、衣服等が届かなくなってしまった。にも拘わらず、何故我が国も同様の潜水艦等による**「報復的米輸送船攻撃」**を徹底しなかったのか？

等々を含めて、（繰り返しにはなるが）**日露戦争の勝因分析並びに大東亜戦争の敗因分析、検証、総括を、国家として、冷静に、厳しく、真剣に、早期に、行うべきである。**そしてそれらをよく整理して、後世にしっかりと生かしていくべきである。**真に反省すべきは「大東亜戦争は何故負けたのか？」**である。

11．結論

日露戦争と大東亜戦争の歴史的意義

これまで、アジア並びに欧米の指導的立場にあった人物の多くが、**「日本が日露戦争並びに大東亜戦争を通じて果たした大きな歴史的意義」**を述べている。それらの多くは、「日本が多大な犠牲を払って、『日露戦争』並びに『米英蘭等相手の大戦』を戦ってくれた（戦った）からこそ、それまで長期間（約四五〇年間）に亘って続いた、欧米の植民地主義、植民地支配に終止符を打つことが出来たのである」という内容のものである。（学校では殆ど教えられていない）「真の近現代史」を真剣に勉強し、「日露戦争」並びに「大東亜戦争」を総括すれば、その様な見方が日本人としての、極く自然且つ非常に素直な見方であろう。

世界の植民地解放

大東亜戦争終結時点における世界の独立国の数は約六〇カ国であった。それが、我が国が多大な犠牲を払って大東亜戦争を戦った後、今では約二〇〇カ国と、戦後急増したのである。**「我が国は人類史、世界史において、『世界の植民地解放』という、実に偉大な貢献を果たした」**のである。

我が国に一方的贖罪意識を植え付けようとした**マッカーサー**でさえも、昭和二十五年十月十五日、ウェーキ島において、トルーマン米国大統領（当時）に対し、**「東京裁判は誤りだった」**と述べ、その翌年五月三日には、米国の上院・軍事外交合同委員会において、「……**Their purpose, therefore, in going to war was largely dictated by security」（……従って、彼ら（日本）が戦ったその多くは（日本の）自衛のためであった）**と証言しているのである。

毛沢東も昭和三十九年七月十日、訪中した佐々木更三（後の社会党委員長）に対して、**「日**

本は何も謝ることはありません。我々が政権を奪取出来たのは、皇軍（日本軍）のお蔭です。……」という意味の、日本軍に対する感謝の言葉を残している。我々日本人はもう好い加減に目覚めなくてはいけない。

我々日本人は真実の歴史を取り戻し、それらの事を適正に理解すべきであり、併せて父祖の方々に対して感謝と畏敬の念を大切にすべきである。と同時に日本人としての自信と誇りを早く取り戻すべきである。**「父祖の方々の尊い多くの『死』を決して無にしてはならない」。**

大東亜戦争はアジア解放戦争

「大東亜戦争は、断じて侵略戦争などではなく、自存自衛の戦いであった。と同時にアジア解放戦争であった」のであり、結果的に大敗を喫した事は紛れもない事実ではあるが、必ずしも、最初から負けると決まっていた**「無謀な戦争」であったとは言えない**のである。もしも、無謀な戦争であったならば、例え半年間でも米英蘭支濠等を相手に連戦連勝を続ける事など出来るはずが無かったのである。

正々堂々と戦った日本軍

我が国の敗因を一言で言えば、（素人目に見ても、作戦が非常に甘かったと言わざるを得ない点も多々有るが）**「我が国は『武士道精神』を基に、あまりにも正々堂々と戦い過ぎたから負けた。」**

とも言えるのである。**敗れはしたが決して恥ずる事はない。**

「世界の中で日本ほど誇れる国はない」。正に「世界一誇れる国・日本」である。

戦後長期間に亘り続けられてきた、日教組による反日偏向自虐教育を大きく改め、真実の歴史と、一人でも多くの偉人を教えること並びに道徳教育を含めて、日本人としての自信と誇りを素直に抱くことが出来る様な教育に変えて行かねばならない。

と同時に、マスコミの報道も正常化させなくてはいけない。我が国をいたずらに貶める様な教育並びに報道を何としてでも止めさせるべきである。

何事についても適正な良識と適正な規制は必要である。それらが必要ないというのは、法律も何も必要ないと言っているのに等しいことである。

自由というのは決して国益を無視して、かけがえのない祖国や父祖の方々を罵《のの》り貶《おと》めることではない。

北朝鮮に多くの国民を国際誘拐、拉致されているということが明らかとなってから長期間経過しているにも拘わらず、被害者全員を国家の総力を挙げて救出しようとしない今の我が国。

中国並びに韓国から、国際外交儀礼等に大きく反して、「日本の首相は靖国参拝するな」とか、「日本は謝り方が足りない。もっと謝れ。もっと賠償金を出せ。」或いは、「教科書には嘘でも自虐的な内容を記載せよ」と実に不当な干渉を受けながら、不当に国民の血税を巻き上げられながら、それらの不当な事に対して、毅然とした姿勢で、必要な抗議や反論をする事を含めて、適正な対処が出来ない、今の我が国は全く独立国家としての体を成していないと言わざるを得ない。

「外国人参政権付与法案」や「夫婦別姓法案」並びに「人権擁護法案」及び「靖国に替わる国立追悼施設法案」や「慰安婦再補償法案」並びに「ヘイトスピーチ法案」等々、多くの反日法案を考える今の我が国政治家達は一体どうなっているのか？　見識を疑わざるを得ない政治家が余りにも多過ぎる。

その様な中で、我が国を「まともな国家」にするためには、しっかりした歴史観、国家観並びに世界観と強い使命感と、（国家国民のためならばいつでも自らの命を投げ出すという）「覚悟」を持った人物を中心とする、全く新しい政治勢力、自民党並びに心有る保守系政治家達を強力に引っ張っていける様な、指導力、牽引力の有る「救国政党」を何が何でも創る必要がある。

我が国が1日でも早く「まともな国家」の姿を取り戻すことを強く念じて結びとする。

「大東亜戦争は無謀な戦争であったのか？」　完

パラオ戦跡巡り　→　住民を一人も巻き添えにせず、立派に戦った日本軍

前述のとおり、私は平成二十六年九月に、パラオへ行って来ました。日本軍は、昭和十九年の九月、米軍と壮絶な戦いをしました。そのリポートを以下に掲載致します。

平成二十六年九月二十二日　　諸橋　茂一

「パラオ戦跡探訪ツアー」に参加した。期間は平成二十六年九月十三日（土）～十七日（木）、「マレー・シンガポール戦跡巡り」と同じく、企画は、日本エアービジョン株式会社であった。同社の浅田均社長が同行した。

参加者は、ジャーナリストの井上和彦氏、戦史研究家の和泉洋一郎氏、小説家の新井恵美子さん、元防衛省の戦史編集責任者であった児玉源太郎氏、元自衛隊の戦史担当教官であった熊代将起氏、現自衛隊の戦史担当教官、見岡貴章氏を含む総勢二十一名、平均年齢は六三・七歳であった。

地図を開げて、詳細な説明をされた和泉洋一郎氏

パラオの近代の歴史を辿ると、一八八五年にスペインの植民地となり、その後、スペインはドイツに売却、第一次世界大戦後の一九二〇年、日本の委任統治領となった。コロール島には南洋庁及び南洋庁西部支庁が置かれ、多くの日本人が移住した。日本が統治する様になってから、ドイツの統治下では殆ど進んでいなかった、学校や病院、道路など各種インフラ整備も進められた。

大東亜戦争後の一九四七年、米国の統治下に入った。しかし、米国は日本と違い、産業開発等は殆ど行わなかった。一九九四年十月四日、米国とのコンパクト（自由連合盟約）による自

アンガウル島へ向かうチャーター船

「アンガウル神社」にて

アンガウル島　着

「米軍が上陸した、ブルービーチ」にて

由連合盟約国として独立し、同年、国連にも加盟した。人口は約二万人（世界で一九〇位）、大小約二〇〇の島々から成る。しかし、実際に人が住んでいる島は十に満たない。日本の約三、〇〇〇㎞ほぼ真南にあり、南北約一四〇㎞、国旗は日本の日の丸と同じデザインで、青地に黄色である。青は国の周りの海の色を表し、黄色は月を表す。「……月は日本の太陽によって光を得て輝き……」という意味を籠めているという。その様な事を含めて非常に親日的な国である。

九月十三日（土）、一八：二五、デルタ航空ＤＬ－２８７便で成田発、同日二三：二五、パラオ国際空港着、日本との時差は無し。「West Plaza Hotel Malakal」泊。

翌九月十四日（日）午前八時、チャーター船（二十五人乗り）でアンガウル島を目指した。途中、波も高く、船は激しく揺れた。十時過ぎ、アンガウル島着。アンガウル島は周囲約十㎞、非常に小さな島である。

上陸後、「アンガウル神社」「オレンジビーチ」「マリア像」「リン鉱石工場跡」「米軍のシャーマン戦車」「サンゴ礁のトーチカ」、ブルービーチにある「米軍の『ワイルドキャット部隊』上陸記念碑」「鬼怒《きぬ》岬のトーチカ」「滑走路跡（約一、三〇〇ｍ）」等を巡った。

アンガウル島玉砕

米軍歩兵第八一師団（約二万一、〇〇〇）は、昭和十九年九月十七日、「ブルービーチ」から

「米軍が上陸した、オレンジビーチ」にて

上陸した。これを迎え撃った日本軍は歩兵第五十九連隊第一大隊長、後藤丑雄《うしお》少佐以下約一、二〇〇名であった。日本軍は最後まで非常に良く戦ったが、勇戦かなわず、同年十月十八日、後藤少佐は自決し、翌十九日、日本軍は玉砕した。日本軍の戦死者約一、一五〇、生還約五〇、一方、米軍の戦死傷者数は、一、六一四（戦死、二六〇）であった（戦闘疲労入院を含めると二、五五四）。

アンガウル島の戦いにおいて、日本軍は住民約三〇〇人を戦闘に巻き込まれない様に、安全な場所（洞窟）に避難させて戦った。平気で多くの民間人を虐殺した米軍と日本軍は全く人間的レベルが違う。

同日午後三時、チャーター船で、アン

米海兵隊の隊員と握手

海軍司令部跡

日本軍のトーチカ

日本軍人の慰霊碑『みたま』」にて

ガウル島からペリリュー島に向かい、約一時間でペリリュー島に着いた。

ペリリュー島に上陸後、午後四時半、「ゼロ戦の残骸」「米軍の第一海兵団が上陸した『オレンジビーチ』」「飛行場跡（約一、六〇〇m）」「海軍司令部跡」を巡った。一九二二年に建設されたという海軍司令部跡は、建築面積約六〇〇㎡の二階建て、非常に規模が大きく立派な建物である。

ペリリュー島の戦いにおける戦力は、日本軍が総員、（当初）約一〇、五〇〇名、米軍は総員、約四八、七四〇名（ウィキペディアによる）。損害は、日本軍戦死者、一〇、六九五名、捕虜、二〇二名、最後まで戦って生き残った者、三四名。一方、米軍の戦死者、一、七九四名、戦傷者、八、〇一〇名、精神に異常をきたした者、数千名、ということである。

同日と翌十五日は、同島のホテル泊。そんなに良いホテルではないが、シャワー室のお湯が出るだけでも上等であった。

同日の夜、満天の星が、数も多く、大きく、明るく、実に美しかった。こんなに美しい星空はこれまで見たことが無かった。

九月十五日（月）朝八時にホテル出発、「飯田少佐率いる高崎第二大隊が、昭和十九年九月二十二日、敵前逆上陸した『ガルコル波止場』」「日本軍のトーチカ」「千人洞窟」「RCT三二一連隊八一歩兵師団メモリー（慰霊碑）」「日本軍人の慰霊碑『みたま』」を巡った。「慰霊碑　みたま」の前では「慰霊祭」を挙行した。焼香の後、井上さんの先導で「君が代」と「海

70周年記念式典

ゆかば」を奉唱した。

ペリリューの戦い 七十周年記念式典

同日十時からは、米国主導の「『ANNIVERSARY 70th BATTLE OF PERELEIO』Septebmber 15 1944」(「ペリリューの戦い」70周年記念式典)が挙行されるとのことで、我々一行二十一名も同式典に参列した。

我々一行は、正面に向かって左側の雛壇に案内された。我々の正面が米国関係者の席だった。同島の住民並びにパラオ国民、米国関係者、我々を入れて、参加者数は約三〇〇名だった。ペリリュー戦の生き残りのお一人である、土田喜代一

「ペリリュー戦の生き残り、土田喜代一氏」と

米軍海兵隊の行進

氏も参列しておられた。

式典が始まった。まず始めに、米軍海兵隊の軍楽隊によって「君が代」が吹奏された。我々一行は全員起立して、その吹奏に合わせて、大きな声で「君が代」を斉唱した。当初は、同式典の途中で退席する予定だったが、その様な状況の中で、中途退席する訳にはいかないということで、最後まで居ることとなった。

その日の夜、ペリリュー戦の生き残り、土田喜代一氏と懇談の機会が有り、その時に、土田氏が、同式典に於いて、我々が「君が代」を歌うのを聞かれて、「非常に感動した、涙が止まらなかった」ということを聞かされた。もしも、我々一行が同式典に参列していなかったならば、日本人参加者は、土田氏と、一緒に付き添いで来ておられたお孫さんくらいで、他には殆どおられなかったのではないかと思われた（後で、もうお一人、ペリリュー戦で戦死された方の御遺族の方が参列しておられたことを知った）。

この様な式典にはもっと多くの日本人が、特に何よりも外務省並びに大使館関係者を含めて、「我が国政府関係者」が参列すべきだと強く思った。

「君が代」の次に、「米国国歌」、そして最後に「パラオ国歌」が吹奏された。米国国歌とパラオ国歌が吹奏された際には、誰も斉唱しなかった。三カ国の国歌が吹奏された後は、司祭によるお祈り、ナカムラクニオ元大統領の御挨拶（父が日本人）、続いて、米国大使、米国海兵隊の准将、コロール州知事等の御挨拶が続き、その後、戦死者の方々の安らかなる御冥福をお祈

土田喜代一氏と米軍生き残りの方との感動的場面

「元米軍生き残りの男性」と

「ナカムラクニオ元大統領」と

「米軍海兵隊の准将（女性）」と

「トミー・レメンゲサウ　パラオ共和国大統領」と

ジャングルの中を歩く

りして参加者全員で「黙祷」を捧げた。

その後、米海兵隊の生き残りの男性一人と日本軍生き残りの一人である土田喜代一氏が紹介され、会場中央で、両氏ががっちりと握手をした後、両氏は共に相手の勇戦を称えて抱擁した。実に感動的な場面であった。

同式典の終了後、土田喜代一氏、元米軍の生き残りの男性、トミー・レメンゲサウ、パラオ共和国大統領、ナカムラクニオ同国元大統領、米国大使、米国海軍海兵隊准将…と、順次記念撮影をさせて頂いた。

同式典終了後、我々一行は再びペリリュー島戦跡巡りを開始した。まず始めに、ジャングルを三十分ほど歩いて、「三十四会《みとし》」の日本兵が潜んでいた壕を発見し、見学した。

「三十四会」というのは、我が国の敗戦後、敗戦を信じずに、その後も二年近く戦い続けた元日本兵の方々の会を言う。第六中隊小隊長、山口永少尉以下三十四名は、昭和二十二年四月まで、米軍の食糧、衣料、武器を奪って戦い続けたのである。実に見事、実に立派と言わざるを得ない。「三十四会」の方々は、昭和二十二年四月二十一日、日本側の停戦命令に従い、漸く戦闘を停止したという。

その後、「戦争博物館」を見学した。同館では、旧日本軍の八〇〇kg爆弾や機雷他、日本軍の重火器等を見学した。

パラオの戦いに先んじて、歩兵第二連隊をペリリュー島に、歩兵第五九連隊をアンガウル島

戦争博物館内の銃展示

旧日本軍の 800 kg爆弾

「三十四会」の日本兵が潜んでいた洞窟

宮崎大隊本部跡

米軍戦車、アベンジャーの残骸

に、後方勤務諸部隊や歩兵一五連隊をパラオ本島に配置したということである。

第一四師団司令部は、戦闘開始四カ月前に、ペリリュー島の住民を、全員、安全なパラオ本島に疎開させ、住民の犠牲者を1人も出さなかった。（繰り返しになるが）平気で多くの日本人民間人を虐殺した米軍に比べて、日本軍は実に立派であった。

ペリリュー島玉砕

米軍は、上陸前の九月十二〜十四日にかけて、ペリリュー島に、何と砲弾約十七万発、重さにして、約四万tもの砲撃を繰り返したという。

日本軍の200㎜砲

「ペリリュー神社」にて（米国太平洋艦隊司令長官、ニミッツが、日本軍将兵の勇戦を称える碑がある）

米軍は九月十五日、岩松陣地より、約三〇〇隻の上陸用舟艇で上陸を開始した。米軍が約一、〇〇〇の損害を出した、その「岩松陣地」を見学した後、「大きなトーチカ」「戦車濠」「高崎大隊本部跡」（三七mm速射砲有り）「米軍戦車アベンジャーの残骸」「日本軍の七五mm戦車」「同二〇〇mm砲」（射程距離　七、〇〇〇m〜二万m）を見学した。その後、「ペリリュー神社」を訪れた。ここには、（良く知られているが）米国太平洋艦隊司令長官、ニミッツが日本軍将兵の勇戦を称える碑が有った。その碑には、この様に記されている。「諸国を訪れる旅人達よ。この島を守る為に、日本軍人が如何に勇敢な愛国心をもって戦い、そして、玉砕したかを伝えられよ。」

あまり知られてはいないが、サイパンの海岸にも、この碑に刻み込まれている文章と同趣旨の、ニミッツの文章が刻まれた大きな碑が有る。大東亜戦争において、日本軍は実に勇敢に良く戦った。その日本軍と戦った敵将ニミッツをして、日本軍将兵に対する深い敬意の念を抱かざるを得なかったのである。

中川州男《くにお》大佐自決

その後、「九四式野砲」を見学した後、「中川洲男大佐自決の地」「大山」を訪れた。以前はその地まで行くのに相当苦労した様であるが、今回は途中の歩行道がそれなりに整備してあったため、そんなに苦労せずに行くことが出来た。

中川洲男大佐自決の地

以下、中川大佐の最後の状況を記す。（次記【　】部は、「http://vmzjp/ch.php？ID=wakarisugi&c_num=50188　より）

【激戦が続いていた（昭和19年）11月15日、ペリリュー島守備隊に対して、昭和天皇から10回目の御嘉賞（おほめ）のお言葉が打電されました。11月22日、米軍に包囲される中、中川大佐はパラオ本島司令部に次の電報を打ちました。

＜…最後の電報は左の如く…

1．軍旗ヲ完全ニ処理奉レリ

2．機密書類ハ異常ナク処理セリ

右の場合、『サクラ　サクラ』ヲ連送スル…＞

11月24日、米軍に完全包囲され、玉砕を覚悟した中川大佐は、根本大尉に「髭を剃ってくれ」と頼み、石鹸も無く、軍用ハサミで髭を剃った中川大佐は、「これで良か。いくらか仏さんの顔になったかな」と剃り傷から血を流しながら、笑みを浮かべつぶやきました。そして、午後4時、玉砕を意味する電文『サクラ　サクラ』を司令部に打電した中川大佐は、兵士達を労《ねぎら》い、根本らと共に洞窟の奥に進み、以後の戦術を指示した後、軍旗に深く頭を垂れ、その後、遥か日本本土の方角に向かい、深く一礼した後、割腹し、連隊旗手の鳥丸中尉が介錯を務め、自決を遂げました。これにより、当初数日間で陥落すると言われたペリリュー島守備隊は、1人の

「米軍Ｍ４シャーマン戦車」

日本軍の水上飛行艇用の飛行場跡

旧南洋庁

旧パラオ本庁

民間人犠牲者も出さず、72日間も持ちこたえ玉砕しました。…】

当初、米軍は「こんな小さな島は三日もあれば落とせる」、と甘く考えていたとのことである。処が、日本軍の勇戦によって、米軍は予期せぬ苦戦を強いられたのである。

日本軍は実に良く戦った。現在の日本に生かされている我々日本人は、大東亜戦争を戦われた父祖の方々に対して、深い敬意の念と感謝の誠を捧げなくてはいけない。

その後、「日本海軍のシェルター」「米軍飛行機の残骸（グラマンＦ６Ｆ）」「米軍Ｍ４シャーマン戦車」を見学した後、ホテルに戻った。

九月十六日（火）午前八時、チャーター船でペリリュー島よりコロール島に向かった。約一時間でコロール島着。コロール島には、パラオ共和国の人口の約半分、約一万人が住んでいるという。

パラオ・ジャパン・フレンドシップ・ブリッジ

「海軍病院跡」「日本軍の水上飛行艇用の飛行場跡」「ナカムラクニオ元大統領邸」「（太平洋諸島会議が開催された）コンベンションセンター」「旧　南洋庁（現教育省）」「旧　パラオ支庁（現最高裁判所）」「旧　南洋庁長官邸」「日本大使公邸」（立派である。しかし、大使公邸だけどんなに立派に造っても、「記念式典」対応を含めて、もっとしっかりした外交をしなくては話にならない）。

「日本軍の水陸両用戦車」「（三七ｍｍ砲を備えた）特二式火艇」を見学した後、この日は最後に、

ジャパン・パラオ・フレンドシップ・ブリッジ

「ジャパン・パラオ・フレンドシップ・ブリッジ」（旧KBブリッジ）（全長四一三m）を見学した。この橋は、コロール島から、空港の有るバベルダオブ島に架かっており、我が国の援助によって建設された（二〇〇二年一月完成）とのことである。この橋のたもとに有る記念碑には「ジャパン・パラオ・フレンドシップ・ブリッジ」と刻まれ、両国友好の象徴として、両国の国旗が描かれている。

実は、この橋が架かっている同じ場所に、韓国の建設会社、ＳＯＣＩＯが不当に安い価格で受注し、一九七七年に橋を建設したということである。処が、その後、その橋が一九九六年九月二十六日何と崩落してしまったために、その後、我が国の援助によって、日本のゼネコン（鹿島建設）が施工し完成させたとのことである。

韓国は、「セウォル号沈没事件」「デパートの床崩落事件」「マレーシアの最高層ツインタワー傾斜問題」等々を含めて、よくぞこの様に好い加減な施工が出来るものである。我々日本人の感覚では全く信じ難いことである。

その後、「南洋神社」「高射砲」「パラオ病院」を見学した。

同日夕、「天皇陛下が来春、パラオに行幸啓されることが内定した」との報を菊池さんよりお聞きした。非常に有り難いことであると思う。この地で戦死された日本軍将兵の方々の霊も、天皇（皇后両）陛下の行幸啓によって漸く慰められるのではないかと拝察する。

菊池さんには、今回の戦跡巡りツアーで、最初から最後まで非常に丁寧に御案内頂き、大変お世話になった。

今の日本は、真っ赤な嘘の「南京大虐殺」や同「慰安婦の強制連行、性奴隷」並びに「尖閣」「竹島」「靖国参拝」等々、中国と韓国から実に不当な事を言われ続け、不当な事をなされ続けている。それに対して、我が国政府は長期間に亘って、腰の引けた態度を取り続けている。

パラオ共和国　中国漁船撃沈

しかし、パラオ共和国は（前述のとおり）中国に対して、下記の様に、国際法に則り、実に断固とした外交姿勢を貫いていたのである。

去る平成二十四年三月三十日、パラオ近海で不法操業していた中国漁船に対して、パラオ沿岸警備隊「パトロールボード」は警告の後、銃撃し、漁船は沈没、中国漁民一人が死亡、同漁民五人を拘束した（後に二十人、計二十五人を拘束）。当時のパラオ共和国の対応は、国際法に則っており、極く当然の対応である。

パラオ共和国は人口僅か二万人の小さな国である。そのパラオ共和国に出来た事が何故我が国には出来ないのか？

我が国政府はパラオ共和国の外交姿勢を見習うべきである。

戦後は、日本人にとって必要な近代史の真実が我々日本人には殆んど教えられていないが、

我々の父祖の方々は米英蘭等から、政治的、経済的に徹底的に追い詰められて、自存自衛の為にやむなく立ち上がり、大東亜戦争を、死力を尽くして最後の最後まで実に良く戦い抜かれた。

現代の日本に生かされている我々日本人は、戦死された多くの父祖の方々の尊い死を決して無にしない国家に創り直す大きな責務が有る。

このパラオ共和国のペリリュー島並びにアンガウル島の戦いにおいても、日本軍は、各島の住民をただの一人も巻き添えにすることなく、実に勇敢に良く戦われたと思う。

ペリリュー島並びにアンガウル島の戦いを含めて、大東亜戦争を戦われた、全ての日本軍将兵の方々に対して、深い敬意の念と感謝の誠を捧げて結びとしたい。

大東亜戦争を戦われ、そして戦死された全ての日本軍将兵の皆様、どうか、どうか安らかにお眠り下さい。

合掌

追伸　今回の戦跡巡りに参加された二十一名の方々の平均年齢は六三・七歳、決して若くはない。しかし、御参加された全ての方々が、最後まで唯一人の脱落者もなく、非常に厳しい日程を良くこなされたと思う。今回の戦跡巡りツアーに参加された方々全員に対しても深甚なる敬意を捧げたい。

「パラオ戦跡巡り」　完

我が国は、何としてでも真実の歴史を取り戻し、日本人としての自信と誇りを取り戻さなくてはなりません。これまで述べてきた事も含めて、その様な思いを籠めて纏めたリポート「日本人としての自信と誇りを取り戻そう」を以下に掲載致します。

真の近現代史観
日本人としての自信と誇りを取り戻そう！

（※当初の論文に、「日本を讃える世界の要人の言葉」を含めて追記してあります。）

平成二十年七月十一日　諸橋　茂一（アパ・懸賞論文　佳作）

大正十一（一九二二）年に、我が国を訪れたアインシュタインが、「……私は世界に一つくらいこの様に尊い国がなくてはならないと思っていた。もしも将来、世界が一つになる時がくるとすれば、その中心となるのは、皇室を中心としたこの高貴な国（日本）をおいて他はない。私は神に感謝する。この高貴な国を残したもうたことを……」という意味の言葉を残しているということは、今ではよく知られていることである。

しかし、今の我が国の現状は、アインシュタインが賞賛した様な国と言えるであろうか？

誠に残念ながら、アインシュタインが賞賛した国とはほど遠い国になってしまっていると言わざるを得ない。

北朝鮮に自国民を二〇〇〜三〇〇名も拉致されていることが明らかとなっているにも拘わらず、我が国政府は、「北朝鮮に拉致された国民を、如何なる手段を講じてでも救い出す！」という、国家としての強い意思を北朝鮮に突き付けることさえ出来ない。

横田めぐみさんが北朝鮮に拉致されたと同時期に、レバノンの女性が四人拉致されるという事件が起きた。

その時、レバノンは、「速やかに、北朝鮮が拉致したレバノン国民を全員解放しなければ我が国は北朝鮮に対して総攻撃も辞さない」という強い怒りを北朝鮮にぶつけた処、北朝鮮はびっくりして、すぐに四人のレバノン女性を解放したという。

レバノンに出来たことが何故我が国には出来ないのか？

去る（平成二十年）六月二十七日に、米国がそれまでの姿勢を大きく転換し、北朝鮮に対する「テロ支援国家指定を解除する」という発表をしたことに、「拉致被害者の家族会」の方々が非常に落胆した、というコメントを発表している。

しかし、我が国の国民が多数北朝鮮に拉致されていることが明らかとなっているにも拘わらず、何故我が国は「拉致した日本人を、全員速やかに返さなければ如何なる手段を講じてでも救い出す！」という強い怒りを（レバノンの様に）北朝鮮にぶつけることが出来ないのか？

中国々内に、約二〇〇カ所もの嘘八百の「反日展示館」を造られているにも拘わらず、それに対して、何故全く何の抗議も出来ないのか？

韓国に（我が国固有の領土である・以下同）「竹島」を占領され、

ロシアには（同）「北方四島」を長期間占領されたままである。

我が国は、昭和二十六年九月八日のサンフランシスコ平和条約第二条－（C）において、「千島列島並びに南樺太の領有権を放棄する」としているが、その後、千島列島並びに樺太を不法占領しているロシア（旧ソ連）とは平和条約を締結しておらず、ロシア（旧ソ連）は同条約を批准していない。そのため、国際法上は、北方四島だけではなく、実は千島列島並びに南樺太も我が国の領土なのである。（同条約は批准した国同士にのみ適用される。よって、少なくとも、千島列島並びに南樺太は、国際法上ロシアの領土ではない。）

中国並びに台湾から（同）尖閣諸島の領有権を不当に主張されても、我が国政府は毅然たる主張や反論も出来ない状況が続いている。

実に情けないことに、今の我が国は独立国家の体を成していないと言わざるを得ない。普通の国であれば、祖国に自信と誇りを持つ様な教育をすることが極く当たり前であるにも拘わらず、日教組が中心となって、「日本は如何に悪い国であったか」、「日本人は如何に酷い民族であったか」という教育を続け、朝日新聞や毎日新聞並びにNHKを始めとする多くのマスメディアも、確信犯的に同様の報道を続けている。

今現在使用されている中学生並びに小学生向けの「歴史」や「社会」の（「自由社」以外の）

教科書には、（今や嘘であることが明らかとなっている）「南京大虐殺」や「朝鮮人に対する創氏改名の強制」及び「中国人の強制連行」並びに「日本が軍隊を南進させたからアメリカやイギリスとの関係がおかしくなった」などと全くの嘘、または全く逆の内容を記述しているのである。

その様に歪んだ歴史教育を、何の疑問も持たずに真《ま》に受けて育った政治家並びに官僚及び法曹関係者やマスコミ関係者の多くは、近代史の真実を殆ど理解していない。

それだけではなく、非常に自虐的な歴史観を抱いている者があまりにも多い。

そのために、北朝鮮に対してだけではなく、中国や韓国や台湾に対しても、非常に卑屈な自虐的外交を繰り返しているのである。

その結果、多くの日本人は「日本人としての自信や誇り」を持てなくなってしまっている。

青少年の非行の増加や凶悪犯罪の増加並びに（煙草の吸い殻を何処にでも捨てる、旅館等の浴場に行ってもスリッパをきちんと揃えて脱ごうとしない。……等々）多くの日本人の社会常識の欠如も大きな問題である。

それでは我が国はそんなに悪い国だったのだろうか？

平成七年八月十五日、時の首相村山富市は、「我が国は過去の一時期、国策を誤り、侵略戦争と植民地支配によって、アジア各国に多大な損害と苦痛を与え誠に申し訳ありませんでした……」という意味の（所謂）「村山謝罪談話」を発表した。

また、その2年前、平成五年八月四日には宮沢内閣総辞職寸前の河野洋平官房長官（当時）が、「我が国は戦時中、慰安婦を強制連行しました…」という様にも読めなくもない、全く虚偽の（所謂）「河野談話」を発表した。

前記の両談話を基にして、平成七年十二月八日、（所謂）「アジア女性基金」がつくられ、村山富市はその理事長に就任すると共に、同基金を通じて、「戦時中に慰安婦をしていたと称するアジアの国々の女性、計二八五人に対して（何の検証もせずに）、我が国首相の『お詫びの手紙』なるものを添えて、合計五億六、五〇〇万円を支払っただけではなく、その「アジア女性基金」を運営するために、何と約四十八億円の国費を濫用したのである。　筆者は、前記二名に対して、昨年（平成十九年）の三月、「（各々の）『談話』の内容が真正だというのであれば、それらを裏付ける証拠を示して、（各）談話の正当性を（期限内に）説明しなさい」という内容証明付郵便を送ったが、両名共に全く何の回答も出来なかった。

そのため筆者は昨年（平成十九年）の三月と四月、「（各々の）『談話』の正当性を説明出来ないのであれば、濫用した国費の一部を国庫に返納すると共に、（各々の）『談話』を取り消しなさい。」という主旨で、両名を東京地裁に提訴すると共に、「両名の行為は（「公務員は国民全体の奉仕者であって一部の奉仕者ではない」とする）『憲法第一五条』並びに（「公務員は、行使の目的で虚偽の公文書等を作成してはならない」とする）『刑法第一五六条』に違反する」として、両名を東京地検に告発すると共に、東京地裁で記者会見を開いて両名に対する提訴に関する説明をした（両名に対する訴状には、「国賊、売国奴」という文字も含んでいた）。

村山富市に対する裁判は、最高裁まで争った。

結果的に筆者の主張は認められなかったが、同裁判の中でも、両名共に、（各々の）「談話の正当性」を説明することは全く出来なかった。

河野洋平に対する告発について、東京地検の見解は、「（同行為は）刑法第一五六条に抵触するかも知れないが、時効が七年であり、既にその時効を過ぎているため立件出来ない」というものであった。

仮に筆者の提訴並びに告発が事実に基づかない全く不当なものであったならば、両元被告側は、「虚偽告訴罪（誣告罪）」（刑法第一七二条）並びに「名誉棄損罪」（刑法第二三〇条）で筆者を逆に告訴することが出来ることとなっている。処が、最高裁判決の結果が出てから、もう既に半年以上経過しているにも拘わらず、両元被告共に筆者を告訴していない。

ということは、結果的に、両者共に筆者が強く指摘した「両談話は虚偽である。」ということを認めたことになる。

両者共に我が国の名誉と誇りと国益のために、一日も早く両談話を白紙撤回すべきであろう。

昨年（平成十九年）の七月二十九日に米国の下院において、（日本は戦時中、慰安婦を強制連行して性の奴隷にしたという）「河野談話」を基にした様な、全く事実無根の「慰安婦に関する日本非難決議」がなされた後、カナダ、オーストラリア、オランダ並びにEU議会等において、同様の決議がなされたことを含めて、両談話が我が国の国益と名誉をどれだけ大きく損なっているか計り知れない。

我が国のトップの立場に立つ様な人間でさえも、前記の様な一方的自虐史観を中途半端に持っているのである。

その様なことが、我が国の国益並びに名誉と誇りを大きく損ない、尚且つ、我々の父祖の方々の名誉と誇りをも大きく傷つけ続けているだけではなく、我々の子孫に対しても、全く不必要な一方的自虐意識と一方的な負い目・贖罪意識を負わせ続けることにもなっている……その様な状況は正に由々しき事態と言わねばならない。

それでは、何故我が国のトップに立つ様な人間までもが、その様な自虐史観を持つに至ったのであろうか？　そのことこそ大きな危機感を持って、真剣に考えなくてはいけない今の我が国の最大課題であろう。

欧米には昔から、「ある民族を滅ぼすためには、その民族の歴史を消し去ればよい」という格言が有るということであるが、我が国は戦後、ＧＨＱによって正《まさ》しくその様にされてしまったのである。

我が国が将来再び力を持ち、米国が国際法に大きく違反して、東京、広島、長崎を含めて、我が国の主要六十四都市に（原爆を含む）無差別攻撃を繰り返し、一〇〇万人近くの日本人民間人を虐殺、殺傷した事に対する、我が国の報復を米国は恐れて、将来日本が絶対に米国に立ち向かってくることのない様に、「日本並びに日本人弱体化政策」を徹底したのである。

東京、広島、長崎だけで約三十万人もの日本人民間人を一瞬に虐殺してしまった、余りの罪の大きさにうろたえた米国は、それを何とかカムフラージュしようとして、中国と組んで、「南京大虐殺」なる全くの虚構を東京裁判の中ででっち上げたのである。

（最近の研究で、「（所謂）南京大虐殺」は全くの虚構であったことがもはや明らかとなっている。冨士信夫著『南京大虐殺はこうしてつくられた』並びに田中正明著『南京事件の総括』及び東中野修道著『徹底検証・南京大虐殺』（他同関連著書多数）並びに渡部昇一著『かくて昭和史はよみがえる』や中村粲著『大東亜戦争への道』等を読めば、（所謂）「南京大虐殺」なるものが、如何に荒唐無稽なつくり話であるがよく分かる。）

ＧＨＱが行った数々の日本（人）弱体化政策の中で、主なものは、（よく知られている処では）

①「東京裁判」、

②「（現）憲法の押し付け」（現憲法は、米国の植民地であったフィリッピンに押し付けていたフィリッピン憲法を基にして、法律に関しては全く素人のマッカーサーの部下達が、僅か一週間で英文で作成したものを、単純和訳したものであるということが今や明らかとなっている）、

③「（前）教育基本法の押し付け」、

④「教育勅語の廃止」、

⑤「二十万人以上の公職追放」、
⑥「神道指令」等があり、（必ずしも十分知られているとは言えない処では）
⑦「マスコミの徹底言論統制並びに虚偽報道」（ウォー・ギルト・インフォメーション・プログラム）、
⑧「七、七六九点の書籍の焚書坑儒」（澤龍著『ＧＨＱに没収された本』並びに産経新聞・平成二十年六月二十一日付「土曜日に書く」による）、
⑨「武道の禁止」、
⑩「東大と京大他、国公立大学の総長や学長を左翼思想の学者に替えてしまったこと」
等々である。それらに加えて、
⑪マスコミに対する「ＧＨＱの三十項目の検閲指針」（プレスコード）（清水馨八郎著『よみがえれ日本』他による）なるものがある。それら（三十項目の検閲指針カテゴリー）の主なものは、「東京裁判に対する一切の批判の禁止、連合国に対する一切の批判の禁止、ＧＨＱ（ＳＣＡＰ）に対する一切の批判の禁止、ＧＨＱによる言論統制や検閲制度に対する一切の批判の禁止、（米国が国際法に違反して押し付けた）現憲法に対する一切の批判の禁止、大東亜共栄圏に関する報道の禁止、中国に対する批判の禁止、朝鮮人に対する批判の禁止、

神国日本に関する報道の禁止、……」等々がある。
⑫ それらを含めて、ＧＨＱの日本（人）弱体化政策は、「３Ｒ５Ｄ３Ｓ政策」と呼ばれるものにほぼ集約される。その意味する処の主なものは、「リベンジ（復讐）から始まり、
⑬ 我が国の国家機構並びに財閥及び大地主等の解体並びに弱体化、
⑭ （スクリーン・セックス・スポーツを通じた）日本民族の堕落化……」等々である。（⑫⑬⑭は、安岡正篤著『運命を創る』より）

マッカーサーは上記の日本（弱体化）統治政策を通じ、日本人に対して、「一方的贖罪意識、一方的自虐意識」を植え付けたのである。

今の我が国は、実に情けないことではあるが、（前述の）「村山談話」や「河野談話」に象徴されるとおり）、正にマッカーサーの狙いどおりの、いやそのマッカーサーでさえも思っていなかったほどの自虐国家に成り下がってしまっている。

そのマッカーサーの日本（人）弱体化政策に追い打ちをかけたのが、「（前述のとおり）日教組による歪んだ歴史教育・自虐教育とマスコミ各社の自虐報道並びに我が国の卑屈な自虐外交である。

実は、日本を徹底的に弱体化しようとした、**当のマッカーサー自身が、昭和二十五年十月十五日に、ウェーキ島でトルーマン米国大統領（当時）に対して、「東京裁判は誤りだった」**

と言い、翌昭和二十六年五月三日には、米国の上院・軍事外交合同委員会において、「……日本が戦ったその多くは日本の自衛のためであった」（**「……Their purpose, therefore, in going to war was largely dictated by security」**）**と証言している**のである。にも拘わらず、多くの日本人が未だにマッカーサーの初期の呪縛から逃れられないでいる。実に情けないことと言わざるを得ない。

前記の様な経過によって、戦後の日本人の多くは非常に間違った、一方的自虐史観を植え付けられてしまっているのであるが、それでは、「正しい近現代史観」とは一体どの様なものであるべきなのであろうか？

リンカーンは、一八六一年〜一八六五年の南北戦争で、大きな犠牲を払って（米国の）黒人奴隷を解放したことにより、偉大な大統領と言われている。確かにその評価は基本的に間違っているとは言えない。

しかし、（別の言い方をすれば）**リンカーンはあくまでも米国（内）の奴隷を、**（**しかも、結果的に**）**解放しただけである**（何故かと言えば、南北戦争勃発時における主たる戦争目的は、「自由貿易の是非」にあったのである）。

それに比べて、「**我が国は、**（南北戦争とは全く比較にならない）**世界的範図において、**（**三一〇万人もの**）**甚大な犠牲を払って、長期間欧米の植民地となっていた世界の国々を直接、間接に開放した」のである。**冷静に物事を透徹すれば、**そのことは「人類史における最大の偉業」と言**

っても良いはずである。

我が国が大敗北を喫した後、各戦地の日本兵は、各戦地他で長期間捕虜となった方々や小野田寛郎氏の様に、（小野田さんの場合は三十年間も）強い使命感を抱いて戦い続けた一部の方々を除いては、基本的に我が国に帰還されたと多くの日本人は思っている。しかし実は、祖国に帰られず、派遣されていた国々の「独立戦争」に身を投ぜられた方々が多数おられたのである。

それらの方々は、インドネシアでは、約一、〇〇〇人（二、〇〇〇人という説もある）、ベトナムでは約八〇〇人と言われている。筆者がその事実を知ったのは六年前（平成十四年）のことであった。そこで、どうしてもそれらの元日本兵の方々にお会いしたいとの思いを抑えきれずに、その翌年、平成十五年、筆者は一人でインドネシアへ飛び、（インドネシア独立戦争に参戦された）元日本兵の方々に直接お会いすることが出来た。

「我が国の敗戦後、何故祖国・日本へ帰られずにインドネシアの地に留どまり、『インドネシア独立戦争』を戦われたのか？」を元日本兵の方々からどうしても直接お聞きしたかったのである。

インドネシアでは、元日本兵、宮原栄治さん（八十三歳・当時）と同、藤山秀雄さん（八十二歳・同）のお二方にお会いすることが出来た（もうお一人、田中幸年さんにもお目に掛かったが、詳しいお話をお聞きする事はなかった）。

筆者のその問に対して、お二方共に、「（インドネシアに派遣された）我々はインドネシアの独立のために死ぬ覚悟で戦っていた、しかし誠に残念ながら、日本は敗けてしまった。

そこへ、インドネシアを再占領しようとイギリス軍並びにオランダ軍が乗り込んできた。日本軍に約3年半教育を受けていたインドネシアの青年達は、「もう二度とオランダの植民地になってたまるか！」との強い思いで、独立義勇軍「ペタ」（多くが十〜二十人のゲリラ部隊）を組織し、**「ムルデカ（独立）！」**を合言葉にオランダ軍と戦い出した。

しかし実戦の経験のないインドネシアの青年達は次から次へと斃れていく……それらの青年達を見捨てて日本へ帰る訳にはいかないと思い、インドネシアに留どまり、インドネシアの青年達と共に、オランダ軍相手に約4年半戦い、漸く真の独立を勝ち取る事が出来た……」ということであった。

四年半に亘るその独立戦争を、多くの元日本軍人の方々は、各ゲリラ部隊のリーダーとして戦い、**約七〇〇名の元日本軍人が戦死した**ということである。その様な経過があったため、**インドネシアの独立記念日は、（日本に対する感謝の気持ちを込めて）「二六〇五年八月十七日」と表記されている。**何とそれは、戦後我が国では使われなくなってしまった**（我が国独自の暦）「皇紀」で表記されているのである。**

そして、**インドネシア独立戦争に参戦された元日本軍人の方々は**、インドネシア国家より、**「ゲリラ勲章」や「ナラリア勲章」**（インドネシアにおける最高位の勲章・六名の元日本軍人が受章）

を授与され、亡くなった場合は、棺は国軍の儀仗隊に担がれ、礼砲が撃たれて**「国立カリバタ英雄墓地」に国軍葬として、丁重に埋葬されている**のである。

この**「インドネシア独立戦争は、正に『大東亜戦争の縮図』**と言っても良いであろう。

長い人類史の中で、自国の独立のために戦った例は非常に多く有るであろう。しかし、他の民族の独立のために、この様に多くの外国人が他国（外国）の独立戦争に身を投じたという例は恐らく無いであろう。

ベトナムの独立戦争の場合も同様だったということであり、また、**日本軍（約八四、〇〇〇人）が多大な犠牲を払って、約八、〇〇〇人のインド人青年達と共にイギリス軍を相手に「インパール大作戦」を激しく戦った（日本軍戦病死者・約五六、〇〇〇人）事がインドの独立に繋がり、ミャンマー（旧ビルマ）並びにマレーシアの独立に果たした日本軍並びに元日本軍人の功績も非常に大きなものがあった**のである。

（ちなみに、ミャンマー（元のビルマ）でも、**ビルマの最高の勲章**である**「アウンサン勲章」を七名の元日本軍人が受章している**のである。）

大東亜戦争に従軍された我々の父祖の方々は、「日本を護るためと東南アジアを解放するために」戦われたのであって、**東南アジアを侵略するために戦われた方など一人もおられなかっ**たのである。

戦後、戦犯として処刑された方々（一、〇六八名とも言われる）の中で、「私はアジアを侵略するために戦った」などと証言しておられる方はただの一人もおられない。例え、「死刑にする」と言われても、その様な嘘は誰も言われていない。

真実の歴史を真剣に勉強していない人達が、「我が国は侵略戦争をした」などと言っているのは、全て歪んだ戦後教育の洗脳の結果である（本人達の不勉強の責任も非常に大きい）。

二十九カ国のアジア・アフリカの首脳クラスが集まり、昭和三十（一九五五）年に開催された第一回バンドン会議（インドネシア）において、我が国の加瀬俊一代表は各国首脳から、「我が国が独立出来たのは日本のお蔭です」と握手攻めにあったという。

我々日本人は、戦後教育の中で、「日本は侵略戦争をした悪い国だ」と教え続けられている。しかし実は上記の例以外にも、近代史の中で、我が国が世界の多くの国々から大いなる称賛と敬意を受けていることは非常に多いのである。

① **明治三十七年〜三十八年（一九〇四〜五）の日露戦争での奇跡的な勝利並びに大東亜戦争の緒戦、約半年間における、欧米相手の日本軍の快進撃に（長期間欧米の植民地となっていた）アジア、アフリカを中心とする多くの国々が大きな感動と勇気を得て、アジアから世界に波及した、各国の独立戦争の結果、（第二次大戦）終戦当時は約六〇カ国しか無かった独立国家が今は約二〇〇カ国にも増えたのである。**

② 日露戦争の日本の勝利に感動したフィンランドでは、東郷平八郎元帥のラベルを貼った

「トーゴービール」を売り出し、（今はオランダのビールメーカーが造っている）

③　トルコでは、我が国の代表的軍人（東郷平八郎、乃木希典、児玉源太郎）の名前を採って、当時の首都・イスタンブールのメインストリートの名前を「トウゴー通り」、「ノギ通り」、「コダマ通り」と名前を変えたことも非常に有名な話である。

④　また、「明治二十三（一八九〇）年、『答礼』のために日本を訪れたトルコの軍艦『エルトゥールル号』が、同年九月十六日に和歌山県の串本沖で遭難し、五八七名が海難死した時、地元の人達が多くの遺体を収容し、丁重に埋葬すると共に、生存者の救助に全力を尽くし、生存者六十九名に対して手厚い看護を続け、十分な回復を待ってから、当時の明治政府は、特別に、生存者送還用に、『比叡』と『金剛』の両軍艦を仕立てて、トルコまで送り届けた」という話がトルコの小学校の教科書に出ているため、トルコの人達は皆そのことを知っているということである。

⑤　ちなみに、「イラン・イラク戦争」（一九八〇～一九八八年）中の一九八五年三月十七日、イラクのフセイン大統領（当時）が、「四十八時間の猶予期限以降にイラン上空を飛ぶ航空機は無差別に攻撃する」と突如宣言したため、各国は急遽救援機を派遣して、在イラン各国民を救出した際、日本だけが救援機を派遣する決断が出来ず、右往左往していた中で、トルコが日本人救出のために救援機を二機、派遣して、二一五名の日本人を救出してくれたのである。

トルコのその行動は、上記「エルトゥールル号救助の恩義に報いるためであった」ということである（処が、多くの日本人が前記①～⑤の様な事実を知らない）。

⑥ パリの「ルーブル美術館」並びにロンドンの「大英博物館」は略奪品の山である。つまり、それらは、正に「略奪品展示場」である。

⑦ 我が国は、日清・日露、北清事変、第一次世界大戦、満州事変を始めとして、近代における大東亜戦争以外の戦争は全て勝っている。しかし我が国にはその様な「略奪品展示場」は何処にも無い。

⑧ 「北清事変」（一九〇〇年）の際、他の軍隊とは違い、日本軍は略奪や婦女暴行を全くしなかったことが、イギリス軍をして日本（軍）に対する非常に大きな敬意を抱かせることとなり、そのことが二年後の一九〇二年、「日英同盟」締結にも繋がっていったのである。我々日本人はその様なことを大いなる誇りとすべきである。

⑨ また、第一次世界大戦（一九一四～八年）後の一九一九年、パリ（ヴェルサイユ）講和会議において、我が国が「国際連盟」規約に、世界で初めて「人種差別撤廃条項」の提唱をしたことも、我々日本人は大いなる誇りとすべきである（同条項は賛成国が多数であったが、同会議議長であった米国のウッドロウ・ウィルソン大統領（当時）が、（急に）全会一致を主張したため可決されなかった）。

渡部昇一著『かくて昭和史はよみがえる』や、ロバート・スティネット著『真珠湾の真実』（ルーズベルト欺瞞の日々）並びに、中村粲著『大東亜戦争への道』及び、清水馨八郎著『大東亜戦争の正体・それはアメリカの侵略戦争だった』並びに、名越二荒之助著『昭和の戦争記念館』（一～五巻）及び「ベノナファイル」等にも明らかな様に、昭和十四年に勃発していたヨーロッパ戦線において、風前の灯となりかけていたイギリスを救う為に、米国と英国が組み、それにオランダと蒋介石率いる国民党の支那中国を加えて、日本に第一撃を撃たせるために、ＡＢＣＤラインによる経済封鎖を続け、昭和十六（一九四一）年十一月二十六日には、米国が我が国に対して、実質上の宣戦布告書であった、最後通牒「ハル・ノート」を突き付け、開戦を避けるために最大限の努力をしていた日本を、「やむなき開戦」に追い込んだのである。

東京裁判で「日本人被告全員無罪論」を唱えたインドのパール判事は、「あの様なものを突き付けられたならば、モナコやルクセンブルクの様な小国でさえも、武器を持って立ち上がらざるを得なくなったであろう」とまで言っているのである（「パール博士の言葉」より）。

しかも、その「ハル・ノート」を作成したのは、米国中枢に入り込んでいたソ連・コミンテルンの分子、ハリー・ホワイトであったということが今や明らかとなっている。

旧ソ連・コミンテルンは、米国中枢部並びに毛沢東軍及び蒋介石軍並びに日本に「分子」を送り込み、（日本に送り込んだ分子は、ゾルゲと尾崎秀美《ほつみ》）米国と日本を戦わせて「漁夫の利」を得ようとしたのである。

ハル・ノートを日本に突き付けさせたルーズベルトは、翌二十七日には、アメリカの前哨地帯の諸指揮官に対して、戦争の警告を発し、戦争体制に入ることを命令したのであった。

① 東京裁判は、「戦勝国が敗戦国を裁いてはいけない」という「戦時国際法・ハーグ陸戦法規」第四三条に違反して強行された「復讐劇」であり、同裁判の判事十一名の内五名は不適格判事であり、国際法で学位を取った判事はパール判事ただ一人であった。

② （前述のマッカーサー同様）後に、同裁判のキーナン首席検事もウェッブ裁判長も、「この裁判は（国際）法に準拠しない間違った裁判であった」ことを認める発言をしている。

③ 要するに、**同裁判の中心人物三名、**即ち、国際法に違反して同裁判所の設置を命令した**マッカーサー並びに同裁判長及び、被告を作り上げ、有罪に仕立て上げた同首席検事共に、「同裁判は間違いだった」と述べているのである（①及び②並びに③は、平成六年八月十八日付産経新聞並びに田中正明著『パール博士の言葉』より）。以上の事実だけからしても同裁判は全く無効とすべきである。**

④ （所謂）**A級戦犯二十八人が起訴されたのは、昭和二十一年四月二十九日（昭和天皇お誕生日）、東條英機元首相以下七名が処刑されたのは、同二十三年十二月二十三日（今上陛下お誕生日）であった。**同裁判が全くの復讐劇、見せしめ劇であったという、これほど明確な証拠はない。

⑤「この裁判は国際法に違反するのみか、法治社会の鉄則である法の不遡及まで犯し、(「平和に対する罪」並びに「人道に対する罪」などという事後法で裁いた)罪刑法定主義を踏み躪《にじ》った復讐裁判に過ぎない。だから全員無罪である」

⑥(一九五〇年のイギリスの国際情報調査局の発表によると)同裁判の判決は結論だけで、(当然出されるべき)有罪とする(ための)理由も証拠も明確にされていない(出されていない)。恐らく、それらは今現在に至るも未だ提出されていないのであろうと思われる。とすれば、その理由だけでも同裁判の判決は全て無効であるということになる。

⑦我が国は、上記①、②、③並びに④及び⑤並びに⑥の事由により、同裁判の無効と、同裁判で処刑された方々並びに有罪とされた方々全員の無罪を宣すると共に、被告とされた方々全員の名誉を一日も早く回復すべきである。

⑧「パール判決書」を読めば、「欧米こそ憎むべきアジア侵略の張本人である」ことが分かる。

⑨「日本の外務省は、わざわざ御丁寧に英文パンフレットまで出して、日本の《罪悪》を謝罪し、極東国際軍事裁判(東京裁判)のお礼まで述べている。東洋的謙譲の美徳もここまでくると情けなくなる。……何故、国際正義を樹立しようとしないのか? ……東京裁判で何もかも日本が悪かったとする、戦時宣伝のデマゴーグがこれほどまでに日本人の魂を奪ってしまったとは思わなかった……日本人はこの裁判の正体を正しく批判し、彼らの戦時謀略にごまかされてはならぬ。日本が過去の戦争において、国際法上の罪を犯したと

いう錯覚に陥ることは、民族自尊の精神を失うものである。
自尊心と自国の名誉と誇りを失った民族は、強大国に迎合する植民地民族に転落する。
日本よ！　連合国から与えられた《戦犯》の観念を一掃せよ！」

⑩「広島、長崎に投下された原爆……そこに人種的偏見はなかったか？　しかもこの惨劇については、いまだ彼ら（米国）の口から懺悔《ざんげ》の言葉を聞いていない」

⑪「太平洋戦争……その戦争の種は西欧諸国が東洋侵略のために蒔いたものであることも明瞭だ。さらにアメリカはＡＢＣＤ包囲網をつくり、日本を経済封鎖し、石油禁輸まで行って挑発した上、ハルノートを突きつけてきた。アメリカこそ開戦の責任者である（前記⑤、⑥、⑧及び⑨並びに⑩及び⑪は『パール判事の言葉』より）。

⑫同裁判の冒頭で、清瀬一郎主任弁護人がウエッブ裁判長に対して、「この裁判の管轄権は一体何処に有るのか？（つまり、同裁判の法的根拠は一体何処に有るのか？）という質問に対して、同裁判長は全く答えることが出来ず、「その件に関しては後ほど答える」と言うのが精一杯であったが、結局、同裁判が終わっても、清瀬一郎主任弁護人のこの質問に全く答えることが出来なかった。つまり、同裁判は、全く法的根拠無しに強行された「無法劇」だったのである。

この論文は上記①〜⑫を掲げるだけでも十分かも知れない。しかし、もう少し付け加えることする。

⑬　米国の対日経済圧迫は昭和十三（一九三八）年七月に航空機関系の禁輸を行ったのを皮切りに

⑭　翌年七月二十六日には米国は我が国に対して、日米通商航海条約破棄を一方的に通告し、

⑮　同十五年に入ると、一切の軍事資材はもちろん、生活物資までも禁輸した。

⑯　同年九月二十六日には、米国は我が国に対して、屑鉄並びに鋼鈑を禁輸した。

⑰　そして、昭和十六（一九四一）年七月二十五日には米国が、相次いでイギリス・オランダが我が国の海外資産の凍結を通告し、

⑱　同年八月一日、米国は我が国に対して「石油の全面禁輸」を行ったのである（当時、我が国は石油の約八割を米国に頼っていた）。

⑲　米国は（同年八月に蒋介石・国民党と交わした）「航空戦力援軍協定」に基づき、中国戦線に「（フライング・タイガース）（中国名・「飛虎隊」）と名付けた一〇〇機規模の空軍」を派遣して、同年十月二十日以来、日本軍を攻撃していたのである（そのことは中国・北京郊外の「航空博物館」に堂々と明記してある）。

それは、我が国が真珠湾を攻撃する約一カ月半も前のことである。

我が国の真珠湾攻撃は騙し撃ちでも何でもなかったのである（**「我が国の真珠湾攻撃は、米国の先制攻撃等に対する止むを得ない反撃だった」**とも言えるのである）。

その他、

⑳　明治三十八（一九〇五）年、日露戦争の仲介を成した米国は、その後、日本に対して大きな脅威を抱く様になり（黄禍論）、翌一九〇六年には、日本を仮想敵国として「オレンジプラン」を策定し、その後幾度も見直しを繰り返していた

㉑　大正十三（一九二四）年、米国は日系米人を迫害する目的で、「日系米人の土地を取り上げると共に、日系米人は子々孫々に至るまで土地の所有の権利を認めない」という全く理不尽この上ない「排日移民法」を作り、日本人の移民も禁止するなど、徹底的に日系人の迫害を始めた。

㉒　フランクリン・ルーズベルトは、日本に対して最後通牒・「ハル・ノート」を突きつけた翌日、昭和十六年十一月二十七日には、（前述のとおり）米国太平洋艦隊に対して、日本軍に対する攻撃命令を下していた（その攻撃命令に従って、米国太平洋艦隊は、我が国の真珠湾攻撃の前に、我が国の潜水艦を撃沈していたのである）。

　という歴史経過もよく認識しなくてはいけない。

㉓　我が国は、米国並びに英国等から政治的、経済的、軍事的に徹底的に追い詰められて、「やむなく開戦に踏み切った」のである。それが証拠に、「真珠湾攻撃」の知らせを聞いた米国のルーズベルト大統領（当時）も英国のチャーチル首相（同）も非常に喜んだということ

とが彼らの側近の記録として残っているのである（ロバート・スティネット著『真珠湾の真実・ルーズベルト欺瞞の日々』より）。

㉔ 米国は、一八三六年、メキシコに移民していた約二〇〇人の米国人を唆《そそのか》して、クーデターを起こさせ、彼ら全員が「アラモ砦」でメキシコ正規軍に殺されたのを見届けてから、「リメンバー・アラモ！」を合言葉に、メキシコに宣戦布告して、メキシコを撃ち破り、テキサス州を獲得し、その十年後、一八四六〜四八年のアメリカ・メキシコ戦争で、米国はカリフォルニア州並びにニューメキシコ州を含めて、メキシコの広大な土地を取り上げてしまった。

㉕ 米国は独立当時、十三州でスタートしている。処が今現在は五十州となっている。

㉖ アラスカとルイジアナ州を除く三十五州は独立後、全て武力で制圧、獲得したエリアである。決してアメリカが正義の国でも何でもないのである。

㉗ 同じく、米国は、一八九八年二月十五日、キューバのハバナ港に派遣していた米国の軍艦「『メイン号』が突如スペインに沈められた」（乗員二六〇名死亡）との言いがかりをつけて、スペインに宣戦布告して、スペインを撃ち破り、「フィリッピン」や「グアム」及び「プエルトルコ」を含むスペインの植民地の殆ど全てを獲得し、キューバを保護国として事実上の支配下に置いた（後日、そのメイン号を沈めたのは、実は米国の工作員であったということが明らかとなっているという）。

という歴史経過があるが、前記二つの「リメンバー・……」と「リメンバー・パール・ハーバー」は全く同じ図式（パターン）であることも我々日本人はよく認識しなくてはいけない。

日本を讃える世界の要人の言葉

我が国が「日露戦争」並びに「大東亜戦争」を通じて、世界史に果たした日本の偉大な功績を大きく称賛している世界の要人の言葉並びに、歴史の真実に付いて述べた言葉並びに史実は実に多くある。それら世界の要人の代表的な言葉の中から、それらの一部を改めて取り上げたい。（以下①〜④は、清水馨八郎著『ほこりある日本』より）

① 「日本のお蔭で、アジア諸国は全て独立した。（しかし）日本というお母さんは……母体を損なった……」（ククリット・プラモード　元タイ首相）

② 私が決して滅ぼされないようにと願う一つの民族がある。それは日本民族だ」（ポール・クローデル　元フランス大使）

③ 日本が立派にやり遂げたことは、アジアにおける植民地帝国の十九世紀的構造を破壊することであった。（オーエン・ラチモア　米国の学者）

④ **「……あなたがた日本はペコペコ謝罪していますが、これは間違いです。……東亜民族を解放し、共に繁栄しようと……立ち上がったのが、貴国日本だったはずでしょう……**本

当に悪いのは、侵略して……いた西欧人の方です。……日本の功績は偉大です。……（あなた方こそ）……堂々と誇りを取り戻すべきです。……」（サンティン　オランダ・アムステルダム市長）

⑤ **「ルーズベルトという狂人が対日戦争を引き起こした」**（米国、**『フーバー元大統領回顧録』**）

⑥ **「ルーズベルト大統領は……日本を経済封鎖に追い込み、ハル・ノート（実質上の宣戦布告書）で無理難題をふっかけ、日本の暴発を誘った。**つまり、ルーズベルトはイギリスとシナを助け、第二次世界大戦にアメリカを裏口から介入させるという謀略に成功した。」（フーバーの言葉に、マッカーサーも同意したという）（米国、**ウェデマイヤー将軍**回想録）

⑦ 我が国の東條英機首相が主催して、日本が独立させた、ビルマとフィリピンの代表を含む、アジアの七カ国の代表が東京に集まり、**昭和十八年十一月五日から**、世界で最初の有色人種国家の国際会議**「大東亜会議」が開催された。**その事も特筆すべき事である。（参加国、日本、中華民国国民政府、タイ、満州国、フィリピン、ビルマ、自由インド仮政府、以上七カ国）

この会議で、**インド仮政府代表の、チャンドラ・ボースは、「……日本はアジアの希望の光である。……」と述べている。**（加瀬英明著『大東亜戦争で日本はいかに世界を変えたか』より）

⑧ **「……日本は……帝国主義と植民地主義と人種差別に、終止符を打つことを成し遂げた」**

（歴史家　アーノルド・トインビー）（同右）

⑨「太陽が空を輝かし、月光が大地をうるおし、満天に星が輝く限り、インド国民は日本国民への恩義を忘れない」（インド法曹界の重鎮　レイキ博士）（同右）

⑩「……インドの独立は日本帝国陸軍によってもたらされました。……」（インド国民軍全国委員会事務局長　S.S.ヤダフ）（同右）

⑪「日本軍は、長い間、各国を植民地として支配していた西欧の勢力を追い払い、とても白人には勝てないと諦めていた、長い間眠っていた『自分たちの祖国を自分たちの国にしよう』という心を目覚めさせてくれたのです。（マレーシア、ラジャー・ダト・ノンチック元上院議員）

⑫「現在の日本の自信喪失は敗戦に起因しているが、そもそも大東亜戦争は、決して日本から仕掛けたものではなかった。（日本は）平和的外交交渉によって、事態を打開しようと最後まで取り組んだ。それまで日本はアジアのホープであり、誇り高き民族であった。**日本の武士道は、西欧の植民地勢力に捨て身の一撃を与えた。**それは大東亜戦争だけではなく、**日露戦争もそうであった。**

日露戦争と大東亜戦争……この二つの捨て身の戦争が歴史を転換し、アジア諸民族の独立をもたらした。その意義はいくら強調してもしすぎることはない。

敗けたのはむしろイギリスをはじめとする植民地を持った欧米諸国であった。彼らはこ

の戦争によって全てを失ったではないか。

日本は戦争に敗れて戦争目的を達成した。日本こそ勝ったのであり、日本の戦争こそ『聖なる戦争』であった。

ある人は敗戦によって、日本の国土が破壊されたと言うが、こんなものはすぐに回復できたではないか。

二百数十万の戦死者は確かに帰ってこないが、しかし、彼らは英霊として、靖国神社や護国神社に永遠に生きて、国民崇拝対象となるのである。」**（朴　鉄柱　韓日文化研究所）**

⑬「……あの大戦で、マレーシア人と同じ小さな体の日本人が、**日本なくして、東南アジアの独立はありませんでした。**この日本が払った尊い犠牲を否定することは、バックミラーばかり見ているようなものです。本当に悪いのは、侵略して権力をふるっていた西欧人の方です。」**（ガザリー・シャフィー　マレーシア元外務大臣）**

⑭「日本は敗戦したが、その東亜の解放は実現した。その結果、アジア諸民族は各々独立を達成した。**日本の功績は偉大であり、血を流して戦ったあなた方こそ最高の功労者です。自分をさげすむ事をやめ、その誇りを取り戻すべきです。」（サンティン　アムステルダム市長）**

⑮**「あの戦争によって、世界のいたるところで植民地支配が打破されました。そしてこれは、日本が勇戦してくれたお蔭です。**新しい独立国が、多くの火の中から不死鳥のように

姿を現しました。誰に感謝を捧げるべきかは、余りにも明白です。」（**タナット・コーマン元タイ国副首相**）

⑯「アジアの希望は、植民地体制の粉砕でした。**大東亜戦争は私たちアジア人の戦争を日本が代表して敢行したものです。**大東亜戦争というものは、本来なら、私達インドネシア人が、独立のために戦うべき戦争だったと思います。もしも、私達に軍事力があったなら、私達が植民地主義者と戦ったでしょう。大東亜戦争はそういう戦いだったんです。」（**モハメット・ナチール　インドネシア元首相**）

⑰**「特にインドネシアが感謝することは、戦争が終わってから、日本軍人約一、〇〇〇人が帰国せず、インドネシア国軍と共にオランダと戦い、独立に貢献してくれたことです。」（サンパス　インドネシア元復員軍人省長官）**

⑱**「日本軍が米・蘭・仏を我々の眼前で徹底的に打ちのめしてくれた。我々は白人の弱体と醜態ぶりを見て、アジア人全部が自信を持ち、独立は近いと知った。そもそも大東亜戦争は我々の戦争であり、我々がやらねばならなかった。……」（ブン・トモ　インドネシア元情報相）**

⑲**「彼ら（日本）は謝罪を必要とすることなど、我々にしていない。……」（ネール　インド初代首相）**

⑳**「インドはほどなく独立する。その独立の好機を与えてくれたのは日本である。**インド

の独立は日本のお蔭で三十年早まった。**その恩は忘れてはならない。**これはインドだけではない。**インドネシア、ベトナムをはじめ東亜民族は、みな同じである。**インド国民はこれを深く心に刻み、日本の復興には惜しみない協力をしよう。」**（グラバイ・デザイ　インド弁護士会会長）**

（※もしも、日本が大東亜戦争を戦っていなかったならば、欧米の植民地支配は、未だ数百年、続いていたであろう。　諸橋）

㉑　**「日本ほどアジアを白人支配から離脱させることに貢献した国はない。しかし、また日本ほど誤解を受けている国はない。」（バー・モウ　ビルマ元首相）**

㉒　「**日本のお蔭でアジア諸国は独立した。**日本というお母さんは、難産して母体を損なったが、生まれた子供はすくすくと育っている。**今日、東南アジアの諸国民が、米英と対等に話が出来るのは、一体誰のお蔭であるのか。それは身を殺して仁を成した日本というお母さんがあったためである。**十二月八日は、我々にこの重大な思想を示してくれたお母さんが、一身を賭けて重大決意をされた日である。更に、八月十五日は、我々の大切なお母さんが病の床に伏した日である。我々はこの二つの日を忘れてはならない。」**（ククリット・プラモード　タイ国元首相）**

㉓　**「原子爆弾という、国際法で禁止されている残虐な武器を使用して、多数の一般市民を殺した連合国側が、捕虜虐待について、日本の責任を問う資格があるのか」（ベン・ブルー**

ス　米国　東京裁判弁護士）

㉔「インドが今日独立できたのは日本のお陰であり、それはひとりインドだけでなく、ベトナムであれ、カンボジアであれ、インドネシアであれ、旧植民地であったアジア諸国は、日本が払った大きな犠牲によって、独立できたのである。」（インド第二代大統領　ラーダー・クリシュナン）

㉕**「私の判決文を読めば、欧米こそ憎むべきアジア侵略の張本人であるということが分かるはずだ。**それなのに、あなた方は自分らの子弟に、『日本は犯罪を犯したのだ』『日本は侵略の暴挙を敢えてしたのだ』と教えている。満州事変から大東亜戦争に至る真実の歴史をどうか私の判決文を通して十分研究していただきたい。**日本の子弟が歪められた罪悪感を背負って、卑屈、退廃に流されていくのを私は平然と見過ごす訳にはゆかない。時が、熱狂と偏見とをやわらげた時には、また理性が虚偽からその仮面をはぎとった暁には、その時こそ正義の女神は、その秤を平衡に保ちながら過去の賞罰の多くにそのところを変えることを要求する**であろう。」**（ラダ・ビノード・パール　極東国際軍事裁判判事・法学博士）**

「実は米国とロシア並びに中国がそれぞれ甲乙つけ難い世界最大の侵略国である」ということを我々日本人は良く知らねばならない。併せて、下記の歴史的事実もよく知っておかねばならない。

「中国と韓国とロシアは、平気で嘘をつき、平気で人の物（領土他）を盗る国であることもよく認識しなくてはいけない。その様な国に対しては、それなりの対処をしなくてはいけないのは、極く当然のことである。

① 「早く**支那事変**を終わらせようとしていた我が国に対して、**米国と英国と旧ソ連（現ロシア）とフランスはその戦いを終わらせない様にするために、「援蒋ルート」等を造って、蒋介石軍に武器や弾薬等を送り続けた。**

② **「昭和十二（一九三七）年七月二十九日に中国の『保安隊』（約三、〇〇〇）が中国の通州市に居た日本人民間人をいきなり襲い、婦女子を含む日本人民間人二二三名を虐殺した大事件「通州事件」が発生。**

③ **翌月九日に上海で『大山大尉惨殺事件』**が起き、

④ また、**八月十三日、**（コミンテルンの分子であった）**張治中が、**上海において、蒋介石の命令を無視して、**いきなり日本海軍の陸戦隊を攻撃した」事等が支那事変（日中戦争）に繋がっていった。**

⑤ **日韓併合は、**同併合に反対していた**伊藤博文を一九〇九年に韓国人・安重根が（ハルピンの駅で）殺してしまったために、**当時は世界最大の軍事大国であったロシアを撃ち破ったほどの強国、日本に総攻撃でもされたら大変だとの恐れから、**韓国側から日本に対して**

併合して欲しいとの申し入れがあり、結果的に我が国がその申し入れを引き受けたものである（決して我が国が韓国を武力攻撃して併合した訳ではない）。

⑥（強制されたと言われている）「創始改名」も実は決して「強制」ではなく、「当時は（世界の一等国民であった）日本人の姓に変えたい」という朝鮮半島の人達の願いを当時の日本政府が一定期間認めたものである。

⑦日本の朝鮮半島並びに台湾の統治は、各種インフラの整備並びに学校の整備、教育の実施充実等々、それぞれの内地化、つまり、それぞれを日本本土と基本的に変わらないレベルに引き上げるための政策を進めたのである。欧米による植民地政策とは全く似て非なるものだったのである。

⑧ソ連（現ロシア）が、昭和二十（一九四五）年八月九日、（当時、有効であった）「日ソ中立条約」を一方的に破棄して、一五七万人の大兵力をもって満州並びに南樺太及び千島列島へ怒涛の様に無法に侵略し、婦女子や老人を中心に約二十七万人の日本人民間人を殺戮し、約五十六万人（六〇万人、或いは一〇〇万人という説もある）の元日本兵を「捕虜」としてシベリア他に強制連行し、食べる物もまともに与えずに酷寒の地で強制労働させて約五万六千人（六万人、或いは十万人という説もある）の元日本兵の命を奪っただけでなく、その後、北方４島を含めて元々我が国の領土であった処の不法占領を続けている。

以上、述べたことを含めて、**我々日本人は何としてでも早く真実の歴史を取り戻さなくてはいけない。**そして、**一日も早く、所謂「東京裁判史観」を払拭し、「日本人としての自信と誇りを取り戻さなくてはいけない。**その上で、「日本人としての自信と誇りを持てる日本国」を、子孫に、強い使命感と自信を持って継承して行かねばならない。いつまでも中国や韓国から、「首相の靖国神社参拝」や「教科書」に関する理不尽且つ国際外交の基本に大きく反する内政干渉を受け続けている様ではいけない。**大東亜戦争だけで、軍民合わせて三一〇万人を超える方々が犠牲となっておられる。それらの方々の尊い「死」が決して無にならない国家にしなくてはいけない。**

「お前の先祖は悪かった。お前の国は悪い国だ」と言われ続けて、何の疑問も感じない神経が基本的にどうかしていると言わざるを得ない。

「我が国は戦争をした悪い国だ」という単純な所謂「東京裁判史観」からもうそろそろ目覚めなくてはいけない。

「戦争をしたから悪い国だ」とするならば、世界の主要国は全て悪い国ばかりだということになってしまう(今の世界の主要国で戦争をしたことのない国はない)。

「戦争で敗けたから悪い国だ」とするならば、世界の主要国は全て悪い国ばかりだということになってしまう(今の世界の主要国で、一度も戦争に負けたことのない国はない)。

戦争に敗けたから悪い国だとするのではなく、**「何故戦争に負けたのか」を真剣に検証すべ**

きである。

当時世界一の軍事大国であったロシアを相手に、「絶対に勝てるはずがない」と思われていた、「日露戦争」（明治三十七〜三十八年・一九〇四〜五年）は何故勝てたのか？（日露戦争開戦時における日ロの総合戦力比は約一対一〇であった）

それに比べれば、必ずしも敗けると決まっていたとは言えなかった大東亜戦争は何故敗けたのか？」という検証、総括が平成二十八年時点で戦後七十一年を経過しているにも拘わらず、未だになされていないことこそ、（国家として）非常に大きな問題である。

大東亜戦争開戦当初の我が国と米国の海軍太平洋艦隊の戦力は、日本海軍の方が上回っていたのである。実際に、**開戦後半年間は、米国、イギリス、オランダ、中国、オーストラリアを相手に戦い、殆ど勝ち続けていたのである。**

全く無謀な戦争だったと言うのであれば、例え半年間と言えども、それらの国々を相手に勝ち続けることなど出来なかったはずである。

米国の経済力並びに工業生産力が、当時の我が国のそれらを大きく上回っていたから我が国は米国に勝てるはずがなかったのだ、と物知り顔に言う人達がいる。

もしも、その様な理屈が成り立つのであれば、今の我が国は世界第二位の経済大国である（平成二十年現在。平成二十八年時点においては世界第三位）。それならば、今の我が国は米国以外のどの国と戦争をしても必ず勝つという理屈になる。

我が国の大きな反省点の一つとして、大戦前、米国並びに英国等の、様々な我が国に対する無法な圧力を、米国並びに世界の世論、米国と世界のマスコミに強く訴えるという努力を余りにも怠っていたということがある。

開戦前に、「日本が、米国やイギリス並びにオランダ等から、政治的、経済的に、この様に不当に追い詰められている」ということを、米国と世界のマスコミを通じてもっと強く訴え続けるべきであった。

反省するのであれば、その様なことを真剣に反省し、（諜報活動並びに広報活動をするための）「情報省」或いは「広報省」を作り、常時我が国が世界に訴えるべき事を、主張すべき事をタイムリーに発信し続ける様にすべきである。

今の日本に最も大きく欠けているのは「日本人としての自信と誇り」である。日本人としての正しい歴史観と誇りを取り戻すためには、戦後長期間に亘り、日教組によって歪められ続けてきた我が国の教育を大きく改め、真実の歴史教育並びに偉人教育及び道徳教育を含めて、何が何でも我が国の教育を正常化しなくてはいけない。

そして、日本人としての自信と誇り並びに、世界から大きな尊敬を得ていたはずの（日本民族固有の精神）「武士道精神」も取り戻さなくてはいけない。

古今東西を問わず、教育は国家一〇〇年の大計であり、教育を正常化することが、必ずや、日本が「真の近現代史観・正しい近現代史観」を取り戻すと共に、日本人としての自信と誇りを取り戻すことにも繋がって行くはずである。
併せて、我が国のマスコミ報道も何としてでも正常化しなくてはならない。

日本が世界の植民地を解放した

真実の歴史を知れば、我が国が、実に甚大な犠牲を払って、直接、間接に、世界の植民地を解放した事は誰でも理解出来ることである。

我が国は、人類史、世界史の中で、「世界の植民地解放」と言う、実に偉大な事を成し遂げたのである。

四百数十年間に亘って、世界の多くの地域を、植民地支配し続けた欧米に対して、正面から立ち向かって、戦う力を持っていた、有色人種の国は、（少なくとも、大東亜戦争の時点までは）日本以外には無かったのである。

日本人の感覚では、「神よりの啓示、天命」という考え方は存在しないが、我が国が（日露戦争と）大東亜戦争を戦ったのは、人類史、世界史の中で、「世界の植民地解放」という、大きな使命、必然だったのかも知れない。

そして、その事を成し得る力を持っていたのは、日本以外には無かった。

我が国は、甚大な犠牲を払って「大東亜戦争」を戦い、直接、間接に「世界の植民地解放」という実に偉大な事を成し遂げたのである。

その様に、実に偉大な事を成し遂げた、父祖の方々に対して、現代に生かされている我々は、深甚なる敬意の念と、心よりの感謝の誠を捧げるべきであると思う。

併せて、我々日本人は、以上の事に、大いなる自信と誇りを取り戻すべきである。

もしも、我が国が「大東亜戦戦争」を戦っていなかったならば、欧米による世界の植民地支配は、恐らく数百年先まで続いていたであろう。

日本が世界の植民地を解放したのである。

「日本人としての自信と誇りを取り戻そう！」　完

安倍謝罪談話

（前述のとおり）平成七年八月十五日に、「村山謝罪談話」が、同二十二年八月十日には、「菅謝罪談話」が発表された。

安倍首相は、そんな馬鹿な談話は発表しないだろうと思っていたが、誠に残念ながら、昨年（平成二十七年）八月十四日に、再び「謝罪談話」を発表してしまった。

何故、我が国の首相は性懲りもなく、何かにとりつかれたかの様に、その様な「謝罪談話」を繰り返すのであろうか？

「安倍談話」の問題点について少し述べたい。

同談話は、第一次世界大戦に至る歴史経過を客観的に述べている。その事は良いが、その後に、「我が国は新しい国際秩序に対する挑戦者となって行った……」となっているが、一体、当時の我が国の、どの様な行動を指して言っているのか？　意味不明である。

「……深く名誉と尊厳を傷つけられた女性達（慰安婦）がいたことも忘れてはなりません」「何の罪もない人々に、計り知れない損害と苦痛を我が国が与えた事実……」「……ただただ断腸の思いを禁じ得ません」「先の大戦への深い悔悟……」「我が国は、先の大戦における行いについて、繰り返し、痛切な反省と心からのお詫びの気持ちを表明してきました。……こうした歴代内閣の立場は、今後も揺るぎないものであります」「ただ、私たちがいかなる努力を尽くそうとも、家族を失った方々の悲しみ、惨禍によって塗炭の苦しみを味わった人々の辛い記憶は、これからも決して癒えることはないでしょう。ですから、私たちは心に留めなければなりません。……」「戦争の苦痛を嘗め尽くした中国人の皆さんや、日本軍によって耐え難い苦痛を受けた捕虜の皆さん…そのことに私たちは、思いを致さなければなりません。……」

という様に、懺悔の言葉が並んでいる。

そして、途中で、「……私達の子や孫、そしてその先の世代の子供達に謝罪を続ける宿命を背負わせてはなりません」としていながら、何とその後に、再び懺悔の言葉が並んでいる。

「私たちは、自らの行き詰まりを力によって打開しようとした過去をこの胸に刻み続けます。……」「私たちは、経済のブロック化が紛争の芽を育てた過去をこの胸に刻み続けます。……」「私たちは、国際秩序への挑戦者となってしまった過去をこの胸に刻み続けます。」と、「我が国はこれからも反省し続けなければならない。…」と、何度も繰り返している。

それでは、「我々の子や孫に謝罪を続ける宿命を背負わせてはなりません。」としている事とは大きく矛盾すると言わざるを得ない。

誠に残念ながら、**期待していた安倍首相までもが、「村山謝罪談話」の「上書き謝罪談話」を発表してしまった**のである。

我が国は、もう好い加減に、「謝罪病」から脱却しなくてはならない。

特に、八行前の「……経済のブロック化云々」は、我が国が成した事ではない。米、英、中、蘭による所謂『ABCDライン』による『経済ブロック化』（経済封鎖）の事を、まるで我が国が悪い事をしたかの様に言っていることは全く理解不可能である。

また、「……国際秩序への挑戦者となってしまった過去……」とは、一体何を指して言っているのか？　この部分も全く理解不可能である。

また、**安倍首相は、野に下っていた時、「（第一次安倍内閣の時に）「靖国参拝出来なかったことは慚愧に絶えない。」と言っていたにも拘わらず、これで、三年連続、靖国参拝していない。安倍首相は、粛々と、堂々と、全国民を代表する気持ちを籠めて、靖国参拝すべきであろう。安倍首相は一体何を恐れているのか？**

靖国参拝は、中国や韓国から、「行くな」と言われて止めるものでもなければ、中国や韓国から、「もう行っても宜しい」と言われて、両国の「お許し」が出てから行くものでもない。

我が国の先人の方々は、米英から、政治的、経済的に徹底的に追い詰められて、やむなく立ち上がり、我が国を護るためと、東南アジアを解放する為に、甚大な犠牲を払いながら、「大東亜戦争」を最後の最後まで、死力を尽くして戦われた。その事が、結果的に、直接、間接に世界の植民地解放に繋がった。

大本営が作成した『軍人心得』の中に記されていた様に、**「其の事は我が国の歴史的使命で**

あった。」その様に捉えるべきである。

そして、**「大東亜戦争」をその様に捉えることが、甚大な犠牲を払って「大東亜戦争」を戦い、散華された、数多の我々の父祖の方々の、「尊い死」を無にせぬ唯一つの道であると思う。**それを、全く逆に、「父祖の方々の死は、全くの無駄死にであったかの様に」主張してきた人達の考え方は、実に愚の極みであると言わねばならない。

極く普通の日本人であれば、「靖国神社」の「遊就館」や、知覧の「特攻記念館」へ行って、**先人の方々の遺書などを読めば、当時の日本人が一体どの様な思いで戦ったのかは誰でも分かるはずである。**

日本はアジアの民を解放した……

加瀬英明氏は同氏の著書『大東亜戦争で日本はいかに世界を変えたか』の中で、「著者の父**俊一は、**（昭和二十年九月二日）（降伏文書にサインするためのミズリー艦号上で）**『日本は戦いに敗れたけれども、数千年に亘って奴隷の様に虐げられていたアジアの民を解放した。そういう歴史的な新しい時代を開いたという意味で、日本は勝ったという誇りを胸に秘めてミズリーの甲板を踏んだ。重光（葵外務大臣　当時）も同じ考えだった』**」と記しておられる。

戦後間もない頃の日本人の多くはこの様な気持ちを、気概を抱いていたのである。

我が国並びに我々日本人は改めて、その様な気持ち、気概を、日本人として自信と誇りを何としてでも取り戻さねばならない。何としてでも……

真実の歴史を識れば（「識る」は、物事を深く認識し、深く理解するという意味があります。）、**我が国が何故「支那事変」や「大東亜戦争」を戦ったのか、それらの戦争をどう戦ったのか、そして我が国が甚大な犠牲を払って「大東亜戦争」を戦った結果、長期間欧米の植民地となっていた世界の国々を、直接、間接に解放したことが、「日本が世界の植民地を解放した」事が普通の日本人であれば、誰でも理解出来るはずである。**

「日本が世界の植民地を解放した」完

参考文献

故冨士信夫著『東京裁判傍聴記録・南京大虐殺はこうしてつくられた』(展転社)
故獨協大学名誉教授、中村粲著『大東亜戦争への道』(展転社)
故田中正明著『南京事件の総括』(展転社)、同『パール博士の言葉』
同『パール判事の日本無罪論』(慧文社、小学館)
故高千穂商科大学名誉教授、名越二荒之助著『世界から見た大東亜戦争』(展転社)
同『大東亜戦争とアジアの歌声』(展転社)、同『反日国家・日本』(山手書房)
同『昭和の戦争記念館』(展転社)
渡部昇一著『かくて昭和史はよみがえる』(クレスト選書)
渡部昇一著『東京裁判史観』、渡部昇一著『新愛国論』
渡部昇一著『昇る国、沈む国』(徳間書店)、渡部昇一著『国益原論入門』(徳間書店)
亜細亜大学教授、東中野修道著『南京大虐殺研究の最前線』(展転社)
同『南京攻略戦の真実』(小学館)、同『徹底検証・南京大虐殺』(展転社)
同『新地球日本史「南京事件は存在せず」(産経新聞連載)』
東中野修道・小林進・福永慎次郎著『南京事件「証拠写真」を検証する』(展転社)
故名越二荒之助・故中村粲共著『亡国謝罪病を斬る』
小堀桂一郎著『東京裁判の呪い』(PHP研究所)

黄文雄著『捏造された日本史』（日本文芸社）
故前野徹著『第四の国難』（扶桑社）
鈴木敏明著『大東亜戦争はアメリカが悪い』（勉誠出版）
故小室直樹・日下公人著『太平洋戦争こうすれば勝てた』（双葉社）
ユン・チアン著『マオ』（講談社）
加瀬英明著『大東亜戦争で日本はいかに世界をかえたか』（ベストセラーズ）
加瀬英明・藤井厳喜・稲村公望・茂木弘道共著『日米戦争を起こしたのは誰か』（勉誠出版）
故中條高徳著『日本人の気概』（致知出版社）
ロバート・スティネット著『真珠湾の真実・ルーズベルト欺瞞の日々』（文藝春秋）
中川八洋著『山本五十六の大罪』（弓立社）
故清水馨八郎著『大東亜戦争の正体・それはアメリカの侵略戦争だった』（祥伝社）
故小室直樹・渡部昇一共著『自ら国を潰すのか』（徳間書店）
渡部昇一・故谷沢永一共著『こんな歴史に誰がした』（文藝春秋）
故東條由紀子・渡部昇一共著『大東亜戦争の真実』（ワック）
渡部昇一・日下公人・竹村健一共著『誇りなくんば国立たず』（太陽企画出版）
産経新聞発行『ルーズベルト秘録』（上下巻）
細谷順著『日本人の油断』
ビル・トッテン著『日本はアメリカにだまされている』（ごま書房）

ヘンリー・ストークス著『英国人記者が見た連合国戦勝史観の虚妄』（祥伝社新書）
加瀬英明、ヘンリー・ストークス共著『なぜアメリカは対日戦争を仕掛けたのか』（祥伝社新書）
ヘンリー・ストークス、藤井厳喜共著『連合国戦勝史観の徹底批判！』（自由社）
ヘンリー・ストークス、植田剛彦共著『目覚めよ！　日本』（日新報道）
同『アングロサクソンは人間を不幸にする』（ＰＨＰ研究所）
西尾幹二著『国民の歴史』（文藝春秋）
故谷沢永一著『こんな日本に誰がした』（クレスト社）
椛島有三著『米ソのアジア戦略と大東亜戦争』（明成社）
村永薫著『知覧特別攻撃隊』（ジャプラン）
故瀬島龍三著『祖国再生』（ＰＨＰ研究所）、同『大東亜戦争の実相』（ＰＨＰ研究所）
三浦朱門著『全歴史教科書を徹底検証する』（小学館）
濤川栄太著『戦後教科書から消された人々』（ごま書房）
西村真悟著『我尖閣に上陸せり・誰か祖国を思わざる』（クレスト社）
同『亡国か再生か』（展転社）、同『海洋アジアの日出る国』（展転社）
金完燮（ワンソップ）著『親日派のための弁明』（草思社）
長洋弘著『インドネシア残留日本兵を訪ねて』（草の根出版会）
同『インドネシア元日本兵を訪ねて』（社会評論社）、同『帰らなかった日本兵』（朝日新聞）
吉田進著『戦艦大和ノ最期』（講談社）

田中清三郎著『島根県竹島の新研究』（田村清三郎発行）
古森義久著『日中再考』（産経新聞ニュースサービス）
藤原正彦著『国家の品格』（新潮社）
山際澄夫著『それでも朝日新聞を読みますか？』（ワック）
岩田温著『日本人の歴史哲学』（展転社）
自由主義史観研究会著『教科書が教えない歴史』（1〜4巻）（産経新聞ニュースサービス）
新しい歴史教科書をつくる会編集『新しい歴史が始まる』（幻冬舎）
名越二荒之助（監修）『亡国自虐史観を撃つ』（日本をまもる会発行）
靖国神社発行『A級戦犯とは何だ』、同『いざさらば我は御国の山桜花』
同『父上さま・母上さま』、同『英霊の言の葉』
稲田朋美著『百人切り裁判から南京へ』（文藝春秋）
岡田幹彦著『日本の誇り１０３人』（光明思想社）
ケント・ギルバート著『自虐史観のアホらしさに気づいた日本人』（ＰＨＰ研究所）
馬淵睦夫著『そうか、だから日本は世界で尊敬されているのか』（ワック）
①月刊『正論』、②月刊『諸君』、③月刊『WiLL』、④元谷外志雄著『報道されない近現代史』『アップルタウン』各号、⑤週刊『ダイヤモンド』、⑥日本政策センター『明日への選択』
（①〜⑥は月刊又は週刊）、産経新聞、「ＫＢニュース」各号、
司馬遼太郎著『坂の上の雲』（1〜8、文藝春秋）、他

以上

追記

その1　田母神俊雄元空幕長　不当逮捕の真実
その2　消費税並びに法人税等　改正案
その3　自民党に対する提言
その4　教科書問題並びに各社教科書比較
①「学び舎」の問題点
②「自由社」、③「育鵬社」、④「東京書籍」、⑤「帝国書院」
各教科書比較（優れている点と問題点）
その5　「大東亜聖戦大碑」（石川県護国神社）

その1　田母神俊雄元空幕長　不当逮捕の真実

既報のとおり、去る（平成二十八年）四月十四日、田母神俊雄元空幕長が、東京地検に逮捕されました。

その逮捕理由は、平成二十六年東京都知事選終了後、田母神俊雄氏が、事務局長をしていた島本順光《のぶてる》（事務局長）と共謀して、「共同正犯」として、選挙時の複数の運動員の人達に、お礼として、お金を配った容疑だということです。

田母神元空幕長とは、彼が小松基地司令をしていた当時に知り合い、以後十八年間、非常に親しいお付き合いをさせて頂いております（以後は、「田母神さん」と記させて頂きます）。

同都知事選の応援をした人達の中で、田母神さんと最も親しかったのは私だと思います。その次に田母神さんと親しかったのは、岡野俊昭さんという方でした。

実は、私は、田母神さんが逮捕されてから一週間後、さる四月二十一日、同東京地検に呼ばれて、出頭し、同日と翌日事情聴取を受けました。（最初は、事情聴取だと思っていたのですが、H検事の説明では「取り調べ」だった様です。）

同都知事選が終了した後、同年の二月末か三月の初め頃だったと思いますが、島本から、私に電話があり、「諸橋さん、一度お会いしたいのですが、お時間を取って頂けませんか？」という電話がかかってきました。

そこで私が島本に対して、「お会いしてもよいですが、御用件は何ですか？」と問うた処、島本は、「諸橋さんもずいぶんお金を使われたと思いますので、お金をお渡ししたいと思いまして。」と言いました。

そこで私は、「私はお金など貰うつもりは全くありませんから、その様な要件ならばお会いしません。」と言って島本のアポを断りました。

そして、その様な事があってから数日後、田母神さんにお会いした際、私が田母神さんに対して、島本からその様な電話が有った事を伝えると、田母神さんは、「ああ、そうでしたか？」と言い、島本が私にその様な電話をしたことさえ知らない様子でした。

仮に、東京地検が描いている様な、田母神さんと島本が「共同正犯」ということであれば、島本が私に、その様な電話をしてきた事さえ田母神さんが知らないという事は非常に不自然だということになります。

また、仮に、田母神さんと島本が共同正犯だということであるならば、私がその様な話を田母神さんにした時に、田母神さんが私に対して、「諸橋さん、そう言わずに、お金を貰っておいて下さい。」と言ってもおかしくないでしょう。

真実は、田母神さんは、島本が私にお金を渡そうとしたことさえ全く知らなかったのです。

その事だけに鑑みても、田母神さんと島本が共同正犯という構図は成立しないということになります。

実は、岡野俊昭さんの場合も私の場合と同様の様でした。（田母神さんと、私と岡野さん、三人で会食していた時の岡野さんのお話ですが）島本から、岡野さんに対してお金を渡したいとの申し入れがあったが、岡野さんはそれを断ったということです。

その事を岡野さんが田母神さんに伝えましたが、私の場合と同様、田母神さんは、島本から岡野さんに対する、その様な申し入れを全く知らない様子でした。

また、岡野さんに対しても田母神さんは、「岡野さん、そう言わずにお金を受け取って下さい。」などとは、ただの一言も言いませんでした。

更に、もっと言えば、仮に、田母神さんと島本が共同正犯だとするのであれば、同都知事選関係者の中で、最も親しかった我々に対して、田母神さんが直接お金を渡そうとしたとしても不思議ではないでしょう。処が、そんな事も一切ありませんでした。

私と岡野さん、二人の場合だけを考えてみても、東京地検が創作しようとしている、「田母神と島本の共同正犯」という「構図」はとても成り立たないでしょう。

実は、この一連の件に関して、最も悪いのは、田母神さんを告発した、水島総（都知事選当時の最高責任者、同選対本部長）です。

その様な経緯の中で、私は田母神さんを東京地検に告発した、水島総に対して、平成二十八年三月二十八日、内容証明、配達証明付き郵便で、下記の「通告書」を送りました。

平成28年3月28日
諸橋茂一

通告書（原文横書き）

株式会社　日本文化チャンネル桜
社長　水島　総（さとる）殿

君は、君が社長を務める「日本文化チャンネル桜」の番組（以下、同番組という）で、去る3月24日に、またまた、しつこく田母神俊雄氏批判を繰り返しました。その中で、下記1．だけは妥当な内容ですが、私に対しても、非常に不当な主張並びに誹謗中傷等を繰り返しました。その内容並びに問題点及び、当方の要求事項は下記のとおりです。

（基本的に、「　」内は、君（水島総）が話した内容の主旨）（⬇は、諸橋の主張）

1．**「（平成26年）7月までは（私は田母神選対に）関係していた。責任はあった。お詫びもしたい。」**

⬇その様な気持ちがあるのであれば、君は、正式に記者会見をして、その場で、正式に「お詫び」をすべきではないでしょうか？　もしも、上記の言葉どおり、君が本気でお詫びをする気持ちがあるのであれば、君の上記の言葉に嘘がないのであれば、君のお詫びのための記者会見の日時場所等を早く決定して、その1週間前までにお知らせ下さい。

（※3月24日の同番組で、その様に明言したにも拘わらず、何と、その後発行された、月刊「正論」6月号誌上において、水島は、「選挙後、…組織から私が離れた後、今回の私的流用や買収容疑事件が起き…」と記して、いかにも自分に責任は全くないかの様な書き方をしている。処が、東京地検が、「田母神と島本が共謀して、都知事選関係運動員にお金を配った時期は、平成26年の3月から5月頃」としている様である。ということは、上記で、水島が「（平成26年）7月頃までは（私は田母神選対に）関係していた。責任はあった。…」と明言している事とは、大きく矛盾する。水島の言っている事と書いている事は、全く整合性が取れていない。正に嘘八百、正に支離滅裂である。）

2.

①「（田母神氏に対して、6、000万円を（「頑張れ日本行動委員会」の）口座に移して欲しいとは言ったが）その事に関して（田母神氏から）『（水島は）自分のものにしたい（と思っていた）』と言われたから（私は）怒った。」

②「『頑張れ日本…』の口座の中に『…都民の会』の口座を作ったらどうかと言っただけです。」

⬇上記の君の発言は①、②共に全く意味不明です。もっと分かり易く説明して下さい。また、上記②で、君が言っている様な事は、良し悪しは別にして、そんな事が出来るのですか？　もしも、出来るというのであれば、その根拠を示して説明して下さい。

3．君は同番組の中で、複数の通帳の表面は見せましたが、それらの中身は全く見せませんでした。君が、自らの正当性を主張するのであれば、それらの通帳の中身を全て公表すべきです。何時、それらの通帳の中身を公開しますか？　4月8日までにお答え下さい。

4．「田母神氏は赤坂の高級クラブに行っていた。」

⬇田母神氏は（選挙期間中も、その後も）そんな処へ行っていません。にも拘わらず、君は全く何の根拠もない嘘を公共の電波を使って流しました。本項における君の発言を裏付ける証拠を来る4月8日までにお示し下さい。もしも、指定期日までに、君の発言を裏付ける証拠を示すことが出来ない場合は、君は何の根拠もなく、田母神俊雄氏を公共の電波を使って誹謗中傷したということになります。その事は、刑法第230条の「名誉棄損罪」に抵触する可能性がある事を指摘しておきます。

5．「（田母神氏は）ありもしない事を言った。」「田母神氏は隠蔽工作をやっている。」

⬇本項の君の発言の根拠を来る4月8日までに具体的にお示し下さい。もしも、それが出来なければ、君は何の根拠もなく、田母神俊雄氏を誹謗中傷したということになります。その事は、前項同様、刑法第230条の「名誉棄損罪」他に相当する可能性がある事を指摘しておきます。

6.「『石原（慎太郎）さんの処へ行った時に、田母神さんより上座（君は、「じょうざ」と読んだが、「かみざ」です）に座って喋り続けた。』『（それらの事で）石原さんから注意されたらしい』というのは全くの嘘であります。」「私は体育会系だから、長幼の序は誰よりも意識している。」「（諸橋！）こういう嘘をつくんじゃない！」

⬇（「長幼の序」を十分心得ているはずの君が、年長者の私（諸橋）に対して、この様なものの言い方をするとは何事ですか！　後述する、3月27日付の私に対するメールの内容並びにその他の事も含めて、君は長幼の序を全く分かっていないと断じざるを得ません。にも拘わらず、君は厚かましくも、「私（水島）は長幼の序を誰よりも意識している」と言いました。君は、言行不一致も甚だしい。

君は、これまで、田母神俊雄氏の名声と信用を散々利用した挙句、田母神俊雄氏が君の言いなりにならなくなった事を「逆恨み」して、正に、「異常なくらい」に、田母神俊雄氏に対する誹謗中傷を続けてきました。これまで、さも「憂国の士」気取りをしてきた君は、延べ13時間30分（平成28年3月23日現在）にも亘って、真の「憂国の士」である田母神俊雄氏を誹謗中傷してきた事を恥ずかしいとは思わないのですか？

君は田母神俊雄氏に対して、これまで散々「嘘つき野郎」と罵りましたが、その言葉は君のためにあるのではないですか？　君の言っている事とやっている事は全く整合性が取れていないではありませんか。君の言っている事は、正に「口から出まかせ」と断じざるを得ません。

7.「(田母神氏は）また、私の誹謗中傷をした。」

⬇田母神俊雄氏は、君に対して、一体どの様な誹謗中傷をしましたか？　その具体的根拠を来る4月8日までに明らかにして下さい。もしも、それが出来なければ、君は何の根拠もなく、田母神俊雄氏を批判したということになりますよ。

8.①（朝礼の時にボランティアの人達に対する言動が悪かったと私から指摘、注意された件に関して）

「石井に怒っただけだ。」「諸橋という人物から面と向かって言われた事はない。」

⬇それでは面と向かってではなく、私から（電話等で）注意された事があるということですか？

②「(諸橋が）私に（その様な事を）言えたことはない。」

⬇実に偉そうなものの言い方ですね。

③「(逆に、私が）「話が長い」と諸橋に注意した事はある。」

⬇ いつも、話が長かったのは君の方です。その事に関しても多くの証人がいます。

④「（真実は）ボランティアの人達に聞いてもらえば分かる。」

⬇ ボランティアの方々に確認すれば、君がボランティアの人達に対して如何に横柄なものの言い方をしていたかが良く分かります。

⑤「（諸橋よ、）嘘をつくな！」

⬇ 嘘八百をついているのは水島君、君でしょう。

⑥（私が、「実るほど頭を垂れる稲穂かな」と言った事に関して君は）『実るほどあたま（頭）を垂れるこうべかな』と言い間違いしていました。（意味不明）

もっと基礎学力をしっかりと身に付けて下さい。

⑦ 石井君も私もボランティアでしたよ。石井、諸橋というボランティアに対して、失礼、非礼な言い方をしたという事を、君は結果的に認めていることになります。

ボランティアの方々に集まって頂いて、お話をお伺いすれば、真実は更に明らかとなります。

⬇ この件に関する真実は、上記を含めて、いずれ、法に基づく場で明らかにすることになるでしょう。

9.「ペアを組んでいた人はいつの間にかいなくなった。」

⬇ 意味不明ですね。これは具体的に一体何を言っているのですか？

10. 「弁護士も下りた。」
⬇ これも君の嘘ですね。この発言は、具体的に、一体誰のことを言っているのですか？
来る4月8日までに明らかにして下さい。

11. 「諸橋はありもしない事を延々と言った」
⬇ 君が上記で言った「…ありもしない事…」とは、具体的に私のどの発言を捉えて言ったのですか？　また、同時に、「…ありもしない事…」と君が言い張る、その根拠を来る4月8日までに明らかにして下さい。

12. 「諸橋が、『（田母神さんが出馬表明したその日に、水島が）街宣車に乗って延々と喋り続けた』と言ったのは嘘です。こんな嘘、信じられない。（街宣車）の上で延々と喋り続けたのは（諸橋）お前だろ。」
⬇ 上記の君の発言は全て君の嘘です。私が話した事が真実です。証人は何人もいます。法に基づく場において、その真実を明確にします。

13. （「南京の真実」3部作を作ると、水島が言って3億数千万円を集めた。そして、5～6、000万円かけて第一部作だけを作った。残りの約3億円はどうしたのですか？」と私が発言した事に対して）
「（「南京の真実」第一部作を作るのに）5～6、000万円であの映画が作れるか！2億3、000万円かかった。」「こういうデマを平気で飛ばす。（諸橋は）ありもしない事を言った。（諸橋は、私＝水島を）誹謗中傷したとんでもない人物」（である。）
↓君がその様に主張するのであれば、君は、「南京の真実」第一部作の製作費内訳を、全ての領収証を含めて明らかにしなくてはいけません。来る4月8日までに、同映画の製作費内訳を証明する領収書等を添えて、君の発言の正当性を御説明下さい。

14．（「水島が、尖閣に行く船を買いたいと言って集めたお金が3、000万円ほど余っているはずだ」という諸橋の指摘に対して）

①「これも嘘、（諸橋を）訴える。ひん曲がった根性の嘘つきは名誉棄損で訴えたいと考えております。」「こういう嘘つきで卑劣な人物が（田母神氏の）周りにいる。（ことが大きな問題である。）」「（田母神のやっている事は）国を売る行為であります。」

↓君が、この様に発言した以上は、君は、前項同様、本項に関する支出内訳を明らかにしなくてはいけません。来る4月8日までに、本項に関する経費内訳を証明する領収書等を添えて、君の発言の正当性を御説明下さい。

「田母神と諸橋、両名を必ず訴えたい。」

↓君は、本項の文言を繰り返しました。公共の電波を使ってこの様に言った以上、君は速やかに我々を提訴する責務がありますね。どうぞ早く、提訴、或いは告訴して下さい。

15．3月27日（日）午前11時23分、私は、君に対して、「同番組で、田母神俊雄と諸橋を訴える」と繰り返し言っていましたが、どうぞ早く訴えて下さい。私は堂々といつでも受けて立ちますよ。」とメールを入れました。
　すると、君から返信がきました。その内容は、
①「焦ってジタバタしないで、首を洗って待っていなさい。平気で嘘をつく半島系工作員とは関わりたくないので、以後メールなど気安く送らないように。」というものでした。
⬇
　年長者の私に対して、君のこのメールの文言は一体何ですか？　この事だけでも、君が如何に長幼の序ということを全く弁えていない人物であるかということと、同時に、君が如何に嘘つきかという事を明確に証明しています。上記6．で君が言った事は口から出まかせの全くの嘘であるということです。
②　上記のメールで、君は私に対して、「焦ってジタバタしないで」「首を洗って待っていなさい。」と記していますが、この文言は一体何ですか？　これは、私に対する脅しですか？　本項の君のメールの文言は、刑法第222条の「脅迫罪」並びに同第223条の「強要罪」に抵触する可能性があります。
③　同メールで、君は私に対して、「平気で嘘をつく…」と記していますが、この文言は、刑法第230条の「名誉棄損罪」に抵触する可能性があります。
　私の発言の一体どの部分が「平気で嘘をつく…」に当たるのですか？　来る4月8日までに御説明下さい。

④　同メールで、君は私に対して、「半島系工作員」と断じています。私は（所謂）「半島系」ではありません。先祖代々、れっきとした純粋な日本人です。（先祖は、江戸時代に、長期間、「山回り代官十村役」を務めた由緒ある家系です。13代を遡る家系図もあります。）ましてや、「半島系工作員」などではあろうはずもありません。
君は、全く何の根拠もない事をよく言えるものですね。全く理解不可能です。田母神俊雄氏に関する事も、君はこれまで、何の根拠も無い事を言い続けてきたのであろうと推測せざるを得ません。

君のこの発言は、刑法第230条の「名誉棄損罪」並びに同第231条の「侮辱罪」他に抵触する可能性があります。

本項の君の文言を裏付ける資料を示して、来る4月8日までに、君の文言の正当性を説明して下さい。それが出来なければ、君は何の根拠もなく、私の名誉を棄損したと同時に私を侮辱したということになります。
⑤　同メールで、君は私に対して、「…以後メールなど気安く送らないように。」と記しています。君は一体何様だと思っているのですか？　この高圧的な文言は一体何ですか？　君のメールのこの文言は、刑法第223条「強要の罪」に抵触する可能性があります。

16．上記の中で、「4月8日までに、証拠を示して説明して下さい。」としている件に関しては、指定期日までに、「内容証明郵便」にて御回答下さい。もしも、それが出来ない場合は、君は何の根拠も無く、私と田母神俊雄氏の名誉を毀損し、或いは、侮辱し、或いは、脅迫し、或いは不当、不法に強要を成したということになります。
また、当然、君の対応の全てが、（君が誠実に対応しないかも知れない場合をも含めて）今後、法的な場においては、重要な証拠となりますので十分御承知おき下さい。

以上

【東京地検の問題点】（その1）

上記の私からの配達証明付き郵便・「通告書」に対する回答期限は、4月8日としていましたが、その解答期限までに、水島総からは全く何の回答もありませんでした。そこで、私は、4月21日に、東京地検に出向いた際、水島総に対する「告訴状」を担当のH検事に提出しました。

しかし、H検事は、私からの水島総に対する「告訴状」を返却しました。

水島総から田母神俊雄元空幕長に対する「告発」は受理しながら、私からの水島に対する「告訴状」は受理しない。その事は、法の下の平等に大きく反するのみならず、「国家公務員倫理法第一条の「この法律は、国家公務員が国民全体の奉仕者であって、…職務の公平さに対する国民の疑惑や不信を招くような行為の防止を図り、もって公務に対する国民の信頼を確保することを目的とする。」並びに、同3条の1「職員は、国民全体の奉仕者であり、国民の一部に対してのみの奉仕者ではないことを自覚し、…国民の一部に対してのみ有利な扱いをする等…ならず、常に公正な職務の執行に当たらなければならない。」他の関連法規に大きく違反する事です。

我が国の東京地検は、堂々と関連法規に違反して、水島総の告発だけを真に受けて、「意図的に」田母神俊雄氏を逮捕したのです。東京地検は、水島の巨悪は見逃して、田母神さんを犯罪者に仕立て上げようとしている。こんな事が許されて良いのでしょうか？

これでは、北朝鮮や中国と何ら変わらないではありませんか？

そこで私は、当社の顧問弁護士と相談の上、平成28年4月29日、「水島総に対する告訴状」の内容を修正して、東京地検に、改めて、書留速達で送付しました。と同時に、同地検に対して、「上申書」も同じく書留速達で送付しました。(当社の顧問弁護士のお話しでは、**東京地検は、告訴された案件は基本的に、受理しなくてはならないことになっている**、とのことです。)

処が、その4月29日付の「水島総に対する告訴状」と「上申書」も、内容不十分として返却されました。その後に5月11日付で提出した「告訴状」と「上申書」も内容不十分として返却されました。そこで、私は、再々度、当社の顧問弁護士と相談の上、平成28年5月18日付で、改めて、東京地検に「水島総に対する告訴状」並びに「上申書」その3、並びにその4を提出しました。その内容は次のとおりです。

告訴状（提出文書は横書き）

平成28年5月18日

告訴人　諸橋茂一

東京地方検察庁　検事正　殿

事務所　株式会社ＫＢＭ
告　訴　人　諸　橋　茂　一
（職業：会社役員）

事務所　株式会社日本文化チャンネル桜
被　告　訴　人　水　島　総

（職業：会社経営者）

名誉毀損告訴事件

以下の犯罪事実記載にかかる被告訴人の行為は、名誉毀損罪（刑法第２３０条）に該当すると思料しますので、捜査の上、被告訴人を厳重に処罰されたく、告訴いたします。

告訴事実

被告訴人は、テレビ番組制作、インターネット動画配信サイト等を営む株式会社日本文化チャンネル桜の代表取締役であり、同社がインターネット動画配信をし、不特定かつ多数が視聴できる「チャンネル桜」の平成28年3月24日放送回の開始後41分から同50分までの間において、

① 同月23日に開かれた田母神俊雄の政治資金使途等に関する記者会見後に続けて、告訴人が会見した内容について、総括的に、「ありもしないことを平気でいった」などと話したほか、

② 同じく、上記記者会見において、上記田母神俊雄が平成26年2月9日執行の東京都知事選への出馬を決め、石原慎太郎元東京都知事への挨拶に赴いたことに関して、告訴人が、「都知事選が近くなって、田母神さんが水島総を連れて石原慎太郎元都知事のところに挨拶に伺ったところ、なんと水島総は田母神さんよりも上座に座り、石原慎太郎氏に対して延々

としゃべり続け、石原氏に〝君が話をするんじゃない、黙りなさい〟と注意されたこともあったらしい」と発言したことについて、「全くの事実無根であります。」と話し、上座に座ったことはないとか、自らは「長幼の序は誰よりも意識している」などとした上で、告訴人に対して、「こういうウソをつくんじゃない」と発言したほか、

③ 同じく、告訴人が、上記記者会見において、上記田母神俊雄が東京都知事選に出馬し、その選挙期間中であった平成26年1月23日から同年2月9日までの間の出来事として、「選挙期間中、水島総は、選対本部長として、朝礼を仕切っておりました。そのときの彼のボランティアへの言動、物の言い方が非常に悪いので、〝君はボランティアへの言い方がなっていない。ボランティアは君の部下でも何でもないよ。仮に、部下であったとしても、実るほど頭を垂れる稲穂かな、そういう態度が必要だ。考え直しなさい。〟と注意した」と話したことについて、上記選挙期間中において、選挙ボランティアに対する態度がよくなかったのは、被告訴人ではなく、「元空将補の石井なる人物」であり、むしろ、被告訴人は、上記石井に対して、「君の部下でも何でもない。ここは自衛隊ではない」などと注意をしたなどと話し、さらには、告訴人をして、「諸橋はこういうデマを平気で飛ばす」と話し、

④ 同じく、上記記者会見において、告訴人が、上記東京都知事選に関して、西新宿において行われた田母神俊雄の第一声の街頭演説の際に、「(被告訴人は)司会者の立場でありな

がら、彼は街宣車にのぼって30分くらい延々としゃべり続けたんです。水島総という男が選挙に出るのではないかと勘違いしてもおかしくないくらいの言動だった」と発言したことに対して、告訴人に対して「オマエだろ。悪いけど。だから、私が注意した。これもみんな知っている」などと話し、

⑤　同じく、上記記者会見において、告訴人が、「被告訴人が映画〝南京の真実〟3部作を作るために3億数千万円が必要だということで、私も一部寄付をした。5〜6、000万円をかけて第一部だけ作りました。〝残りの3億円どうしたんです〟と聞きましたが、未だに全く説明はありません。」、「尖閣に行く船を買いたいということで集めた資金の残り約3、000万円についても同様」と発言したことについて、「5〜6、000万円であの映画が作れるか」と述べた上で、告訴人について「非常にこういうデマを平気で飛ばす」とし、尖閣に行く船を購入するために集めた資金の残金についても、「どこにそんな金があるんだ」などと話して、告訴人の上記発言内容を否定した上で、告訴人について、「こういう、嘘つき、卑劣な人物」、「ひん曲がった根性の嘘つき」などと放言し、もって公然と事実を摘示して告訴人の名誉を毀損したものである。

以上

【添付資料】

1. 甲1号証　「告発ドットコム」
2. 甲2号証　①「『教育を考える石川県民の会』平成20年度収支報告書」
　　　　　　②「同、預金通帳の写し」
3. 甲3号証　「水島総に対する『通告書』」
4. 甲4号証　「3月27日付　メール」
5. 甲5号証　「水島総の問題点」
6. 甲6号証　「チャンネル桜　3月24日番組ビデオ」URL
　　　　　　（※この「映像」はいつでもCDで提出出来る様に準備しております。）

以上

上申書　その3

平成28年4月29日

東京地方検察庁
検事正　八木　宏幸　殿

株式会社　ＫＢＭ
代表取締役会長　諸橋茂一

既報のとおり、去る4月14日、貴地方検察庁は、平成26年の2月、東京都知事選に立候補して、落選した、田母神俊雄氏を逮捕しました。（以下、「田母神事案」と呼ぶ。）

その件に関して、下記のとおり、上申致します。

1．水島総の件

① 御承知のとおり、水島総は、同都知事選の時の、田母神俊雄候補（当時）の選対本部長でした。

② 同選挙に限らず、候補者は、経理的な事を含めて、事務、総務、広報等、選挙に関する、実務的な事を自ら行う事は、時間的にも、エネルギー的にも、無理なために、選対本部を作り、選対本部長を筆頭に、事務長（または、事務局長）、経理責任者等にそれらを託す形が極く普通であることは良く御承知のとおりであると存じます。

③ 上記の選挙体制からすれば、仮に、同都知事選に関して、金銭の授受を含めて、法的に何らかの問題点が有ったとすれば、その責任は、まず、第一義的に、選対本部長を努めていた、水島総にある事は明らかです。

④ にも拘わらず、その水島総元選対本部長を逮捕しないで、候補者であった田母神俊雄氏をいきなり逮捕した事は、**非常に強い「意図的」なもの、非常に非民主的なものを感じない訳にはいきません。非常に強い違和感を抱かざるを得ません。**

⑤ 最も大きな責任が有るはずの水島総を逮捕しないで、何故、候補者であった田母神俊雄氏を逮捕されたのか？　それは一体何故なのかを、一両日中に、御説明頂きたいと存じます。

⑥ 御承知のとおり、**憲法第15条第2項**には、「**すべて公務員は、全体の奉仕者であって、一部の奉仕者ではない。**」とあります。

⑦ また、**同第99条**には、「……**その他の公務員は、この憲法を尊重し擁護する義務を負ふ。**」とあります。

⑧ また、**国家公務員法第一条**には、「この法律は、**国家公務員たる職責について……以て、国民に対し、公務の民主的且つ能率的な運営を保証することを目的とする。**」とあります。

⑨ また、**国家公務員法第96条の1**には、「**すべて職員は国民全体の奉仕者として、公共の利益のために勤務し、且つ、職務の遂行にあたっては、全力を挙げてこれに専念しなければならない。**」とあります。

⑩ また、**国家公務員倫理法第一条**には、「この法律は、**国家公務員が国民全体の奉仕者であって、…職務の公正さに対する国民の疑惑や不信を招くような行為の防止を図り、**

もって公務に対する国民の信頼を確保することを目的とする。」とあります。

⑪ また、**同第三条の1**には、「**職員は、国民全体の奉仕者であり、国民の一部に対してのみの奉仕者ではないことを自覚し、…国民の一部に対してのみ有利な扱いをする等…ならず、常に公正な職務の執行に当たらなければならない。**」とあります。

今回の「田母神事案」に関する貴庁の捜査は、上記の憲法各条並びに関連法規に大きく違反していると言わざるを得ません。上記1．－⑤に対する御回答を、（前述のとおり）一両日中に頂きたい。

2．「田母神事案」に関する件

⑫ 平成26年の2月下旬、田母神選対の事務局長を務めていた、島本より、「近日中にお会いしたい。」という主旨の電話がありました。

⑬ 私は、「お会いしても良いですよ。処で、御用件は何ですか？」と島本に問うた処、彼は、「諸橋さんは選挙中に相当お金を使われたと思いますので、お金をお渡ししたい。」という回答でした。

⑭ そこで、私は、「私はお金などもらう気持ちは全くありません。ですから、その様な御用件でしたら、お会いしません。」と言って、島本のアポを断りました。

⑮　田母神さんとは、毎月2～3回程度、お会いしておりましたので、島本との、その様なやり取りがあった後、3月上旬に、田母神さんにお会いした際、上記の島本とのやり取りを話しました。

⑯　その時の田母神さんの対応は、「ああ、そうでしたか？」と、島本が私に対してその様な電話をした事を全く御存知ない様子でした。

⑰　水島総が、これまで言っている事には、（別紙、「水島総に対する『問題点』と『通告書』並びに『水島総に対する訴状』に明記したとおり、）多くの嘘があります。

⑱　その水島総の「告発」を真に受けて、東京地検では、「島本と田母神俊雄が『共同正犯』で、運動員等にお金を配った。」という構図を創作したい様ですが、もしも仮に、その様な構図であったのであれば、島本が私に対して、上記の様な申し入れをした、上記⑫～⑭の事に関して、田母神さんが分かっていなければおかしいのではないでしょうか？

⑲　また、仮に、田母神さんが島本と『共同正犯』で、運動員の人達に対して、お金を配りたいと考えて行動していたのであれば、上記⑤の段階で、田母神さんが私に対して、「諸橋さん、そう言わないで、（お金を）もらっておいて下さい。」くらいの言い方をしなければ、辻褄が合わないのではないでしょうか？

⑳　もしも、田母神さんが選挙でお世話になった人達に対して、田母神さん自身が（主体的、或いは事後承諾を含めて）お金を渡したいと思っていたのであれば、田母神さんの選

挙関係者の中では、最も親しい人間関係にあった私に対して、地方から出て来て、ホテルに泊まり込んで応援をした私に対して、経費も多く使ったであろう私に対して、他の人達以上に、「何としてでもお金を差し上げたい。」と思うことが極く普通の心理ではないでしょうか？

㉑ 処が、田母神さんはその私に対して、「お金を貰って下さい。」などとは唯の一言も言いませんでした。その事だけでも、貴東京地検が描いている、『島本と田母神との共同正犯』で、運動員等にお金を配った。」という構図は大きく崩れてしまうのではありませんか？

㉒ （今は、別の理由で疎遠になっていますが）田母神さんの選挙に協力した人達の中で、私の次に田母神さんと親しくしていた、岡野俊昭氏も、田母神さんの選挙に関して、お金は、誰からも全く貰っていないと聞いております。

㉓ その岡野さんの場合は、私が島本から電話をもらった後に（私が島本から電話をもらった、その2～3日後だったと思います。）、「島本からお金を渡そうとされたが断った。」というやり取りがあった事を岡野さん本人から聞きました。

㉔ 私と、岡野さん、田母神さんと3人で、定期的に、お茶を飲んだりしていましたから、その3人が揃った場でも、私と岡野さんが、島本からお金を渡されそうになったが断った、という話を、改めて、田母神さんにしましたが、田母神さんは、「ああ、そうでしたか。」

と言っただけで、田母神さんは、島本と我々が（個々に）そのやり取りがあったという事を全く知らない様子でした。

㉕ 複数の運動員の人達にお金を配った事実があるのであれば、それは、島本の独断専行でしょう。マスコミの質問に対して、島本が、「上司の許可なく私が勝手にお金を配るなどということはあり得ません。」と答える場面をテレビで見ましたが、それは、単なる自己弁護以外なにものでもないでしょう。

㉖ また、私の場合と同様、もしも、田母神さんが、運動員の人達に対してお金を渡したいと思っていたのであれば、岡野さんに対しても、「岡野さん、そう言わずに（拒否せずに）お金を貰っておいて下さい。」と言わなければおかしいのではないでしょうか？　田母神さんが最も親しくしていた我々に対して、そう言わなければ、『共同正犯』なる構図の辻褄が全く合わないのではないでしょうか？

㉗ （繰り返しになりますが）田母神さんの選挙をお手伝いした多くの方々の中で、田母神さんと最も親しかった、私と岡野氏が全くお金を受け取っていない事実だけに鑑みても、田母神さんが、我々二人に対して、お金を渡そうとした訳でもなければ、我々に「お金を貰ってほしい。」とも言わなかったことから類推しても、運動員等の人達に対して、島本と『共同正犯』の立場でお金を配ろうとした訳ではない事は明らかではないでしょうか？

㉘この事案は、島本が、自分がお金を貰いたかったが、自分だけお金を貰うのも何となく気が引けるため、複数の人達にもお金を渡す形を作って、自分も、その中の1人として、お金を貰った、という「事件」でしょう。

㉙水島総が、何故、400万円のお金の受け取りを拒否したのか？ それは、決して正義のためでも何でもなく、全く逆に、田母神さんに対して、「選挙後の残金、約6、000万円を、自分の自由に出来る口座（「頑張れ日本行動委員会」の口座）に振り込んで欲しい。」と要望したが、田母神さんに断られた経緯があるため、「400万円？ そんなはした金など貰えるか、馬鹿にするんじゃない！」という理由で、400万円の受け取りを拒否したのではないかと推測致します。その様な意味であれば、前後の事情も含めて（良い、悪いは別にして）、水島のその様な言動はよく理解出来ます。

㉚以上の事由により、田母神俊雄氏の逮捕は、明らかに不当逮捕です。

㉛田母神俊雄氏の逮捕が不当逮捕である以上、田母神俊雄氏を一日も早く、釈放して頂き、田母神俊雄氏の社会的名誉回復に努めることが貴庁の責務ではないでしょうか？

㉜それとも、その様に当たり前の対応が出来ない様な、何らかの政治的圧力がかかっているのでしょうか？ 御説明下さい。

3. 東京地検の問題点

㉝ 4月21日、貴庁のH検事が私を取り調べた際、

㉞ まず、冒頭のやり取りにおいて、H検事は私の話に対して、「ウン、…ウン…」と答えました。H検事は私の子供の様な年齢だと思います。

㉟ 自分の父親の様な人間に向かって、「ウン、ウン」などという返事は非常に失礼でしょう？ 返事は「ハイ」というものです。

㊱ そこで、私がH検事に対して、その事を注意したら、漸くものの言い方を改めましたが、一体彼は自分を何様だと思っているのでしょうか？

㊲ 「長幼の序」も弁えない者が人を取り調べる資格がありますか？

㊳ また、H検事は私に対して、「諸橋さんが島本からの申し入れを断ったお金は誰の処へ行ったと思いますか？」と質問しました。

㊴ 私は「分かりません。」と答えました。

㊵ すると、H検事は私に対して、「そのお金は田母神さんの処へ行ったのです。田母神さんに島本が渡したのです。」と言いました。

㊶ しかし、そんな馬鹿な事は有り得ないでしょう。何故ならば、島本が私に対して、「お金を渡したいので会ってほしい。」と言ってきた時に、私は会うこと自体を拒否して会わなかったのです。

㊷　にも拘わらず、私と会う為の約束も出来なかった島本が、私に渡す分として、幾らかのお金を（封筒にでも入れて）用意していたということはまず有り得ないでしょう。
㊸　であれば、H検事が私に言った様に、「島本が諸橋に渡そうと思っていたお金（封筒に入っていた？）を田母神に渡す」などという事は、現実的に有り得ないでしょう。
㊹　つまり、H検事は私に対して嘘をついたのです。H検事は嘘をついて、私に対して田母神さんに対する不信感を抱かせようとしたのです。
㊺　それは全くとんでもない事です。
㊻　また、H検事は、私に対して、「貴方を選挙の事前運動で逮捕しようと思えば出来るんですよ。」と強く言いました。しかし、私は選挙の事前運動などしておりません。にも拘わらず、H検事が私に対して、その様に言ったのは、「脅迫」ではありませんか？検事がその様に国民を脅迫しても良いのですか？
㊼　また、H検事は、4月22日に、私の「調書」を作成していた際に、私の意見をその調書に入れようとしなかったため、私が、H検事に対して、「何故、私の考え方を『調書』に入れようとしないのですか？」と言った処、
㊽　何と、H検事は、私に対して、「調書は私が作るんです！」と強く叱責する様に言いました。
㊾　そこで私は、「貴方が作ると言うのならば、貴方が勝手に作って、勝手にサインをして、

勝手に判を押せばよい！」「私は帰る！」と怒りました。

㊿するとH検事は、「分かりました。それではあなたの考えも調書に入れる様にします。」と言い、漸く、私の考えをその「調書」に入れました。

51 上記の経過はおかしくないですか？　お答え下さい。

4. その他の問題点

52 水島の問題点は、別紙に記したとおりです。

53 島本も、水島同様、ボランティアの人達に対する言動があまりにも悪かったため、選挙中、選挙事務所の地下に有った、駐車場まで連れて行き、「お前のものの言い方は一体何だ！　もう少し、ものの言い方を考え直せ！」と、私が島本を怒鳴り付けた事がありました。

54 水島も島本も、田母神さんの選挙を食い物にしました。要するに、彼らにとって、田母神さんの選挙は、「選挙ビジネス」だったのです。全く言語道断です。

55 その様な意味で、田母神さんは『共同正犯』どころか、水島総と島本の「選挙ビジネス」に利用された被害者です。

56 ですから、島本が逮捕されことはよく理解出来ますが、島本の上司だった水島が何故、逮捕されないのか？　実に不可解至極です。それは一体何故なのか？　御説明頂きたい。

貴庁は、水島総と、我が国の法律にはないはずの「司法取引」でもしているのですか？お答え下さい。

㊼「田母神事案」に関する、田母神俊雄氏に対する貴庁の対応は、正に国家権力の濫用であり、国家権力の横暴です。

㊽以上の事由により、私は貴庁に対して強く抗議致します。

㊾私は、貴庁に対して強い疑惑と強い不信感を抱いております。

㊿以上の事由により、貴庁は、貴公務に関して、国民である私の信頼を大きく損なっていることを、よく御認識頂きたい。

(61)（繰り返しになりますが）以上の事由により、今回の「田母神事案」に関する貴庁の対応は、1頁～2頁に記載した、憲法各条並びに関連法規に大きく違反しております。

5. 添付資料

甲1号証　「告発ドットコム」

甲2号証　①「『教育を考える石川県民の会』平成20年度収支報告書」

②「同上、預金通帳コピー」

甲3号証　「水島総に対する『通告書』」

甲4号証　「3月27日付　水島総とのメール記録」

甲5号証　「水島総の問題点」
甲6号証　「チャンネル桜　3月24日　URL」
甲7号証　「チャンネル桜　4月27日及び4月28日」

以上

上申書　その4（提出文書は横書き）

東京地方検察庁
検事正　八木　宏幸　殿
平成28年5月26日
諸橋茂一
当方からの平成28年5月18日付の「告訴状」他が、貴庁から5月20日付で、返却されました。
貴庁の返却理由を踏まえて、修正した「告訴状」を再提出致します。
貴庁は、かつて、「巨悪は許さない。」と発表された事がありました。にも拘わらず、僅か四百数十万円の「運動員買収」とかいう理由で、眼を鷹の様にして、田母神俊雄元空幕長を不当逮捕する一方で、多くの国民の善意を裏切って、3億円にも上る、「大型詐欺まがい」の事をして、「大型横領」をして、恬として恥じない、水島総の様な巨悪を見て見ぬ振りをする事は、かつて、貴庁が上記の様に発表された基本姿勢とは余りにも大きく乖離しているのではありませんか？

私の「告訴状」では、水島総の「業務上横領」に関する詳細が不十分として、返却されていますが、その事実関係に付いては、貴庁が、今、容疑不十分の田母神俊雄氏に対して行っておられる10分の1のエネルギーで、水島総を取り調べれば、すぐに明らかになります。

貴庁は、取って付けた様な理由を「上申書」返却の理由に挙げておられますが、要するに、水島総を本気で取り調べる気持ちが無いだけではないですか。

容疑が不十分の田母神俊雄氏に対しては、不当に長期拘留してまで、本人に対して、不当に過大な精神的圧迫を加えながら、「強制捜査」を続ける、その一方では、水島総の様な巨悪に対して、見て見ぬ振りをしている、その姿勢は余りにもダブルスタンダードであると共に、法の下での国民平等を謳ってあるはずの、憲法第15条並びに関連法規に大きく違反しているではありませんか？

私が指摘している貴庁の大きな問題点を安倍首相に訴えた場合でも、安倍首相の前で、貴方は、貴庁の正当性を説明出来ますか？

貴庁は、正義の味方ではないのですか？　社会正義を貫く官庁ではないのですか？

田母神俊雄氏が逮捕された理由は、平成26年の都知事選において、「田母神俊雄が島本と謀議して、共同正犯として、運動員買収した」という容疑であると報道されています。

公職選挙法では、「…買収、金品で有権者に投票を依頼する。または取りまとめを依頼する行為」（を禁止する）となっています。

また、「買収」とは、「ひそかに利益を与えて味方にすること」と定義されています。

既報によれば、「同選挙が終わって、1～2カ月経過した後で、田母神俊雄と共同謀議して、島本が運動員達に金銭を配った。」という容疑で、田母神俊雄氏を逮捕したということの様ですが、選挙が終わって、既に選挙結果が出てしまっている状況の中で、運動員だった人達に対して、仮に金銭を渡した事が有ったとしても、その時点においては、

1.「有権者に対して投票を依頼する事も、（票の）取りまとめの依頼をする事」も出来るはずがないではないですか。

2.また、平成28年4月29日付の「上申書　その3」にも記してあるとおり、私と岡野俊雄氏の場合に鑑みても、「田母神俊雄氏と島本が共同正犯」などという事は有り得ません。

また、選挙が終わって、2年以上も経過してから、「公職選法違反」で立件した事例が過去に有るのでしょうか？

通常、「公選法違反」で摘発される場合は、該当の選挙が終わって、せいぜい半年から1年以内に行われてきているのではないですか？

また、その場合も、「運動員買収」に関しては、「該当の『選挙期間中に』金銭等の授受が有った。」というケースではありませんか？

今回の田母神俊雄氏に対する「強制捜査」は、一体どの様な政治的背景が有るのか知れませ

んが、余りにも露骨に意図的過ぎるのでありませんか？

私と同じ思いを抱いている国民が多くいますよ。

私が提出した「上申書」は何の説明もなく、三度に亘って返却されていますが、一体何故でしょうか？　1週間以内に御説明下さい。

私の「上申書」に対して、何の御回答も無ければ、我が国は、中国や北朝鮮と一緒ですよ？「我が国は、中国や北朝鮮と同じだ。何か文句があるか？」と開き直られるのであれば、その様に御回答下さい。

また、私は、去る4月29日付でも、貴方に対して、「親展」として、「告訴状」並びに、「上申書」他をお送りしましたが、貴方からは何の御回答もありませんでした。

その事もおかしくはないですか？　貴方もお忙しいかも知れませんが、私も、貴方に負けないくらいに忙しい中で、全国を飛び回っている中で、この「上申書」等を纏めておりますよ。

誠意の問題ではありませんか？　人を不当に罪に陥れる事になるかも知れない立場の貴方々は、もっと謙虚で誠実でなければいけないのではないですか？

以上

東京地検は、田母神俊雄という、我が国にとって必要とされている、非常に有能な人物を犯罪者に仕立て上げようとしています。そして、その陰に、ある政党とある宗教団体並びに米国の影も強く有る様に思えてなりません。東京地検の横暴、国家権力の濫用と言わざるを得ません。この様な事が許されて良いのでしょうか？

田母神さんの話によれば、田母神さんが、東京地検から取り調べを受けた初日に、取り調べをした検事から、「田母神さんクラスの人物を取り調べる時には、東京地検の独断では出来ません。上の方の了承を得てやっています。」という主旨の事を言われたそうです。

ということは、田母神事案は、恐らく政権中枢の了解を得て進めているということです。つまり、それは所謂「国策捜査」です。

「ロッキード事件」の時に、田中角栄元首相を逮捕した時も全く同様でした。あの時も、当時の検察庁が、三木首相（当時）の了解を得て実施したという事が後で明らかになりました。

贈収賄というのは、お金を渡した方も、貰った方も同罪です。

にも拘わらず、我が国の法に明らかに違反して、贈賄側であった、ロッキード社側の、コーチャンとクラッター、両名の責任は全く問わないという保証を与えて、両名の証言をテープに取り、それを証拠として田中角栄元首相を一審と二審で、有罪にしたのです。

処が、我が国の法律には、その様な「免責」或いは「司法取引」という制度はありません。そこで、最高裁は、憲法違反、または、関連法規違反の判決を下す訳にはいかないため、田中角栄氏から上告されたにも拘わらず、判決を保留して、御本人が亡くなるまで待っていて、御本人が亡くなってから、「本人死亡により、棄却」としたのです。つまり、「ロッキード事件」は『法の下の平等を保障している憲法並びに関連法規違反の捜査であり、裁判だった』のです。そして、田中角栄という、戦後を代表する非常に有能な政治家を、米国の意向に沿って社会的に抹殺したのです。

今回の田母神さんの事案も全く同様の「構図」を強く感じざるを得ません。田母神さんを不当逮捕して犯罪者に仕立て上げ、（特定の政治勢力並びに特定の宗教団体及び米国の意向に沿って）しっかりした歴史観、国家観を持った田母神さんを社会的、政治的に抹殺しようとしているのです。

この様な事を再度繰り返して、我が国は真の独立国、真に国民平等の法治国家と呼べるのでしょうか？　強い、強い疑問を抱かざるを得ません。

水島総は、平成28年3月24日と同年4月27日及び同年4月28日、以上3日間に亘って、彼が社長を務める「日本文化チャンネル桜」の番組「チャンネル桜」に自らが出演して、私を誹謗中傷すると共に、私の社会的名誉を毀損しました。併せて、私を侮辱しました。

そこで私は、平成28年5月6日（金）、東京地裁に、水島を提訴致しました。その訴状を以下に掲載致します。

訴　状（提出文書は横書き）

東京地方裁判所　御中

平成28年5月6日
原告　諸橋茂一

事件名
1．刑法第253条　業務上横領事件
2．刑法第230条　名誉毀損事件
3．刑法第231条　侮辱事件
4．刑法第222条　脅迫事件
5．刑法第223条　強要事件

貼用証紙　23、000円
郵券　6、000円

付属書類
資格証明書　1通

証拠資料　　　甲1号証～甲10号証

当事者目録

原告
　　氏名　諸橋茂一
　　職業　会社役員（株式会社ＫＢＭ　代表取締役会長）

被告
　　氏名　水島総
　　職業　㈱日本文化チャンネル桜　社長

請求の趣旨

1．下記一の、提訴事実により、被告の成した事は、刑法第２５３条の業務上横領罪並びに、同第２３０条の名誉毀損罪、及び、同第２３１条の侮辱罪、並びに、同２２２条の脅迫罪、及び、同第２２３条の強要罪に相当する。

2．原告は、被告の、下記言動（一　提訴事実）によって、
　①　不利益を受けると共に、
　②　社会的名誉を毀損され、

③　侮辱され、
④　脅迫され、
⑤　謂れのない事を強要された。

3．原告は、前項の①～⑤によって、非常に強い精神的苦痛を受けた。よって、被告は、原告に対して、原告の精神的苦痛に対する慰謝料として、金２００万円を6月末日までに、原告に支払え。

4．被告は、被告が社長を務める「日本文化チャンネル桜」の番組並びに新聞主要紙上で、6月末日までに、原告に対する、業務上横領及び名誉毀損並びに侮辱及び脅迫並びに強要の各罪に関して、原告に謝罪せよ。

5．被告は、本裁判に関する一切の費用を支払え。

以上

一　提訴事実

1．①　被告水島総は、平成19年1月24日、記者会見を開き、「映画『南京の真実』を作る。その為の映画製作費として、３億円ほど国民から集めたい。」として、その後、合計３億５、０００万円余のお金（以下、「南京協力金」という）を集めた様である。（甲1号

証　参照）
②　被告は、その後、次項、金沢市、他において、「同映画は3部作まで作ります。」と言った。
③　原告は、「教育を考える石川県民の会　会長　諸橋茂一」として、金沢市における、「南京の真実」第1部作上映試写会後の打ち上げ懇親会の席で、同会員約15名の前で、被告水島総に対して、映画「南京の真実」３部作、製作の為の協力金として、現金で10万円を手渡しした。（甲2号証　参照）
④　処が、被告は、第1部作だけ作ったものの、後の2部作並びに3部作に関しては、その後約10年経過しているにも拘わらず、全く作っていない。（甲1号証参照）
⑤　第1部作の製作費は、５、０００万円〜６、０００万円かかったのではないかと思料される。とすれば、「南京協力金」は約3億円余っていなくてはいけないことになる。
⑥　処が、「南京協力金」は諸般の状況から、殆ど残っていないのではないかと推察される。被告は、10年前の約束を全く履行しておらず、その事は、刑法第２５３条の業務上横領罪に相当すると考えられる。
⑦　原告は、期待していた映画「南京の真実」2部作並びに3部作がいつまで経っても製作されない事に強い精神的苦痛を受け続けている。

2.

①　被告水島総は、3月24日、本人が社長を務めるテレビ局、「日本文化チャンネル桜」（以下、「チャンネル桜」という）の番組に自らが出演し、その中で、下記の様に、原告を誹謗中傷し、原告の社会的名誉を毀損すると共に原告を侮辱した。（甲3号証並びに甲6号証　参照）

②　被告は、「…これはね、諸橋という人物なんですけど」と冒頭で原告を特定した後、下記の様に、原告の誹謗中傷を続けると共に、原告の名誉毀損並びに侮辱を続けた。

③　甲3号証の「通告書」2頁の6．並びに、3月24日の「チャンネル桜」の番組で、被告は原告に対して、「こういう嘘をつくんじゃない！」と言った事を含めて、下記のとおり、被告は、公共の電波を使って、原告の社会的名誉を毀損すると共に原告を侮辱した。

④（被告は原告に対して）「ありもしない事を平気で言った。」（と言った）

⑤（被告は原告に対して）「誠に卑劣この上ない人物でして…」（と言った）

⑥（原告が、「田母神俊雄氏が出馬表明した日（平成26年1月7日）に、被告が、田母神氏をさしおいて、街宣車の上で30分くらい延々と話し続けた。」と指摘したことに対して）（被告は原告に対して）「延々と話し続けた（のは）お前だろう！」と言った。しかし、それは全く事実ではない。同日、原告は全く応援演説をしていない。街宣車の上で、延々と話し続けたのは、被告の方である。

⑦（「甲3号証　通告書」2頁の6．に記している、「被告が、田母神俊雄氏と共に石原慎太郎元都知事の処へ行った際、田母神さんよりも上座に座り、石原元都知事に延々と話し続けたため、石原元都知事にたしなめられたらしい」と、原告が3月23日の記者会見で話した事に対して、）（被告は原告に対して）「こういう嘘をつくんじゃない！」と言った。

⑧しかし、原告が指摘したとおり、その時、被告が田母神氏をさしおいて、延々と話し続けたのは事実である。（証人はいる。）

⑨（原告が、記者会見の場（平成28年3月23日　以下同）で、「水島が映画『南京の真実』3部作を作ると言って集めたお金約3億5、000万円の内、第1部作をつくるのに、5〜6、000万円ほどかかった様だが、3億円ほど余っているはずだ」と指摘した事に対して）被告は）「（一部作を）5〜6、000万円で作れるか！　2億3、000万円かかった。」と言うと共に、（被告は、原告に対して）「こういうデマを平気で飛ばす！」とも言った。もしも、被告の主張が事実であるというのであれば、被告は、5月末日までに、その事を証明しなさい。

⑩（原告が、記者会見の場で、「水島は、尖閣に行く船を買いたいと言って集めたお金、約5、500万円の内、船を買った残りが、3、000万円ほど余っているはずである」と指摘したことに対して、被告は原告に対して）

「こういう嘘つき、卑劣な人物、ひん曲がった根性の嘘つきに対しては…名誉毀損で訴えたいと思います。」と言った。

⑪ 原告は、上記2．－①～⑩に記した被告の言動で社会的名誉を棄損されると共に侮辱された。原告はその事によって非常に強い精神的苦痛を受けた。

3．被告は、原告に対して、本年3月27日、

① 「焦ってジタバタしないで、首を洗って待っていなさい。」

② 「平気で嘘をつく半島系工作員とは関わりたくないので、以後メールなど気安く送らないように。」

という内容のメールを送りつけてきた。上記のメールは、原告に対する脅迫であり、不当な強要でもある。原告は、被告の脅迫メールによって強い精神的苦痛を受けた。

なお、

上記1．－①～⑦は、刑法第253条の業務上横領罪に相当する。

また、2．－①から⑩の、被告の言動は、それぞれ刑法第230条の名誉毀損罪並びに刑法第231条の侮辱罪に相当する。

また、上記3．－①並びに②は、刑法第222条の脅迫罪並びに同第223条の強要罪に相当する。

原告は、去る3月28日、同上の事由等を記した、内容証明、配達証明付き郵便を被告に送っ

たが、(甲3号証　参照)回答期日として設定した4月8日を過ぎても全く何の回答もない。

以上の事由により、本日被告を提訴する。

二　添付資料

1. 甲1号証「告発ドットコム」
2. 甲2号証 ①「教育を考える石川県民の会」平成20年度収支報告書」
②「同上　預金通帳のコピー」
3. 甲3号証「水島総に対する『通告書』」
4. 甲4号証「3月27日付　メール」
5. 甲5号証「水島総の問題点」
6. 甲6号証「チャンネル桜　3月24日放送番組の映像」URL
(同映像に関しては、もしも、裁判所の方から要請があればいつでも、CDで提出する様に準備しております。)
7. 甲7号証「水島総に対する告訴状」(平成28年4月29日　東京地検に対して)
8. 甲8号証「東京地検に対する『上申書』」
9. 甲9号証「東京地検に対する書留速達送付控え」
10. 甲10号証「チャンネル桜　4月27日及び4月28日」

以上

その2　消費税並びに法人税等　改正案

今、消費税を八％から一〇％に上げるべきか否かを安倍首相が迷っているようです。しかし、消費税は上げるか否か以前に消費税制そのものに大きな欠陥があると言わざるを得ません。同様に、今の法人税も非常に大きな欠陥があります。

それでは、一体、どの様な税制にすれば良いのかを纏めたリポートを以下に掲載致します。

平成二十七年十二月十二日

諸橋茂一

消費税改正案〈現行消費税制度の問題点並びに同改正（案）〉

1．過去の税収内訳（表Ｉ－1）

2．消費税の導入が決定されたのは、昭和六十三（一九八八）年十二月二十四日、実際に徴収されたのは平成元年からだった。その後の税収の推移は表Ｉ－1のとおりである。

消費税導入当初の、平成二年の税収総額は約六十兆円であったものが、平成二十二年度においては約四十三兆円と大きく落ち込んだ。平成二十七年度の税収見込みは（初）約五四・四兆円となっている。（増額になる見込み）

表-1　過去の税収内訳（単位：兆円）

	平成２年	平成９年	平成21年	平成22年	平成27年（見込み）
所得税	26.0	19.2	12.9	13.0	16.4
法人税	18.5	13.5	6.4	9.0	10.9
消費税	9.6	9.3	9.8	10.0	17.1
その他	5.9	13.6	11.1	11.0	10.0
合計	60.0	55.6	40.2	43.0	54.4

長期間に亘って、我が国の景気が低迷を続けているということも（税収が大きく落ち込んでいる）大きな理由としては有るが、国家としては、景気の波に大きく左右されない安定した税制を考えるべきである。

その為には、どうしたら良いかを「自民党に対する提言」の中で述べている。この資料はその提言を補足するものである。

結論的には、「現行八％の税率を（一〇％に上げるのではなく二％に下げる」（但し、全ての取引段階において、例外なく、一律に消費税を掛ける。）という税制である。

3. 併せて、非常に大きな問題の有る「戻し税」と、「非課税業者」という様な特別扱いは廃止すべきである。

4. ちなみに、消費税を、その様に変えた場合（一律二％課税にした場合）、生産者から消費者までの価格の流れは、（一般的には）どの様になるのかを以下にシミュレーションしてみる。（商品の流れにはいろんなパターンがあるが、極く一般的なケースを想定してみる。）

表－2　消費税現行８％の場合

(取引関係)	原価	粗利	小計	消費税	販売価格
A社➡B社	80	20	100	8.0（8.0）	108.0
B社➡C社	108	22	130	10.4（2.4）	140.4
C社➡D社	140.4	29.6	170	13.6（3.2）	183.6
D社➡E（消費者）	183.6	36.4	220	17.6（4.0）	**237.6**
計				**49.6（17.6）**	

5．消費税の現状と、消費税を「低率単純一律課税方式」に改正した場合のシミュレーション

①**【現行八％の場合】**（単位：円）**（表－2）**

②各取引段階において、**約二〇％の粗利**を見込むものとする。

③（※消費税欄の内、実数は、仕入れ会社又は消費者が販売先に支払う金額。（　）内は、実際に企業が税務署に納める消費税額）

④**現在の消費税収総額　＝　約　一七・一兆円**（平成二十七年度見込み）

⑤現在の消費税制度のままで、**税率を一〇％**に引き上げた場合の**消費税収総額　≒　約二十二兆円**

⑥**【消費税を単純一律二％課税方式にした場合】（表－3）**

消費税総額　＝　約一、四〇〇兆円（全企業の総売上高累計）×二％≒**二十八兆円＋α**

（但し、零細事業者を除く）

表-3　消費税を一律2%課税方式にした場合

(取引関係)	原価	粗利	小計	消費税	販売価格
A社➡B社	80	20	100	2.0	102.0
B社➡C社	102	18	120	2.4	122.4
C社➡D社	122.4	23.6	146	2.9	148.9
D社➡E（消費者）	148.9	29.1	178	3.6	**181.6**
計				**10.9**	

6. 表-2のとおり、現行の消費税制の場合は、

① A～Dが、商品を販売する段階で、相手（販売先）から徴収している消費税の総額は**四九・六円**となるが、A～D社が（個々に）税務署に支払う消費税の総額は、**一七・六円**となる。

② しかも、A～D社がそれぞれ、この商品に対して、約二〇%前後の粗利を見込んだ場合（もちろん、これはあくまでも、一つの仮定であり、全てがこの様になるという訳ではない。一つのモデルケースを想定している。）、生産者から**一〇〇円**で販売された商品が、消費者に販売される段階においては、結果的に、**二三七・六円**となる。

7. 処が、消費税改正案（低率一律二%課税方式）の場合（表-3）は、

① A～Dが、商品を販売する段階で、相手（販売先）から徴収している消費税の総額も、A社～D社が（個々に）税務署に支払う消費税の総額も、同じく**一〇・九円**となる。

② しかも、A～D社がそれぞれ、（上記同様）この商品に対して、約二〇%前後の粗利を見込んだ場合、生産者から

一〇〇円で販売された商品が、消費者に販売される段階においては、結果的に、**一八一・六円**となる。

8. 消費者としては、どちらが良いかは、議論の余地がないであろう。消費者としては、ただ単に、消費税率が大きく下がるというだけではなく、同じ商品を非常に安く購入出来る可能性が非常に大きくなるのである。多分、その結果、消費者の購買意欲も高まり、国家全体としての消費総額も伸びるであろう。結果的に、経済活性化にも繋がっていくはずである。

9. しかも、**国家**としても、**安定税収が大きく増える**こととなる。
（約**一七・一兆円**→約**二十八兆円**）　**（約十一兆円増）**

10. それだけではなく、企業の立場としては、これまで、消費税算出の為に要していた様々な経費や時間や労力が節約出来ることとなり、企業の生産性並びに採算性は向上する。
徴税する国家の立場としても、消費税収が大きく伸びるだけではなく、シンプルな税制にすることにより、税の徴収並びに税務調査する担当職員を大幅に減員することが可能となる。国家としても非常に大きなメリットが出てくる。

11. 前項のように企業も消費者も国家も、全てに大きなメリットが出てくる、この様な税制に、何としてでも改めるべきである。

法人税改正案

↓ **「法人税制改正」**することにより、税収総額は約**一五・二五兆円増える。**

物事は、「シンプル　イズ　ザ　ベスト」である。

① 法人税を現在の、「経常利益に対する課税方式」から「対総売上高一律低率課税方式（一%）」に改める。

↓ その事によって、現在の**法人税収**（総額）は約**十兆円**が約**十四兆円**に増える。（※現在よりも約**四兆円増**となる。）（将来、その税率を二%にすれば、法人税収入は、約二十八兆円となる。）

② 現在の法人税制では、最終の経常利益に対して税金を掛ける様になっている。処が、その「経常利益」は、「減価償却」「棚卸資産」「仕掛工事」「役員報酬」「様々な原価の計上判断」或いは、「様々な調整」によって大きく変わってくるのである。しかも、現在、約八割の企業は「赤字決算」だからということで法人税を納めていないという。今の法人税制は非

常に大きな不公平と非常に大きな欠陥が有る。

宗教法人課税

「宗教法人に課税」すべきである。（総数　十八万、総収入　二兆五、〇〇〇億円？）（もっと多い可能性が高い。）

i．**全宗教法人**に対して、各宗教法人の総収入に対して、一律一〇％、課税すべきである。（そのことによる**税収増、約二、五〇〇億円**）（宗教法人には、材料費も外注費も無い。つまり、大きな原価は無いため、高率の税率でよい。）

ii．これまで、宗教法人を非課税としてきたことは税の公平性に大きく反している。

iii．宗教法人に課税することは、税収が増えるだけではなく、定期的な「税務調査」を通じて、各宗教法人の活動に関する適切な定期チェックが出来ることにもなる。

そうすれば、「オウム真理教」の様に不法な活動をしている場合、それを、定期的な「税務調査」等を通じてチェック、または摘発出来ることにもなる。

以上の、**「真の税制改革」**によって、**税収は、約一五・二五兆円増える。**しかも、多くの国民並びに多くの企業にとっては、非常に「公平感」並びに「割安感」が高まると共に、国家としては、「税収増」並びに「安定税収確保」に繋がり、国家全体では、大きな無駄が無くなることになる。（今の消費税のままでは、税率を一〇％に上げても、税収は約五兆円程度しか増えない。）

その3　自民党に対する提言

長期間景気が低迷している。景気を回復するためにはどの様な政策を講ずるべきなのか？

その事について纏めたリポートを以下に掲載致します。

平成二十七年十二月十七日　提出
諸橋茂一

自民党は国家、国民の為に、一体どの様な「政策」或いは「方針」または「方向性」を打ち出すべきであろうか？

平成二十四年一月十九日の「内外ニュース懇談会」（東京）において、安倍元首相（当時）に申し上げた「要望」（下記1．～3．）プラス「真の税制改革」（※前述）並びに「真の経済活性化対策」他について、以下に記す。

1．靖国参拝

「誰が首相であっても、八月十五日並びに春秋例大祭を含めて、節目の日々には、堂々と靖国参拝を続けるべき」である。(決して、ただ単に支持率を上げるためという考え方ではなく）国家としての当然とるべき基本姿勢の問題である。その姿勢を明確にして徹底継続すれば、結果的に自民党支持率は間違いなく上がる。靖国不参拝を含めて、近年のへっぴり腰自民党の姿勢に、以前は自民党を支持していた多くの支持者があきれているのである。そのことに早く気付くべきである。

① 外交の最も大きな基本の一つは、（お互いの）「内政不干渉」である。これまで、中韓が我が国に、「靖国参拝」に関して、度々、全く理不尽な圧力を掛け続けているのは、彼の国々は、それを言う度に、我が国政府並びにその時々の首相が怯える（腰が引ける）ために、「これは日本に対する非常に有効な『外交カード』である。」と計算しているからに他ならない。

② 我が国は、今後、中韓からその様な不当な圧力をかけられた場合、「その様なことを言うのは外交の基本に大きく違反するのみならず、昭和四十七年の『日中共同声明』並びに昭和四十年の『日韓協定』に大きく反する。」と強く抗議すべきである。我が国が毅然たる姿勢を取らないから、両国は調子に乗っているのである。

③ 「その様な対応をしたら、経済関係等にマイナスとなるのではないか？」という様な「変な計算」をするから、益々我が国の立場がおかしくなってきたのである。そして、その様な卑屈な外交姿勢が、結果的に、経済面においても我が国に大きなマイナスを与え続

けてきたことをよく認識しなくてはいけない。

④　戦後、昭和六十年までは、我が国の首相はごく普通に、毎年の様に節目の日々には、靖国参拝を続けていた。

⑤　昭和六十一年八月十五日の中曽根康弘首相（当時）の「靖国不参拝」は、戦後の首相で初めての「不参拝」であった。しかも、その時の不参拝の理由が、（本人の言葉を借りれば）「中国の『某主席』を慮ってのことであった」ということである。それは一体何事か？中曽根は日本国の首相ではなく、中国の代理政治家であったのか？　中曽根の罪は実に大きなものがある。

自民党として、其の事を大きく反省すると共に、堂々と「首相並びに全大臣の靖国参拝」を復活し、継続すべきである。

2. 憲法改正に本気で取り組む（タイムスケジュールを明確にすべきである。）

①　その事は、「自民党結党の精神」であったはずである。

②　現憲法は、「ハーグ陸戦法規」、第四三条に大きく違反して、占領下の我が国に押し付けられた。よって、現憲法は国際法違反であり、「無効」である。

③　現憲法は、大日本帝国憲法を改正したという形をとっている。

④　（処が）現憲法は「大日本国帝国憲法」の改正に関する第七三条と第七五条に大きく違

反していた。

⑤　ということは、現憲法は、国際法的にも国内法的にも、全く無効であり、本来、国会で「無効決議」をして、大日本帝国憲法を改正することが最も望ましいことである。

しかし、様々な事由により、それが難しい様であれば、次善の策として、上記の事由を明確にした上で、「現憲法を早く改正」すべきである。

⑥　自民党長期政権時代に、本気で憲法改正しようと思えば、それは十分可能であった。しかし、それを為してこなかったのは（自民党を中心とする）戦後政治家の大いなる怠慢である。

3. 現憲法の問題点（前記と一部重複）

①　まず、憲法は何の為にあるのか？　誰の為にあるのか、を原点に立ってよく考えるべきである。

②　憲法を守るために、国家があり、国民がいるわけではない。

③　当然のことながら、「領海、領空、領土と、天皇を中心とした我が国の国家体制、並びに国民の生命、安全、財産を守る為に国家国民の名誉と誇りと国益を守る為に憲法が必要である」から、憲法を定めるのである。

④　その基本に立てば、現憲法の第九条には、上記の一切を守らなくてもよい、と記してい

るに等しい。本気で、前項に記した内容を守ろうとすれば、それらを守る為の「力」＝「戦力」が必要であるということは、極く当たり前のことである。

⑤ また、「前文」には、「…平和を愛する諸国民の公正と信義に信頼して、我が国の将来を委ねる…」という意味の事が記してある。その内容は全く現実無視の内容である。

⑦ 我が国の周りに有る国々は、平気で嘘をつく、平気で我が国の領土を掠め取る。平気で我が国民を拉致する。全く信用出来ない国々ばかりである。

⑦ その様に悪辣この上ない国々を指して、「周りは良い国々ばかりだから、我が国の将来は周りの国々に委ねましょう。」と前文に記して有るのである。全く問題外の内容と言う他ない。

⑧ 現憲法第二四条には、何と「…離婚並びに婚姻は…」と記して有る。何故、離婚が先にくるのか？　我が国では、離婚を視野に入れて結婚する人はまずいないであろう。

⑨ 処が、現憲法の条文では、離婚が先にきているのである。それは、マッカーサーが二十代、三十代の部下に命じて、僅か一週間で、英文で作成したものを、単純和訳したから、この様に好い加減なものになっているのである。

⑩ この様な欠陥憲法を、「一字一句変えてはならない」と主張する人々は、恐らく、憲法をまともに読んでいないか、もしくは、文章の読解力が欠如しているか、どちらかである。

⑪ 現憲法第八条と第八八条には、「皇室財産」に関する事が記されている。同八八条には、「皇

室財産の私有は認めない」と記してあり、同八条には、「…私有を認める」前段での内容となっている。つまり、現憲法は、「皇室財産」に関する「整合性が取れていない」のである。この様に、お粗末なものは、とても「国家の基本法」たり得ない。（国家の基本法としての価値は全くない。）

⑫ 現憲法第八九条には、「…公に属さない、慈善、福祉、教育に国家予算を使ってはならない」と記してある。全く問題外の内容である。

⑬ 現憲法は、戦時国際法「ハーグ陸戦法規第四三条」に大きく違反して、占領下の我が国に押し付けられた、国際法違反のものである。

⑭ 現憲法は、大日本帝国憲法（明治憲法）を改正したという体裁をとっている。処が、現憲法は、大日本国憲法の改正に関する、同第七三条（「憲法改正の発議は天皇が行う」）と同第七五条（「…摂政をおく間、改正を能わず…」）に違反しているのである。

⑮ その様に問題だらけの憲法は、本来は、「無効決議」をして、大日本国憲法を基にして改正すべきである。

⑯ どの様な方法を採るにしても、改正する事は極く当たり前のことである。

それを改正しなくてもよいなどと、頓珍漢な事を主張する様な低レベルの人は、国会議員を辞めるべきである。

以上

4. 河野談話並びに村山談話の白紙撤廃

自民党政権の最も大きな間違いは、上記の「靖国不参拝」並びに「憲法不改正」と、下記「河野談話」並びに「村山談話」の四つである。

① 平成五年八月四日の（所謂）「河野談話」を政府として白紙撤廃すべきである。

② 同七年八月十五日の（所謂）「村山談話」を政府として白紙撤廃すべきである。

5. 真の経済活性化対策

「経済とは、人、物、情報等の動きを、随時、貨幣で精算することである。」と定義しても良いと思う。とすれば、経済を活性化する為には、**それらの動きを活発尚且つ単位時間当たり、大量に移動出来る様な環境整備を積極的に進める事が、必ず、経済活性化に繋がっていく**のである。具体的には、下記の様な政策を積極的に進めるべきである。

① 「公共工事＝悪」の様な宣伝が長期間に亘ってなされてきた感が有るが、その様な考え方は大きな間違いである。公共工事の経済波及効果は古今東西を問わず、非常に大きなものが有る。それだけではなく、国民の生活の利便性向上並びに生活環境改善ともなり、併

せて、国民の安全な生活環境を整備することにもなる。勿論、必要のないものを造る必要は全くない。しかし、三十年後、五十年後の国家、国民に「真に必要なもの」は積極的に整備していくべきである。

②その様な観点に立った時、「真に必要なもの」を以下に列記する。

③**東日本大震災並びに熊本・大分地震で被災した地域の早急な復興**（被災前よりも大きくグレードアップ　且つ安全性の向上した都市造り）を進める。（五年以内）

④**整備新幹線の早期完成**。（十年以内）

⑤**世界一の「ハブ空港」**の完成。（十年以内）（羽田沖を大規模に埋め立てする。）

⑥全国の主要都市（一〇〇）の「**電柱の完全地中線化**」を進める。（二十年以内）

⑦上記③～⑥の事業を進める為に、それぞれ五十年の長期建設国債を発行して、その為の予算手当をする。

⑧上記事業を実施することにより、我が国の経済は飛躍的に伸長する。

⑨その結果、税収も大きく伸びることとなり、建設国債の償還も容易となる。

6. 教育正常化

古今東西を問わず、「**教育は国家一〇〇年の大計**」である。戦後、長期間に亘り、日教組によって歪め続けられてきた我が国の教育を、教科書問題を含めて、何が何でも正常化する。

特に、「**真実の歴史教育**」と、「**道徳教育**」、「**偉人教育**」を含めた、「**人間教育**」並びに、「**日本人としての自信と誇りを持てる教育**」に力を入れるべきである。

7. その他

①「**外国人参政権付与法案**」

②「**夫婦別姓法案**」

③「**人権擁護法案**」

以上、三つの「反日法案」に対して、明確に強く反対の意思を示すべきである。

③ これまで、積極的に移民を受け入れて来た欧米で、様々な問題や事件が続発している。決して、移民を安易に受け入れるべきではない。適度、適切な範囲、レベルを保つべきである。

④ **少子化対策**として、学校教育の場で、**適齢期での結婚（出来れば二十代）**の大切さを含めた「人生設計」について教育すべきである。また、行政は、「婚活」の機会を積極的に作るべきである。

⑤ **自分の国は自国で護る**事が出来る**自主防衛体制を確立**すべきである。

⑥ 安全性の確認出来た「**原発**」は、出来る限り早期に再稼働させるべきである。**（エネルギー安全保障）**

⑦「主要農作物の自給体制を構築すべきである。**（食料安全保障）**

⑧「国家秘密保護法案」は、「**国家機密保護法案**」と名称を変更すべきである。

以上

その４　教科書問題並びに各社教科書比較

①最悪教科書「学び舎」が、東大付属中学校等、全国の名門中学校を含む三十余校で採択された問題点

古今東西を問わず、教育は国家百年の大計である。

以下に、教科書の問題点並びに各社教科書の比較資料を掲載する。

下記の比較資料には入っていないが、日教組のＯＢ達が中心になって作成した我が国を罵《ののし》る様な内容の「学び舎」の中学校用歴史教科書が、今年から、筑波大付属駒場中、東京学芸大学付属世田谷中、東大付属中等教育学校、東京学芸大学付属国際中等教育学校、奈良教育大付属中、以上、国立中学五校と、麻布中学、慶応義塾普通部、灘中学、広島女学院中学高等学校など、全国の名門中学校を含む、三十校で採択されたということである。

実に由々しきことと言わざるを得ない。「日本は悪い国だった」と記した、酷い内容の教科書で学んだ生徒達が、その後、「良い高校」、「良い大学」を出て、我が国の指導層に位置していく訳である。これは実に恐ろしいことと言わねばならない。

「自由社」、「育鵬社」、「東京書籍」、「帝国書院」各教科書比較（優れている点と問題点）

次の資料を御確認頂ければ、誰でも御理解頂けると思うが、最も良い内容となっているのは、「自由社」の歴史（並びに公民）教科書である。

何としてでも、「自由社」の歴史並びに公民教科書が一つでも多くの中学校で採択される様にしなくてはいけない。

②「自由社」の優れている点

① 「自由社」の教科書でも、未だ不十分な点も有るが、他の三社に比べると、遥かに優れている。我が国に対する愛情が感じられる。

② 「神話」に関して、四頁も使って非常に丁寧に記述してある。

③ **所謂「南京大虐殺」は事実ではないため、記載していない。（※他の三社（東京書籍、帝国書院、育鵬社）は全て記載している。）**

④ **「支那事変」（日中戦争）の大きな背景となった「通州事変」に付いて記述している。（※他の三社は全く記載していない。）**

⑤ これまで我が国を訪れた多くの外国人が日本並びに日本人を賞賛している言葉を多く記載している。（※育鵬社は〇、東京書籍と帝国書院は×）

⑥ 「大東亜戦争」と正しい表記をしている。（※育鵬社は〇、他の2社は不十分）

⑦ **我が国の敗戦後、約一、〇〇〇名の元日本兵がインドネシアに残留して、約四年半続いた同国の独立戦争を戦い、約七〇〇名が戦死したことを含めて、我が国がインドネシア独立に果たした役割を詳述している。**（※育鵬社は記載しているが、他の二社は全く記載無し。）

⑧ **戦後、長期間に亘り、我が国のマスコミ報道を大きく歪め続けてきている「プレスコード」に関して詳述している。（※他の三社は全く記載無し）**

⑨ 「日本という国名のおこり」について記述している。（※他の三社は記載無し）

⑩ 「仮名文字と女流文学」について記述している。（※他の三社は記載無し）

⑪ 「聖徳太子の十七ヶ条憲法（全文）」について記述している。

⑫ 「二宮尊徳と勤勉の精神」について詳述している。（※育鵬社と帝国書院は記載しているが、東京書籍は記載無し。）

⑬ 「武士と忠義の観念」に関して詳述している。（※育鵬社は記載しているが、他の二社は記載無し。）

⑭ 「伊能忠敬が正確な日本地図を作ったこと」に関して詳述している。

⑮ 「エコロジー都市江戸」に関して詳述している。

⑯ 「浮世絵とジャポニスム」に関して詳述している。

⑰ **「世界に例のない、統治者側が進んで自らの立場を放棄した『廃藩置県』を武士はどう受け止めたか」に関して詳述している。（※他の三社は記載無し。）**

⑱「福沢諭吉の学問のすすめと脱亜論」に関して詳述している。（※他の三社は記載無し。）

⑲日本軍が如何に立派であったかを含めて、「義和団事件」に関して詳述している。（※他の三社は記載無し。）

⑳「有色人種の国が世界最大の陸軍大国であったロシアを撃ち破り、世界の多くの被植民地の国々に対して大きな感動と勇気を与えた、『日露戦争』を戦った日本人」に関して詳述している。（※他の3社は記載無し。）

㉑「世界が見た日露戦争」に関して詳述している。（※他の三社は記載不十分。）

㉒「韓国併合」に関して適正に詳述している。（※他の三社の記述は問題有り。）

㉓「（第一次世界大戦の後、開催されたパリ講和会議において）日本が提唱したが否決された人種平等権」に関して詳述している。（※育鵬社と帝国書院は記載しているが、東京書籍は記載無し。）

㉔「アメリカが日系移民を不当に迫害した『排日移民法』（大正十三年＝一九二四年）を含めて、アメリカの不当な排日政策」に関して詳述している。（※育鵬社と帝国書院は記載しているが、東京書籍は記載無し。）

㉕「（満州事変や支那事変の大きな背景ともなった）中国の排日、悔日運動」に関して詳述している。（※育鵬社は少し記載しているが、他の二社は記載無し。）

㉖（上記を含めて）「満州をめぐる状況」に関して詳述している。

㉗　支那事変（日中戦争）勃発の経過について比較的、きちんと記述している。（※他の三社は非常に不適切である。まるで、盧溝橋事件が日中戦争になったかの様に記している。）

㉘　昭和十六（一九四一）年、「アメリカが日本の在米資産を一方的に凍結した」事と我が国の南仏印進駐に関して正しく記述している。（※育鵬社の記述は間違い。他の二社は全く記述無し。）

㉙　アメリカが、大東亜戦争開戦前、「フライング・タイガース」と呼ぶ空軍を中国戦線に送り込み、日本軍を攻撃していた事を記述している。（※他の三社は全く記述無し。）

㉚（日露戦争と大東亜戦争がアジアの人々に如何に大きな感動と勇気を与えたかという）「アジアの人々を奮い立たせた日本の行動」に関して記述している。（※他の三社は全く記述無し。）

㉛（決して強制ではなく、一定期間、希望者だけに認めた）「創氏改名」について正しく記述している。（※他の三社の記述は間違い。）

㉜（「大東亜戦争がどれだけアジア各国の独立に繋がったかという）「大東亜戦争とアジアの独立」について記述している。（※他の三社は全く記述無し。）

㉝「戦時国際法と戦争犯罪」について詳述している。（※育鵬社は少し触れているが、他の二社は全く記述無し。）

㉞（所謂「東京裁判」が如何に国際法に違反したものであったかを含めて）「東京裁判の問題点」について記述している。（※育鵬社は少し記述しているが、他の二社は全く記述無し）

㉟　**（国際法に違反して、「東京裁判」を強行させたマッカーサーが、後に、「東京裁判は誤りであった。」と述べると共に、「日本が戦ったその多くは日本の自衛の為であった。」と述べた）「マッカーサーの反省」について記している。（※他の三社は全く記述無し。）**

㊱　「東京オリンピック」について詳述している。（※育鵬社は○、他の二社は×）

㊲　「昭和天皇」に関して詳述している。（※育鵬社は○、他の二社は×）

㊳　「エルトゥールル号事件」に関して詳述している。（※他の三社も記述有り。）

㊴　「八田與一技師」に関して詳述している。（※他の三社も記述有り。）

㊵　「東日本大震災と日本人」について詳述している。

㊶　「尖閣、竹島、北方領土」を含めて、「領土問題」に関して詳述している。（※他の三社も記述有り。）

以上

③「育鵬社」の問題点

①　東京書籍と帝国書院に比べれば優れているが、**自由社に比べると劣る。**

②　**「神話」の記述が自由社に比べて少ない。**

③　**「日韓併合」は、一九〇九年に、安重根が伊藤博文を暗殺してしまったために、強い危機感を抱いた李氏朝鮮の方から我が国に対して、併合の申し入れが有り、我が国がそれを受け入れたものである。にも拘わらず、「日本は武力を背景に韓国内の反対をおさえて、**

併合を行った。」と記している。これは事実ではない。

④ 「張作霖爆殺事件」は、ロシアのドミトリー・プロホロフの著書並びにイギリスの諜報機関の二度に亘る調査によって、「(旧)ソ連の特務機関の仕業であった。」ということが明らかになっている。にも拘らず「張作霖は…日本軍によって列車を爆破され死亡しました。…」と記している。これは虚偽記述である。(この件に関しては、全社に問題あり)

⑤ 「支那事変(日中戦争)の大きな背景となった「通州事件」並びに、昭和十二(一九三七)年八月十四日、国民党軍が上海の租界に無差別爆撃をして、約三、六〇〇人の死傷者が出たため、我が国はやむを得ず上海に二個師団を派遣した。これが第二次上海事変→支那事変の主な流れである。処がその様な事が殆ど記されていない。

⑥ 大東亜戦争開戦前、米国は「フライング・タイガース」と呼称する一〇〇機規模の空軍を中国戦線に送り込んで、日本軍を攻撃していた。その事に関する記述が全くない。

⑦ アメリカが我が国の在来資産を一方的に凍結したのは、昭和十六年七月二十五日であり、我が国の南部仏印進駐は三日後、同月二十八日である。にも拘わらず、まるで我が国が南部仏印に進駐したからアメリカが我が国に対して在米資産を凍結した様に記している。これでは話が全く逆である。

⑧ 我が国はインドネシアを三年間統治した間に、公用語であったオランダ語と英語の使用を禁止すると共に、インドネシア語を作って使用させる様にした。また、多くのインドネ

シアの青年達を軍事教育や組織作り並びにその運営について教育すると共に農業指導も行った。また、インドネシア人を責任ある立場にもつかせた。その様な事を含めて、日本軍はインドネシア独立の基礎を作ったのである。そのため、インドネシアの独立記念日は我が国の皇紀で標記されている（皇紀2605年8月17日）。処が非常に間違った事が記してある。

⑨ 我が国の敗戦後、約一、〇〇〇人の元日本兵がインドネシアに残留して、約四年半に亘る同国の独立戦争を戦い、約七〇〇名が戦死したことを詳述していない。

⑩「（沖縄で）（日本軍によって）集団自決に追い込まれた人々もいました。」と記してあるが、これは（日本軍によって…）と連想させる記述であり、非常に問題の有る記述である。（元守備隊長の裁判によっても、その様な事は事実ではないことが明らかとなっている。）（他の二社も問題あり）

⑪ 東中野修道先生の研究等により、所謂「南京大虐殺」なるものは虚構であることが明らかとなっている。にも拘わらず、それが事実であるかの様に記してある。

⑫「創氏改名」を我が国が強制したかの様に読める嘘が記述してある。

⑬ 所謂「東京裁判」は、戦時国際法ハーグ陸戦法規第四三条に大きく違反して、マッカーサーが強行したものである。しかも、そのマッカーサーは昭和二十五年十月十五日、ウェーキ島で米国トルーマン大統領（当時）に対して、「東京裁判は誤りであった。」と述べて

いる。処がその様な記述が全くない。

以上

④「東京書籍」の問題点

① 我が国に対する愛情があまり感じられない。

② 神話に関する記述が不十分である。

③ 我が国が侵略された「元寇」は「…襲来」「元は…攻めてきました。」と記す一方で、「豊臣秀吉の朝鮮出兵」に付いては、（秀吉の）「朝鮮侵略」と記している。これは一体、何処の国の教科書か？　まるで韓国か北朝鮮の教科書の様である。あまりにも酷いダブルスタンダードである。

④ （支那事変（日中戦争）の背景となった）「通州事変」に関する記述が全く無い。

⑤ 支那事変の勃発経過に関する記述が不適切である。まるで、盧溝橋事件が日中戦争になったかの様に記してある。

⑥ 「日韓併合」は、安重根が伊藤博文を暗殺してしまった事に大きな危機感を抱いた李氏朝鮮の方から我が国に対して、併合して欲しいとの申し入れが有り、我が国がそれに応じたものである、との説明が全く無い。（この事に関しては全社に問題あり）

⑦ 我が国が朝鮮を統治する様になってから、約五、二〇〇校の小学校と約一、〇〇〇校の師

範学校や高等学校を造り、「ハングル」も学校で教える様にした事に関する記載が無いばかりか、全く逆に「…学校では朝鮮の文化や歴史を教えることを厳しく制限し…」と記してある。この教科書は韓国の教科書か？

⑧ 「大逆事件…多くの人は無実だった…」と記しているが、それは果たして真実か？

⑨ 支那事変（日中戦争）の大きな原因、背景となった「通州事件」や中国国民党軍が我が国に先に攻撃した「第二次上海事変」を記さずに、まるで我が国が中国を侵略したかの様に記している。

⑩ 所謂「南京大虐殺」があたかも事実であるかの様に記して有るが、亜細亜大学の東中野修道教授の研究等で、この事件は虚構であることが明らかとなっている。

⑪ 大東亜戦争開戦前に、米国が「フライング・タイガース」という呼称で空軍を中国戦線に送り込んで日本軍を攻撃していたことに関する記述がない。

⑫ 「先の大戦の正式呼称は『大東亜戦争』である」という記述が不十分である。

⑬ 「大東亜戦争」の大きな背景の一つとなった「昭和十四（一九三九）年七月二十六日、米国が我が国に対して、日米通商航海条約を一方的に破棄通告したこと」を記述していない。

⑭ 戦後、約一、〇〇〇名の元日本兵がインドネシアに残留し、同国の独立戦争を戦い、約七〇〇名が戦死したことを含めて、同国の独立に我が国が大きな貢献を果たした事を全く

⑮ 記述していない。

所謂「東京裁判」は、マッカーサーが、戦時国際法「ハーグ陸戦法規第四三条に違反して行ったものであり、昭和二十五年十月十五日、マッカーサーはトルーマン大統領に対して「東京裁判は誤りであった。」と述べている。にも拘らず、まるで東京裁判に正当性があったかの様に記している。（日本人被告全員無罪の判決書を作成したパール判事に関する記述も無い。）

⑯ フランシスコ・ザビエルを始め、戦国時代〜明治にかけて、我が国を訪れた多くの外国人が、日本と日本人を称えているが、その様な記述が無い。

以上

⑤「帝国書院」の問題点

① 我が国に対する愛情があまり感じられない。

② 「仁徳天皇御陵」のことを「大仙（大山）古墳」としか記していない。

③ 「神話」に関する記述が不十分である。

④ 「大和朝廷」と記すべき処を「ヤマト王権」と記してある。天皇、皇室に対して敬意の念を抱かせない様にしようという意図が感じられる。

⑤ 「安重根」のルビは「アンジュングル」とルビを記してある。これは韓国の教科書か？

自由社以外は、この様に韓国読みのルビを振っている。

⑥「日韓併合」は、一九〇九年に、安重根が我が国の初代首相、伊藤博文を暗殺してしまった事に大きな危機感を抱いた李氏朝鮮の方から我が国に対して併合の申し入れがあり、我が国がそれに応じたものである。その様な事実経過が全く記されていない。（但し、この件に関しては全社に記述が無い。全社ともに問題が有る。）

⑦「日韓併合」後、我が国は朝鮮に、約五、二〇〇校の小学校と約一、〇〇〇校の高等学校、師範学校を造って、ハングル文字の使用を含めて教育に力を入れて、僅か四％だった李氏朝鮮の識字率を六一％にまで引き上げると共に、約六、〇〇〇㎞の鉄道を敷設し、約六億本の植林をして多くの禿げ山を緑の山々に変えた。又、衛生観念も向上させて、僅か二十四歳だった李氏朝鮮時の平均寿命を倍に引き上げると共に、人口も倍にした。多くの道路を整備すると共に、多くの橋を架け、多くの港湾を整備した。又、当時、世界一と言われた「水豊ダム」も造った。その様な我が国の大きな貢献功績には全く触れずに、我が国の朝鮮統治を否定的に記している。

⑧支那事変（日中戦争）の大きな原因、背景となった「通州事件」や「大山大尉惨殺事件」及び中国国民党軍が日本軍に先に攻撃した「第二次上海事変」などが全く記されていない。まるで、盧溝橋事件が日中戦争になったかの様に記して有るが、それは事実ではない。

⑨亜細亜大学の東中野修道教授の研究等により、全くの虚構であることが明らかとなって

いる所謂「南京大虐殺」をさも事実かの様に記して有る。

⑩「先の大戦の正式呼称は『大東亜戦争』である」ということに関する記述が不十分である。

⑪「大東亜戦争」の大きな背景の一つであった、「昭和十四（一九三九）年、米国が我が国に対して、日米通商航海条約を一方的に破棄通告したこと」を記述していない。

⑫強制的に「創氏改名」が行われたかの様に記しているが、それは事実ではない。それは一定期間、希望する者に許可したものである。

⑬沖縄戦に関する記述の中で、「…多くの住民が日本軍によって、食糧を奪われたり、洞窟を追い出されたり…」と記しているが、それらは虚偽である。全く事実では無い事を記しているのは何故なのか？　我が国が悪い国であったと思わせたいという強い悪意を感ずる。非常に大きな問題がある。

⑭所謂「東京裁判」が戦時国際法ハーグ陸戦法規第四三条違反であったことに関する記述が全く無い。

⑮フランシスコ・ザビエルを含めて、日本を訪れた多くの外国人が日本や日本人を称えた言葉に関する記述が無い。

以上

平成24年度～平成27年度使用並びに
平成27年検定合格の中学校歴史教科書の主な記載内容比較
平成27年１月29日（採点責任者　諸橋茂一）
※帝国書院の記述も、東京書籍とほぼ同様

項　目	東京書籍	育鵬社	自由社
1．神話について	×	△	◎
2．天皇家の系譜について	×	◎	◎
3．聖徳太子が随の煬帝にあてた手紙について	×	△	◎
4．頼朝は誰によって征夷大将軍に任命されたか	×	◎	◎
5．元寇と朝鮮出兵について	×	◎	◎
6．二宮尊徳について	×	×	◎
7．日清戦争の開戦原因について	×	○	○
8．日露戦争の開戦原因について	×	○	◎
9．日韓併合について	×	○	◎
10．満州事変について	×	○	◎
11．支那事変について	×	△	△
12．南京事件と通州事件について（※育鵬社、南京事件が有ったと記述している。）	×	×	◎
13．大東亜戦争（太平洋戦争）の原因とその呼称について（※平成28年検定分）	×	◎	◎
14．ＧＨＱのマスコミ統制「プレスコード」について（※平成28年検定分）	×	×	◎
15．東京裁判について	×	○	◎
16．ＧＨＱの占領政策について	×	○	◎
17．インドネシア独立戦争等に関する記述	×	×	◎
18．昭和天皇に関する記述	×	○	◎
19．エルトゥールル号事件に関する記述	◎	◎	◎
20．八田與一に関する記述	◎	◎	◎
総合評価	20点	104点	188点

※×－０点　△－3点　○－5点　◎－10点　とする。

その5　「大東亜聖戦大碑」

本書で記した事を含めて、「大東亜戦争は世界の植民地を解放した聖戦であった」ことを後世に伝えるために、平成13年、「石川県の石川護国神社」境内に、故中田清康氏と故草地貞吾先生が中心となられて、全国から寄せられた基金、約1億円をかけて、高さ10mの「大東亜聖戦大碑」が建立されました。

毎年、8月4日に、（現在は）小生が実行委員長として「大東亜聖戦祭」を挙行しております。御都合のつく方は是非御参加下さい。宜しくお願い致します。

「大東亜聖戦祭」事務局電話　076－242－1494
（株式会社ＫＢＭ　内）

諸橋茂一　略歴（平成28年６月26日現在）

昭和23年５月20日　石川県鳳珠郡穴水町沖波　生
昭和29年３月　父の仕事の関係で、加賀市塩屋町へ引っ越す
昭和30年４月　加賀市立塩屋小学校　入学　昭和36年３月　同小学校　卒業
昭和36年４月　加賀市立塩屋中学校　入学　昭和39年３月　同中学校　卒業
昭和39年４月　石川県立大聖寺高等学校　入学　昭和42年３月　同高等学校　卒業
　１年、２年時はバレーボールクラブ（当時、石川県一、最優秀校表彰受賞）に在籍
　３年時、水泳部創設　初代キャプテンを務める。
昭和42年４月　関西テレビ技術専門学校電子工学科　入学　（大阪）
昭和42年12月　同校　中退
昭和43年１月　平川工務店　入社（飯場生活）　（大阪）　防水、注入、ビルの外壁改修工事、鳶、土工、生コンポンプ車の運転手等を経験
昭和45（1970）年７月１日　諸橋樹脂工業を創業（22歳）　（大阪）
昭和47年６月22日　本社を金沢に移転、社名を加賀防水工業株式会社に変更すると共に法人登記　代表取締役社長に就任
平成２年　社名を株式会社KBMと改称する。 資本金 7,600万円
※主な事業　マンションの大規模修繕、ビルの外壁リフォーム、耐震補強、ビルの防水、厨房の床改修工事、並びに関連工事
マンション・ビルリフォーム北陸ナンバーワン
平成26年１月１日　同社の代表取締役会長に就任、現在に至る

【公職等】
「教育を考える石川県民の会」会長
「新しい歴史教科書をつくる会」理事
「全日本ウレタン・アスファルト・FRP工事業協同組合」　理事相談役
「石川県ビルリフォーム工事業協同組合」　理事長
「日本樹脂施工協同組合」　理事北陸支部長
「大東亜聖戦祭」実行委員長
「勝兵塾」事務局長
「小松基地金沢友の会」事務局長
「アパコーポレートクラブ」副会長
「ミエ学園友の会」会長

【資格】
一級建築施工管理技士、二級土木施工管理技士、一級塗膜防水技能士、一級シート防水技能士、一級シーリング防水技能士、シーリング管理士、

【その他】 昭和58年、59年　石川県パワーリフティング大会　60kg級　第１位
昭和57年、58年　北信越パワーリフティング大会　60kg級　第３位
平成元年～10年　フルマラソン完走（ハワイホノルルマラソン　８回含む）

【家族】 妻（68歳）、息子（41歳）、娘（45歳、44歳、39歳）
孫（高校１年生を頭に12人）（同居しているのは妻のみ）

以上

日本が世界の植民地を解放した

平成28（2016）年６月26日　第１刷発行
令和２（2020）年１月20日　第２刷発行

著　者　諸橋　茂一
発行者　斎藤　信二
発行所　株式会社　高木書房
〒116-0013
東京都荒川区西日暮里５-１４-４-901
電　話　03-5615-2062
FAX　03-5615-2064
メール：syoboutakagi@dolphin.ocn.ne.jp
装　　丁　株式会社インタープレイ
印刷・製本　株式会社ワコープラネット
※乱丁・落丁は、送料小社負担にてお取替えいたします。

 ISBN978-4-88471-806-0 C0031 Printed in Japan

菅　考之

知恵なくば、国起たず！
誇りなくば、国護れず！

日本国民は、ＧＨＱの洗脳から目を覚まし国民意識を持たなければならない。本書は日本人の知恵、日本の誇りある歴史を教えてくれ、日本人としての国民意識を芽生えさせてくれる。

四六判ソフトカバー　定価：本体一六〇〇円＋税

後藤敬一

三代目社長の挑戦
「してさしあげる幸せ」の実践

二〇一三年度日本経営品質賞を受賞した滋賀ダイハツ。ＣＳワースト五の会社が、なぜ人を喜ばせることを生き甲斐とする社員が育ち、同じ価値観で自ら考え行動する組織に甦ったのか。

四六判ソフトカバー　定価：本体一五〇〇円＋税

服部　剛

教室の感動を実況中継！
先生、日本ってすごいね

公立中学校の先生が道徳の時間に行った18の授業内容をそのまま掲載。実際に生きた人々の話だけに、日本人の生き方が直に伝わる。「思わず涙。人に薦めています」の感想が届く。

四六判ソフトカバー　定価：本体一四〇〇円＋税

野田将晴（勇志国際高校校長）

高校生のための道徳
この世にダメな人間なんて一人もいない‼

通信制・勇志国際高校の道徳授業。強烈に生徒の心に響く肯定感。生き方を知った生徒達は生まれ変わる。道徳とは、青春とは何か。志ある人間、立派な日本人としての道を説く。

四六判ソフトカバー　定価：本体一〇〇〇円＋税

野田将晴

教育者は、聖職者である。

不登校を抱える親御さん、現場の先生に希望の光が見える。実践記録だけに説得力がある。生徒の存在をまるごと受け入れてくれる教師がいる。生まれ変わった生徒達が巣立っていく。

四六判ソフトカバー　定価：本体一三〇〇円＋税

出雲井晶
日本神話の心
「日本神話」は、わが国でもっとも古い、もっとも尊い宝物。読み進むにつれて、尽きることのない深遠な真理が秘められていることに気づく。付録の日本神話の名文にも触れてほしい。
四六判ソフトカバー　定価：本体一〇〇〇円＋税

斎藤信二
神業——世界中の凄腕の治療家達が認めた天城流湯治法とは？
腱を「のばす」。筋肉を「ほぐす」。筋肉と腱を骨から引き離すように「ゆるめる」。道具もいらず、場所も選ばず、時間もからず、手軽にできる天城流湯治法の神業を紹介。
四六判ソフトカバー　定価：本体一四〇〇円＋税

斎藤信二
走りながら考える男　福嶋進　世界一を目指す
普通の男の成長物語。ポイントは志をもってやり抜くこと。ハガキ一枚の買取から年商40億円、10年間で全国100店舗を達成した知行合一、事上磨錬の実践者・福嶋進社長の生き方を描く。
四六判ソフトカバー　定価：本体一三〇〇円＋税

ヴィクトリア・ブーテンコ
山口蝶子訳
グリーン・フォー・ライフ
グリーンスムージーは、人間が本来持つ健康的な食生活を取り戻すのに大いに役立つ。グリーン（緑の葉野菜）が人間にとって最も重要な栄養素である理由が本書でよくわかる。
A五判ソフトカバー　定価：本体一四二九円＋税

著者　ジェニファー・コーンブリート
訳者　前田直宏
ローフード BASICS
米国で最も売れているローフードレシピ本がついに日本上陸。ローフードの基本が身につく、学べるローフードの王道レシピ&TIPSを一二六紹介。誰でも簡単にトライできる。
A五判ソフトカバー　定価：本体一七〇〇円＋税